品牌策划与推广

主编◎张　剑　刘海宏　罗玉葵

上海交通大學出版社
SHANGHAI JIAO TONG UNIVERSITY PRESS

内容提要

本教材从企业品牌策划与推广的实践活动出发，共分为9章，包括认识品牌、品牌定位与品牌个性、品牌文化、品牌识别、品牌组合、品牌延伸、品牌传播、品牌推广和品牌维护。教材设计既便于教师采用启发式、探究式、案例式等教学方法组织教学，又有助于教师组织学生开展相应的实践训练，使学生更好地掌握相关理论知识和专业技能。本教材既适合高等院校财经商贸类专业的教学使用，也适合对品牌策划与推广感兴趣的读者自学。

图书在版编目（CIP）数据

品牌策划与推广 / 张剑，刘海宏，罗玉葵主编 . — 上海：上海交通大学出版社，2024.2

ISBN 978-7-313-30162-8

Ⅰ . ①品… Ⅱ . ①张… ②刘… ③罗… Ⅲ . ①品牌—企业管理 Ⅳ . ① F273.2

中国国家版本馆 CIP 数据核字（2024）第 035005 号

品牌策划与推广
PINPAI CEHUA YU TUIGUANG

主　　编：	张　剑　刘海宏　罗玉葵	**地　　址**：	上海市番禺路 951 号
出版发行：	上海交通大学出版社	**电　　话**：	021-6407 1208
邮政编码：	200030		
印　　制：	北京荣玉印刷有限公司	**经　　销**：	全国新华书店
开　　本：	889mm × 1194mm　1/16	**印　　张**：	16
字　　数：	428 千字		
版　　次：	2024 年 2 月第 1 版	**印　　次**：	2024 年 2 月第 1 次印刷
书　　号：	ISBN 978-7-313-30162-8	**电子书号**：	ISBN 978-7-89424-505-2
定　　价：	56.00 元		

编写委员会

主　编 | 张　剑　刘海宏　罗玉葵

副主编 | 袁保华　钟文惠　姜　妮

前言

随着改革开放的发展，中国经济逐渐从规模扩张向创新驱动转型，其中品牌的地位和作用正在悄然发生转变——正在从辅助、支持向引领、支撑升级。因此，如何根据我国产业的现状开展品牌建设活动已经成为中国企业亟须解决的问题。虽然市面上有很多从国外引进的品牌管理类书籍，但是无法满足中国企业品牌实践活动的需要。党的二十大报告提出：“中国的问题必须从中国基本国情出发，由中国人自己来解答。我们要坚持对马克思主义的坚定信仰、对中国特色社会主义的坚定信念，坚定道路自信、理论自信、制度自信、文化自信，以更加积极的历史担当和创造精神为发展马克思主义作出新的贡献，既不能刻舟求剑、封闭僵化，也不能照抄照搬、食洋不化。”因此，我们组织了一批长期从事品牌策划与推广研究、教学和企业实践的教师，根据中国企业的经营特点来开展本教材的编写工作。

本教材以注重顾客心智视角的品牌资产理论作为内容编写的核心指导思想。凯文·莱恩·凯勒认为，企业品牌资产建设的重点是争取顾客心智，只有顾客内心对企业品牌认可和认同才能形成品牌忠诚。因此，探索如何影响顾客对企业品牌的态度，对企业具有重要的指导价值，这可以帮助企业从顾客心智视角制定品牌策划与推广策略，提高品牌建设效率。我们沿着这个思路编写了认识品牌、品牌定位与品牌个性、品牌文化、品牌识别、品牌组合、品牌延伸、品牌传播、品牌推广和品牌维护，共 9 章内容。在教材内容的编写过程中，我们争取做到理论、程序、方法与实践的生动、有机结合，以实际案例印证理论、方法与操作的相关性，同时突出品牌策划与推广实践中必须重视的观点和技巧。

我们深知教材除有传播专业知识和技能的功能外，还需要承担育人的责任。因此，本教材根据不同章节的教学内容特点，使用案例、视域拓展等方式融入相应的思政元素，以培养学生的爱国精神、民族自豪感、文化自信、环保意识、创新精神、社会责任感及消费者权益保护意识等，尽可能使用“润物细无声”的方式做到教书育人。

本教材既适合高等院校财经商贸类专业的教学使用，也适合对品牌策划与推广感兴趣的读者自学。由于编者水平有限，书中存在的不足和疏漏之处，敬请各位专家学者和广大读者批评指正。另外，本教材在编写过程中还参考了一些文献资料和同行编写的教材，在此谨向作者们表示衷心的感谢！

该教材是《品牌策划与推广》教材项目（NY-2022CQ-JCW004）和广东省电子商务高水平专业群（GSPZYQ2020133）的建设成果。此外，我们还为广大一线教师提供了服务于本书的教学资源库，有需要者可致电 13810412048 或发邮件至 2393867076@qq.com。

编　者

扫一扫
学习资源库

微课视频
教学计划
教学课件

目 录

第 1 章 001
认识品牌
1.1 品牌概述 003
1.2 品牌的功能与作用 010
1.3 品牌资产 017

第 2 章 029
品牌定位与品牌个性
2.1 品牌定位 031
2.2 品牌定位的方法 036
2.3 品牌个性 042
2.4 品牌个性塑造 046

第 3 章 055
品牌文化
3.1 品牌文化概述 057
3.2 创建品牌文化载体 064
3.3 文化冲突与品牌 079

第 4 章 085
品牌识别
4.1 品牌识别概述 087
4.2 品牌识别的要素 091
4.3 品牌感官识别 105
4.4 品牌感知质量 110

第 5 章 117
品牌组合
5.1 品牌组合概述 119
5.2 单一品牌策略 121

5.3 多品牌策略 124
5.4 品牌组合管理 128

第6章 品牌延伸 135
6.1 品牌延伸概述 137
6.2 品牌延伸策略 144
6.3 品牌延伸评价 149

第7章 品牌传播 155
7.1 品牌传播概述 157
7.2 非媒体品牌传播 160
7.3 媒体传播 175

第8章 品牌推广 191
8.1 人员推销推广品牌 193
8.2 促销活动推广品牌 198
8.3 公关活动推广品牌 206
8.4 体验活动推广品牌 208
8.5 内容营销推广品牌 216
8.6 搜索引擎营销推广品牌 220

第9章 品牌维护 225
9.1 品牌保护 228
9.2 品牌危机管理 232
9.3 品牌创新 239

参考文献 246

第1章 认识品牌

学习目标

知识目标

1. 理解品牌的内涵。
2. 认识品牌对现代企业经营的作用。
3. 了解品牌资产的形成过程。

能力目标

1. 能够用自己的语言清楚地阐述品牌的概念、内涵。
2. 熟练掌握品牌的功能和作用，领会品牌对现代企业经营的作用。

素质目标

1. 领会品牌的力量，增强爱国意识。
2. 感受品牌对国家的重要性，提高民族品牌情怀。

思维导图

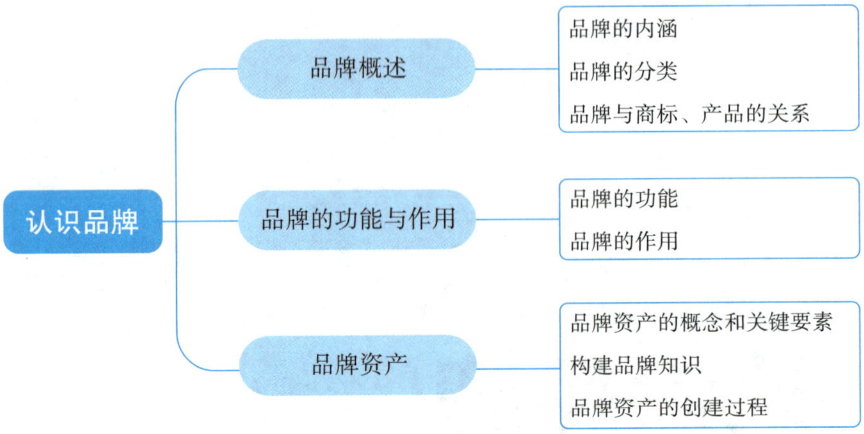

案例导入

华为的品牌成长史①

华为创立于1987年，是全球领先的信息与通信基础设施和智能终端提供商。截至2020年，华为约有20.7万名员工，业务遍及170多个国家和地区，服务全球30多亿人口。2021年世界财富500强企业中，有267家选择与华为合作，500强中华为合作客户的数量连续五年持续增长。经过30余年的努力，华为逐渐成为中国品牌中的佼佼者，并在世界范围内站稳脚跟。

华为在品牌形象管理上也有着独到之处。华为，意指心系中华、有所作为，在品牌名称上展现了其浓浓的爱国情怀，巧妙地将爱国之心与华为技术联系在一起，将华为的发展与国家的强大相融合，使顾客产生强烈共鸣，将品牌定位与个性打入每个顾客的内心。此外，华为将可持续发展战略纳入其核心发展战略之中，自2008年起连续14年发布社会责任报告，在绿色低碳、节能环保、教育普惠、社会责任等方面有着不俗作为，进一步体现了其强大担当，塑造了良好的社会责任形象。

作为中国的国民品牌，华为的品牌全球化营销策略也值得其他中国品牌借鉴。华为在社交媒体上的营销活动较为活跃，灵活准确地向顾客传递着品牌的最新动态与相关信息，并为顾客与品牌互动提供了便捷的平台。除数字化社交媒体平台外，华为在营销策略上也很注重名人效应。从品牌代言情况来看，为更好地配合产品的高端定位及深化品牌的全球化扩张战略，华为在明星代言方面毫不吝啬，先后聘请数位世界知名体育明星、好莱坞电影明星等为品牌加持，为品牌在欧美地区的影响力提升进行投资。

讨论：

根据案例材料，你认为是哪些因素成就了今天的华为品牌？

① 资料来源：中国食品网，2021-12-22，有删改。

随着社会经济、文化、技术的发展，品牌竞争日益成为现代市场竞争的焦点，创建强有力的品牌，并长期保持和增强品牌的影响力，成为企业参与市场竞争的战略性选择。品牌之所以能够造就商业传奇，是因为它既适合于有形的产品，也适合于无形的服务，能够将一个概念（或观念）植入人们心智，影响人们的价值判断。本章节是全书的导入，重点讨论什么是品牌，品牌对国家、企业和顾客有何价值。通过探索顾客心智视角的品牌资产建设过程，我们可以了解强势品牌是如何建成的，以此作为品牌策划与推广的重要指导思想；通过学习品牌内涵和品牌作用的知识，我们可以深刻理解打造更多优秀民族品牌是中华民族伟大复兴的重要任务，也是当今青年学子的神圣使命。

1.1 品牌概述

企业要想创建强势品牌，首先要理解什么是品牌，品牌的类型有哪些，以及品牌与商标、产品之间的关系如何。只有在认识这些问题之后才能更好地制定品牌建设策略，从而创建属于企业自己的强势品牌。

1.1.1 品牌的内涵

1. 品牌的概念

品牌的英文单词“brand”，源于古挪威文“brandr”，意思是“烧灼”，人们用这种方式来标记家畜等需要与其他人相区别的私有财产。中世纪欧洲的手工艺匠人用这种打烙印的方法在自己的手工艺产品上烙下标记，以便顾客识别产品的产地和生产者，这就产生了最初的商标。随着时间的推移，商业竞争格局及零售业形态不断变化，品牌的含义也越来越丰富，甚至形成了专门的品牌研究领域。在本书中，品牌是指能够给拥有者带来溢价、增值的一种无形资产，它的载体是区别于其他竞争者的名称、图案、符号及其组合等，增值的源泉是在顾客心中形成的有关产品特色、利益和服务的质量承诺与保证的印象。

2. 品牌传递的内容

营销领域著名教授菲利普·科特勒强调，品牌最持久的含义就是品牌的价值、文化和个性。品牌的要点是企业要向顾客长期提供一组特定的特色、利益或服务。品牌不仅是产品质量的保证，而且能够传递复杂的产品信息。一个优秀的品牌能传达出六个层面的内容。

1）品牌属性

品牌属性是指品牌标定的产品属性，包括产品的功能、质量、技术特性等，这些属性还可以进一步表述为功能齐全、质量可靠、技术精良等。品牌属性是品牌所有表征意义的物质载体，是品牌力形成的基础。

2）品牌利益

品牌利益是指产品的属性能给顾客带来的好处或收益。例如，国产品牌长城汽车的“技术精良”属性可以给顾客带来操控愉悦的满足，“耐用”属性能为顾客节约修理或更换新车的成本。

3）品牌价值

品牌价值的实质是品牌及标定产品给顾客提供的一组利益的概述。例如，“高标准、精细化、零缺陷”是海尔体现的品牌价值。品牌价值的内涵可以是产品功效方面的价值，也可以是对顾客情感满足方面的价值，还可以是关于顾客自我表达方面的象征性价值。

4）品牌文化

品牌文化是品牌所凝结的价值观念、生活态度、审美情趣、个性修养、时尚品位、情感诉求等精神因素。通过实现产品的物质效用与品牌所凝结的精神因素的高度统一，可以塑造出独特的品牌文化。品牌文化能够超越时空的限制，带给顾客更全面的高层次满足感和精神慰藉，在顾客心灵深处形成潜在的文化认同和情感眷恋。

5）品牌个性

品牌个性是品牌形象人格化后所具有的个性。例如，海尔的品牌个性之一是“真诚”。品牌个性与品牌文化密切相关。品牌个性是品牌人格化以后所具有的人的个性，而人的个性的形成离不开他所处的社会环境，特别是文化环境。

6）品牌使用者

品牌暗示了购买者或使用产品的顾客类型。品牌将顾客区隔开来，这种区隔不仅在顾客的年龄、收入等方面体现出来，还更多地体现在顾客的心理特征和生活方式等方面。例如，运动服饰的使用者形象是健康、自信、积极向上的运动爱好者，而西装服饰的使用者形象是成熟、稳重的商务人士。

3. 品牌的特征

品牌主要具有以下七个方面的特征。

1）品牌的专有性

品牌拥有者经过法律程序的认定，享有品牌的专有权，有权要求其他企业或个人不能使用、仿冒或伪造自己的品牌。这一特征也被称作品牌的排他性或品牌的唯一性，它体现了品牌对企业经营的保护作用。同时，品牌的专有性也为顾客维护自身的权利提供了保证。

2）品牌的无形性

品牌是企业的无形资源。品牌拥有者可以凭借品牌的优势不断获得利益，可以利用品牌的市场开拓力和形象扩张力不断发展企业的资本内蓄力，这是品牌的价值。这种价值虽然不能像物质资产那样用实物的形式表现，但却能使企业的资产增加。

3）品牌的价值性

品牌作为企业的无形资产可以令其拥有者凭借品牌影响力不断获取利益，不断开拓市场。这种无形资产的价值性还体现在品牌具有物质资产的商品特性，可以在市场上进行交易。浙江大学中国农业品牌研究中心发布的《2022 中国茶叶区域公用品牌价值评估报告》显示，广东的英德红茶品牌价值为 37.18 亿元，较 2021 年增加 4.54 亿元，高于平均品牌价值，总排名位列 28 位。英德红茶品牌作为区域公用品牌带动了英德市茶叶产业的整体发展。

4）品牌的风险性及不确定性

品牌的市场转化具有一定的风险性及不确定性。品牌创立以后会随着市场的变化而发生变化，企业的品牌资产可能壮大，也可能缩小，甚至可能在竞争中退出市场。因此，品牌的成长具有一定风险性，对其评估也存在难度。企业的产品质量不合格、服务不过关、经营资本盲目扩张或运作不佳，这些都会给企业品牌的成长带来负面影响。因此，品牌效益具有不确定性。

5）品牌的识别性

虽然品牌是企业的无形资产，但其目的之一就是让人们通过一个比较容易记忆的形式来记住某一产品或企业。

6）品牌的扩张性

品牌的拥有者可以利用已经成功的品牌对新市场进行开发和拓展，通过品牌延伸策略进行一体化或多元化扩张，还可以利用品牌资产进行融资、兼并、合作、联盟等经营运作。

7）品牌的引领性

强势品牌往往具有高质量、高价值和高信誉的特征，能够在市场竞争中占据有利位置，不断提高市场占有率，为企业赢得最大限度的利润。这是因为强势品牌在顾客心中具有不可替代的地位，可以强有力地影响顾客的价值观和消费偏好，从而产生消费引领性。顾客在有某方面的购买需求时，首先想到的是那些具有行业代名词地位的品牌。例如，大家一提到凉茶，就很容易想到王老吉、和其正等，这时候的王老吉、和其正等就具有凉茶行业代名词的地位。

案例

30 多年前的海尔砸出了什么？①

1985 年的海尔还叫青岛电冰箱总厂，那时张瑞敏刚刚出任厂长。一个朋友要买冰箱，挑了很多台都有问题，于是张瑞敏立马让人把仓库里的 400 多台冰箱检查一遍，发现其中有 76 台存在问题。

当时冰箱称得上是稀罕物，不合格的产品或者次品可以优惠卖给职工，这对企业职工也是一种福利。然而，张瑞敏却宣布，这些冰箱要全部砸掉，而且是由生产这些冰箱的职工亲手砸掉，他带头抡起大锤。

对于冰箱存在的质量问题，张瑞敏没有逃避和掩饰，而是积极地面对和解决。对于出错的职工，张瑞敏也没有粗暴地开除，而是通过砸冰箱这一举措，给他们树立品质意识。这一事件之后，海尔职工明白了产品质量的重要性，而在顾客层面，海尔重视品质这一点深入人心，品牌形象得到大大提升。

① 资料来源：传播蛙，2021，有删改。

> **讨论：**
> 30 多年前，海尔砸碎不合格产品的举动对品牌建设有什么意义？

1.1.2 品牌的分类

依据不同的标准可以把社会上常见的品牌划分为不同的种类，可以从不同的视角分析和理解品牌的内涵和价值。常用的品牌分类因素有品牌辐射区域、品牌所处产业链环节和品牌化对象。

1. 品牌辐射区域

根据品牌的辐射区域可以将品牌分为地区品牌、国内品牌和国际品牌。

1）地区品牌

地区品牌是指在一个较小的区域内生产销售的品牌，如地区性生产、销售的特色产品，这些产品受到产品特性、地理条件及某些文化因素的影响，一般只在一定范围内生产、销售，产品辐射区域不大。

2）国内品牌

国内品牌是指在国内知名度较高、产品辐射全国的产品品牌。

3）国际品牌

国际品牌是指在国际市场上知名度、美誉度较高，产品辐射全球的品牌。这些品牌凭借着品牌的高知名度获得了市场竞争优势，创建属于中国的国际品牌是中国社会经济发展的重要任务。

2. 品牌所处产业链环节

根据品牌所处产业链环节可以将品牌分为制造商品牌和经营商品牌。

1）制造商品牌

制造商品牌是指制造商为自己生产制造的产品创建的品牌。例如，生产汽车的长城、生产橱柜的欧派等，这类品牌是最常见，也是顾客最容易接受的品牌类型。

2）经销商品牌

经销商品牌是指经销商根据自身经营情况，结合市场需求创立的品牌，如连锁家电卖场的品牌——苏宁电器、国美电器。还有一些经销商凭借自己对市场的掌握，创建自己的产品品牌，而将产品交给代工工厂生产，如华润万家的自有品牌——润之家。

3. 品牌化对象

根据品牌化对象可将品牌分为产品品牌、服务品牌、组织品牌、个人品牌、事件品牌、区域品牌。

1）产品品牌

产品品牌是指为有形产品创建的品牌。例如，华为的一款手机的品牌名称为“华为 Mate 60”。产品品牌是人们在现实生活中经常看到的一类品牌，这类品牌通常与某种特定的产品紧密联系，并且只与这一产品相联系。

2）服务品牌

服务品牌是指为无形服务创建的品牌。相对于有形产品，服务是无形的，并且在质量上可能会有所变化（这取决于提供服务的人）。因此，在处理无形、多变的服务时，品牌化显得尤为重要。因为它有助于将抽象的服务有形化，帮助人们识别公司所提供的各种服务并赋予它们一定的意义。

3）组织品牌

组织品牌是指以组织为整体而创建的品牌。营利性组织品牌如企业品牌——华为、小米、魅族等；非营利性组织品牌如国际奥林匹克委员会、红十字会、联合国儿童基金会等。

4）个人品牌

个人品牌是指以个人为载体的品牌。被品牌化的个人主要是一些公众人物，如企业领导人、专业运动员或娱乐界人士等。一些品牌研究机构甚至会对体育界、娱乐界的个人品牌进行测量并发布品牌价值排行榜。

5）事件品牌

事件品牌是指以事件为载体的品牌。事件可以包括体育赛事、会展、节庆、演出等，如奥运会、世博会、F1 方程式赛车比赛等。事件品牌往往在获取社会价值的同时，也可以收获经济价值。例如，奥运会不仅获得了全世界体育迷的支持，而且还获得了丰厚的经济收入，包括电视转播收入、赞助收入、标志许可使用收入、正式供货商收入、纪念币收入等。

6）区域品牌

区域品牌是指以地理区域为载体的品牌。著名品牌专家凯文·莱恩·凯勒指出，如同产品和人一样，地理区域也可以品牌化，它的功能就是让人们认识和了解这个地方，并对它产生一些好的联想。城市、地区和国家可以通过提高自己的知名度，塑造积极的品牌形象，从而吸引个人或商业机构来此参观、定居或投资，如“中国瓷都”——景德镇。另外，国家品牌形象对于企业实施国际化战略有着重要影响，因此，一些品牌研究机构会运用一系列指标来判断国家的品牌效果和排名。

1.1.3 品牌与商标、产品的关系

品牌不能独立存在，必须以具体的产品为载体，以商标的方式呈现在社会公众面前，但是品牌不等同于商标，产品也不是品牌的全部。因此，我们需要对商标、产品与品牌的关系进行分析，以便更好地认识它们。

1. 品牌与商标的关系

1）品牌与商标的区别

商标指商品生产者或经营者为保护自身的利益和顾客的权益，使自己的商品在市场上同其他生产者或经营者的商品相区别，且经过法律程序注册之后使用于商品或其包装上的，包括文字、图形、字母、数字、三维标志、颜色组合或声音等，以及这些要素的组合所构成的一种标记。

从历史来看，品牌早于商标。商标是在品牌、标志的基础上发展起来的，是商品经济发展到一定阶段的产物，是经过法律程序确认、受到法律保护的一种品牌。品牌要成为企业的资产，获得排他性使用权，必须注册成为商标。现代意义上的品牌都是商标，法律保护的是商标，市场接受的是品牌，所以从大众使用角度来看，品牌就是商标，商标也就是品牌。但是，从经营管理的角度来看，商标与品牌存在着明显的区别，具体如表 1−1 所示。

表 1−1　品牌与商标的区别

不同之处	商标	品牌
构件	文字、图形、字母、数字、三维标志、颜色组合和声音等，以及上述要素的组合	不仅包括商标的构成要素，还有较多的附加识别设计
权限	有国界	无国界
使用程序	需经法律程序审批	由使用者决定
时效	有效性取决于法律的保护期	市场活动获得顾客认可
适用性	限于注册时的商品范围	可以延伸到不同商品

（1）构件不同。2019 年修正的《中华人民共和国商标法》（简称《商标法》）第八条规定：“任何能够将自然人、法人或者其他组织的商品与他人的商品区别开的标志，包括文字、图形、字母、数字、三维标志、颜色组合和声音等，以及上述要素的组合，均可以作为商标申请注册。”但品牌的构件不仅包括上述商标的构成要素，还有较多的附加识别设计。因此，商标的构件小于或等于品牌的构件。

（2）权限不同。商标权有国界，而品牌使用无国界。世界各国都有自己的商标法律，在一国注册的商标仅在该国国内有排他性使用权，超越国界后就失去了排他性权利。换句话说，商标只有在注册国家是商标，在未注册的国家就不是商标，不受法律保护。品牌则不同，品牌的使用范围不受行政区划的影响，可以在不同地区或国家使用。

（3）使用程序不同。商标需经法律程序审批才能使用，品牌的使用则可由使用者决定。商标必须经过法定程序才能取得，在注册成功之前它不具有独占性。一个标志或名称等能否成为商标，不取决于企业，而取决于国家的商标管理部门，这一部门在我国为国家知识产权局下属的商标局。品牌则不同，公司取一个名称，画个图案，就可以宣称“这就是我的品牌”，而且用或不用及怎么用都不需要其他人或机构来批准。

（4）时效不同。从时效上讲，商标和品牌也不同。商标的有效期取决于法律的保护期，世界各国商标法的规定不尽相同。有的国家规定商标有效期为 20 年，而有的国家规定商标有效期只有 7 年，我国规定商标有效期为 10 年。当然，如果商标权人需要继续使用该商标，则可以续注。因此，商标权实际上是一种永久性权利。但品牌则不同，法律上有效不等于市场有效，经不起市场竞争而被淘汰的品牌，其经济寿命可能远短于其法律有效期。品牌是一个市场概念，并非所有的商标都能成为品牌，只有那些获得市场认可的商标才能成为有价值的品牌。

（5）适用性不同。商标的使用限于注册时的商品范围，而品牌可以延伸。品牌延伸，也就是某类产品的品牌用到另一类产品上。品牌延伸并没有改变品牌，因为其品牌名称不变，品牌的标志、图案也不变。但按我国的规定，当品牌延伸到一种新产品时，必须作为一个新商标重新办理商标登记注册。因此，商标注册时必须严格注明用于什么产品。例如，健力宝在国内申请商标时要注明是用于碳酸软饮料的。

2）品牌与商标的联系

（1）商标是品牌的外在形式。商标是品牌的组成部分，是品牌中便于顾客识别的标志和名称，是营造优势品牌的基础。商标是品牌的外在表现形式，品牌的价值、文化和个性凝结在商标上。

（2）商标是品牌的法律保护。企业选择把品牌注册为商标寻求法律保护，是因为品牌凝结着企业的商业信誉，如果无法阻挡其他企业对品牌的使用、实现品牌的排他性，品牌的作用将荡然无存，企业为建设品牌所付出的努力也将付诸东流。为了实现品牌的排他性，企业必须为品牌寻求法律保护。实践证明，将品牌作为商标进行注册，用《商标法》来保护品牌，是最方便、最有效、最强有力的品牌保护方式。

课堂讨论：国家地理标志证明商标侵权案

2. 品牌与产品的关系

从整体产品概念看，品牌是整体产品的一个重要组成部分，因此，品牌总是与产品联系在一起的。从企业创办的历史看，起初，产品与品牌处于高度结合状态，但是随着企业长期使用这个品牌，品牌逐渐和具体产品相分离，并产生独立的品牌形象和品牌文化。二者之间关系的演进过程具体表现为以下三个阶段。

1）品牌从属于产品阶段

品牌从属于产品往往是在品牌的初创阶段。当公司刚推出新产品，或是已有品牌不适合市场需求、公司欲推出新产品时，公司必须创建一个新的品牌。新产品与新品牌的关系是先有产品再有品牌。这时品牌总是与产品形影不离，几乎是合二为一的。从属于产品的品牌生命力是不强的，因为任何产品都有一个生命周期，一旦该产品处于衰退期，就面临退出市场的命运，从属于该产品的品牌也就失去了存在的意义。另外，当品牌从属于产品并缺乏品牌独立个性时，企业经营就会局限于该产品，而无法向新的领域拓展，使企业的发展受到限制，因此，当产品受到替代产品的冲击时，企业可能随产品一起陷入衰退期。因此，该阶段的品牌只起到识别作用，而营销功能较弱，也未能为顾客创造额外的附加价值。这一阶段的品牌不具有市场影响力。

2）品牌与产品平行阶段

品牌与产品的平行关系是指品牌不再从属于产品，而是作为独立于产品之外的力量，与产品一起合力开拓市场。品牌产品不仅因产品的优良品质赢得顾客的信任和肯定，而且也以其独特的品牌形象和品牌个性赢得顾客的好感和认同。因此，顾客购买的不仅仅是产品，而且还是品牌，同时也是品牌所具有的形象和个性。品牌衬托产品的高质量，产品的高质量又强化了品牌高品质的形象，二者相辅相成，都是企业发展壮大的工具。

品牌与产品的平行关系有利于企业在该品牌下推出新产品，也就是所谓的产品线延伸。由于顾客对该品牌已经非常熟悉，而且对其产生了信赖感，同品牌的其他产品被接受的可能性大大加强，无形中提高了新产品投放市场的成功率，缩短了新产品开拓市场的时间，也节省了企业重新开拓市场的费用。

3）产品从属于品牌阶段

品牌由初始阶段从属于产品，经定位和一定时间的使用后，会逐渐确立起自己的个性和形象，这时品牌的地位和作用就会逐渐强化，成为公司的竞争优势，发挥其市场号召力。此时，品牌成为公司经营理念的集中体现，会产生无法被取代和模仿的品牌文化，这一阶段被称为产品从属于品牌阶段。此时的品牌是具有深刻文化内涵的无形资产，其价值远高于产品本身所带来的功能性利益，这时产品从属于品牌。因此，产品从属于品牌的关系是最高形式的品牌建设成果，意味着强势品牌的确立。

1.2 品牌的功能与作用

企业之间的竞争很多时候表现为品牌之间的竞争，品牌可以为企业赢得市场竞争优势。作为无形资产的品牌具有其他企业经营元素无法替代的功能。品牌作为社会文化的一个重要组成部分，无论对企业、顾客，还是对国家，都具有重要的作用。

1.2.1 品牌的功能

品牌具有以下四种功能。

1. 识别功能

品牌是一种名称、图案、符号或设计，从其产生的历史可以看出，品牌是区别某产品与其他产品的最直观的要素，能充分代表某产品，就像人的面孔是识别一个人的重要符号一样。品牌的识别功能要求品牌具有名称、符号、图案或其他能代表品牌的元素组合，品牌识别是顾客购买产品的基础。

2. 信息浓缩功能

品牌名称使品牌具有与其他企业的产品、服务相互区别的基础。海信和海尔是中国两家知名的家电企业，海信是中国黑色家电的领头羊，海尔是中国白色家电的主力军，二者都是品质、服务、信息、满意等方面的代名词。在一定意义上，“海信”“海尔”已不只代表产品本身，其传达给顾客的更是这两家企业从生产、销售、服务、质量、价格到经营理念、企业文化、人员素质的组合体，涵盖了企业由内到外的众多方面。品牌是在传播中建立的，传播本身就是大量信息的叠加。一个品牌越有价值，它浓缩的信息就越多。

3. 安全功能

顾客购买产品时会非常重视安全。马斯洛的需求层次论指出，人在生理需求得到满足后的需求就是安全需求，产品的安全功能是实现产品使用价值的前提 。品牌的安全功能包含两方面的含义：一是产品使用方面的物理安全保证；二是顾客消费后的信心保证，即心理安全。品牌是消费安全的承诺和保证，有了品牌，顾客用得更安心。

4. 附加价值功能

市场的发展一方面促进了企业的发展，另一方面也促进了顾客意识的改变。产品带来的物理属性满足仅是顾客满足的其中一个侧面，顾客的需求是多变、复杂的，需要产品给予其功能方面和心理方面的双重满足。因此，品牌要提供更多的价值或利益。

1.2.2 品牌的作用

经济全球化过程中，人们对品牌越来越重视，因为品牌不仅是识别产品或服务的标志，也是企业的产品或服务的市场信誉、市场占有率和市场竞争力的集中体现，品牌的发展水平更是衡量一个国家或地区的经济、科技、文化状况的重要体现。具体而言，品牌既可以为企业带来商誉、利润、资金和营销投资效应，也可以使股价提升，增强投资者信心，还可以为顾客带来形象、身份和审美认同。

1. 品牌对国家的作用

据联合国开发计划署统计，截至 2022 年 12 月，世界 90% 以上的知名品牌是西方发达国家和亚太新兴工业国家或地区的品牌，这表明知名品牌的多少与一个国家或地区的综合经济实力呈正相关。

1）经济增长

品牌作为无形资产的重要组成部分，是国家经济实力的重要体现。强大的品牌能够提高一个国家的国际竞争力，促进出口和国内消费，推动经济增长。

2）就业机会

品牌的创建和发展需要大量的专业人才，如设计师、营销人员、管理人员等，能够为社会创造更多的就业机会。

3）文化传承

品牌不仅是商业的象征，也是文化的载体。品牌的传播和推广，可以弘扬国家文化和民族精神，增强民族自信心和凝聚力。

4）国际形象

国际知名品牌是国家形象的重要代表之一。拥有更多自主品牌能够提升一个国家在国际舞台上的形象和地位，增强国际影响力。

5）社会福利

品牌企业通过履行社会责任、开展公益活动等方式回馈社会，推动社会福利事业的发展。例如，一些品牌会支持教育、环保、扶贫等公益事业，为社会做出贡献，同时也提升了企业的品牌形象和声誉。

总之，品牌对国家的影响是全方位的，涉及经济、文化、国际形象和社会福利等多个方面。一个国家要想实现可持续发展和繁荣，必须注重品牌的培育和发展。

案例

崂山矿泉水推出120周年扶贫攻坚特别款NFC新品“三颗橙”①

一年一度的年中大促“618”线上购物狂欢节期间，凭借白花蛇草水、崂山可乐等全网爆红饮料出圈的中华老字号“崂山矿泉水”，联合首席风味官“山橙时代”，推出120周年扶贫攻坚特别款新品100% NFC（Not From Concentrate）橙汁品牌——“三颗橙”。这也是崂山矿泉水充分挖潜新时代人群消费理念，布局天然无添加饮品赛道推出的第一款跨界果汁，为消费者带去天然健康的新鲜即饮VC。未来该品牌将全方位、立体式、战略性地进入饮料市场。

“超新鲜　超好喝　超健康”倡导全新生活方式

自1900年崂山矿泉水品牌成立以来，“为消费者带来健康、安全的产品”一直是品牌的宗旨。“三颗橙”践行崂山矿泉水百年中华老字号品牌的宗旨，“以产品为媒介，用消费搭桥梁”，结合现代年轻、互联网化、追求品质人群的全新生活方式理念，助推国民向绿色健康的新消费理念和新消费模型转型。

随着我国现阶段经济发展水平的不断提升，国民消费结构的日益升级，追求“以营养健康为导向的低碳饮食”的绿色消费，正在成为国民构筑品质生活的重要指标之一。而NFC果汁以天然无添加、不经浓缩还原，最大化保留了新鲜水果原有营养与清爽口感，成为食品饮料界新一代健康宠儿。

新品NFC橙汁“三颗橙”采用全封闭深加工技术、无菌包装，不加任何防腐剂，原汁原味地保留了水果中的果糖及葡萄糖。全程低温（0℃～6℃）冷藏和运输，加之28天短保饮用期，真正为追求“天然健康、轻体0负担”生活方式的年轻消费者带来新鲜好风味。

未来“三颗橙”将持续深化与巴西，埃及，中国的赣南、奉节等优质橙产源地的密切合作，从源头把控橙汁风味，从技术上最大程度保证橙汁的新鲜，为高品质的新消费人群打造优质橙汁产品，真正做到“C新鲜　C好喝　C健康”。

① 资料来源：中国食品安全网，2020-06-22，有删改。

不只是消费，还有消费扶贫

此次崂山矿泉水凭新品“三颗橙”进军中高端橙类饮品 NFC 橙汁市场，“三颗橙”除是迎合现代高品质新消费人群的绿色健康消费理念的产品外，同时也是崂山矿泉水践行社会责任，为中国全面建成小康社会添砖加瓦的一个举措。2020 年，是中国面临决战脱贫攻坚、决胜全面小康的一年，也是崂山矿泉水诞生的 120 周年。

崂山矿泉水在 120 年的历史河流中没有固步自封，除以百年不变的卓越品质、社会口碑满意度，崂山矿泉水荣获“中国名牌产品”“中华老字号”等称号外，在产品研发和技术突破上也与时俱进，加大投入力度，并紧跟市场需求，不断推陈出新。不仅成功生产了国产第一瓶矿泉水、第一款国产健康可乐，以及畅销东南亚数十年的风味饮料——崂山白花蛇草水。近年来，崂山矿泉水还研发出运动系列自然顿悟微气泡饮料等十几种风味饮料。

本次联名合作的首席风味官“山橙时代”是立足于奉节脐橙产业的品牌，致力于通过产业扶贫的方式帮助奉节果农共享“橙经济”。

讨论：

根据案例材料，再结合生活中例子，从履行社会责任角度谈谈品牌对国家的作用。

2. 品牌对企业的作用

品牌是企业的无形资产，它对企业的根本意义在于它代表着较高的经济效益和经济实力，是企业获取未来现金流量的保障，也是企业获得产品高附加值的来源。

1）形成市场区隔

由于产品供大于求，顾客有了更多的选择空间，而产品的同质化现象也使得企业的竞争重点转向品牌竞争。品牌的市场区隔功能也可以称为品牌的定位功能，品牌传递的特定信息与其他品牌形成明显的区隔，这些差异化信息吸引着特定的顾客群体，从而形成较为稳定的市场份额。

2）获取竞争优势

品牌通过突出产品品质或强调产品内在理念所形成的差别是竞争对手难以效仿的，可以将多种差别化利益归于一体，从而充分地向市场反映企业的综合实力和基本素质。强势品牌以其长期坚持的差异化诉求使企业或品牌长期保持市场竞争优势，在面对竞争对手的正面进攻时，品牌差异化所形成的品牌资产可以筑起森严的壁垒，有效地阻挡竞争对手的攻击；对于潜在的、尚未进入市场的企业或品牌，品牌所代表的品质及顾客对品牌的认可或推崇，往往又使得潜在进入者望而却步，放弃进入市场的念头，从而使企业得以长期保持较高的市场份额。

3）降低市场推广成本

当顾客对某一品牌产生偏好和忠诚后，就会信赖该品牌标定的所有产品。如果是已获得顾客信赖的品牌，企业在推出新产品时，能充分利用其品牌偏好和品牌忠诚效应，将顾客对原品牌的认同顺利转移到新产品上，有效地降低新产品的市场推广成本，使新产品顺利进入市场。此外，企业通过塑造和传播品牌形象，尤其是当品牌已经占有较大的市场份额并成为强势品牌时，在与渠道商的合作和销售利润分配等方面将占据一定的优势。毕竟渠道商更愿意与知名品牌合作，他们清楚哪些品牌的产品更受市场欢迎。因此，一个强势品牌在争夺渠道商及取得更优惠的合作上都占有较为明显的优势。

4）产生产品溢价

对企业来说，品牌不仅能增加销量，还能带来高额的附加利润。同样质量的产品，名牌产品的价格要比非名牌的高出许多，这些高出来的利润就是品牌给企业带来的附加利润。例如，买一双未贴牌的运动鞋可能只需200元，但如果是某知名品牌鞋，虽然质量一样，但其售价可能达到600元以上，这就体现了品牌溢价的作用。

5）塑造企业形象

对于企业来说，品牌是超越企业实体和有形产品的无形资产，代表着企业的形象。在顾客心中，它们总是把品牌影响力与企业的形象联系在一起。打造优秀的品牌有利于塑造企业的形象，提高企业的知名度，并使顾客、社会媒体等对企业形成良好的印象，从而为企业的发展和品牌延伸打下坚实的基础。

6）应对环境变化

品牌有助于企业在面临不利的市场环境时更具有适应性和应变性，为企业赢得宝贵的时间。在实际的市场运作中，企业常常要面对通货膨胀、原材料与能源短缺、顾客的需求或偏好发生改变、新的竞争者进入市场等不利的环境变化，此时，如果企业拥有良好的品牌形象及较高的品牌资产，就有时间进行技术革新，对品牌重新进行市场定位，或者对品牌发展战略进行适当调整，这样就有可能使企业产品重新获得生机。

案例

长虹空调打造“品牌破圈”新标杆[①]

创新营销思维，多元化品牌表达成破局关键

长期以来，同质化竞争泥沼和价格战陷阱，令整个空调行业愈加白热化。在这样的市场环境中，长虹空调厚积薄发，自在2023年开始，便凭借一系列可圈可点的营销动作，席卷空调市场。不难看出，品牌的深度覆盖和强势传播，持续刷新消费者对长虹空调品牌的认知是现阶段的核心目的，长虹空调的品牌化战略早已悄然登台。

2023年夏天，蓄势已久的长虹空调在成都以一场名为“长虹造空调，造了很久，造得很好”的系列传播事件刷爆全网。其中，“长虹造空调城市百问”活动，以创新的问答形式，将长虹空调的品牌内核根植在消费者心中；联名社交平台打造的“长虹空调冲凉站”快闪活动，用深度体验迅速提升消费者对品牌的好感度；作为成都大运会唯一指定合作家电品

① 资料来源：品牌强国—科技强国，2023-12-12，有删改。

牌，长虹空调为运动员提供满含四川特色的“熊猫懒空调”，在国际舞台上大秀长虹空调精工实力；牵手中国高铁，借助中国速度演绎中国制造的品质。一桩桩一件件，长虹空凭借一系列极具感染力的营销公关事件，成功斩获上亿的传播声量，在竞争激烈的空调存量市场“杀”出重围，重新演绎了民族品牌的时代价值，宣誓了一个沉淀近 30 年的国民品牌的崛起雄心。

恪守精工之道，内容创新才是品牌长青的内核

如今，高频的营销举措是品牌成败的关键因素，但没有硬核实力作为底层支撑的品牌营销只是一戳就破的视觉泡沫。这种舍本逐末的做法或许能一时抓住消费者的眼球，却不能长久俘获消费者的“芳心”，品牌的核心竞争力永远是产品的过硬品质，长虹空调焕新演绎品牌价值的底气，源自近 30 年对高质量产品的极致追求。

自 1995 年诞生以来，长虹空调倚靠其行业独特的精工背景，持续取得关键技术突破，引领着整个空调产业的升级进程。在 1997 年，长虹成功研发的变频空调机走在行业前沿，拉开了长虹技术创新的崭新篇章。同年，中国首台全直流变频挂机“大清快”问世，成为业内的标杆之作，不仅在能效方面遥遥领先，还融入了电子集尘器和光触媒除臭过滤网，成为真正的清洁空调典范。2014 年，公司成功推出 CHiQ Q1V 空调，凭借独特的核心算法实现了风随人动、风逆人动的创新功能，提升了用户在使用空调时的感受。2019 年，长虹 CHiQ Q5A 获得了“人类工效学 – 热舒适”“HCT 静音”认证证书，为用户创造了真正的睡眠空调。而在 2021 年，CHiQ Q6C 全无尘空调系列新品上市，通过引入进出风口自动闭合技术，成功解决了空调进灰问题，重新定义了“无尘送风”的标准，为用户提供了崭新的舒适体验。2022 年，长虹空调再度成为中国冷暖智造“极智奖”的获奖者，连续六年斩获此殊荣。而 CHIQ 全无尘 · 新风空调更是荣获中国空调领域至高荣耀的“南山奖”，长虹空调的低调实力再次在业界和广大消费者中赢得了广泛认可。

在如今竞争激烈的空调市场，长虹空调厚积薄发的优势有了充分发挥的机会，聚合高科技与极佳体验的产品更是消费者的“心头爱”。起点决定终点，长虹空调用近 30 年韬光养晦后的一鸣惊人，生动诠释了中国匠心制造的无限潜能，也客观印证了内容创新才是传统品牌长盛不衰的竞争内核。

延续强劲势头，立足重庆引领行业品牌革新

重庆“百问轻轨”事件，是一次信息浓度极高的视觉视觉营销，据说这辆“蓝色闪电”会在重庆上空“飞行”至 2024 年，当它每一次掠过重庆人的头顶，便完成了一次强势的心智种草。长时间、高曝光率、极高集中度的信息传达，可想而知本次营销事件过后，长虹空调品牌在重庆消费者心中的“排位”将快速跃升。此外，除打造“百问轻轨”这一现象级爆款事件外，“全城目击者招募”“为明年预约一台好空调”等配套矩阵活动重磅加码行动已箭在弦上，不难看出“品效合一”才是此次营销事件的内核。

高品质的市场产品，配合品牌的人性温度，才能实现与大众的情感价值共振；高情商的品牌传播，依托产品的极致体验，才能形成可持续高质量发展的品牌内核。

作为陪伴一代人成长的国货之光，长虹空调在产品创新、品牌重塑、市场拓展方面的优异表现证明，空调行业并并非格局已定。长虹空调依托精工品质的核心产品，配合构筑的创新营销模式，必将在如今竞争激烈的空调市场大有作为。

讨论：

讨论：根据案例探讨长虹是如何取得市场竞争优势的?

3. 品牌对顾客的作用

品牌能够提升顾客对产品的信心，从而缩短顾客购买产品时的决策时间，减少顾客在多个品牌产品之间进行选择所付出的时间成本。品牌还可以帮助顾客构建身份认同，减少购买过程中因为对商品的认知不足而带来的心理不安。

1）构建身份认同

通过商品向他人明示或暗示自我识别，是现代社会消费中顾客最为重要的社会性行为。自我识别是一种个人努力向社会或他人展示自己个性的心理倾向，而消费则是其中最为便利和简单的途径，也就是说，顾客往往通过消费，或者通过拥有某种品牌商品来构建自己所期望的或想要的理想形象。对于大多数顾客而言，消费只是一种手段，展示自我或表达自我才是目的。品牌商品是一种象征或符号，其象征意义主要表现在两个方面：其一，对外构建了社会象征意义；其二，对内构建了自我身份，即自我象征意义。

2）减少交易成本

在市场经济中，交易双方为了完成交易，需要支付的除货款外的其他费用称为交易成本，包括商品需求者主动搜寻商品信息（如比较价格、质量等）的费用和购买后有可能发生法律诉讼等所需支付的费用及其所付出的时间成本。顾客认可或喜爱某个品牌，是因为认可或喜爱该品牌所构建的象征意义。这里所说的品牌象征意义指的是知名品牌凝聚着的顾客所希望了解和掌握的各种信息，包括品质卓越、服务周到、企业声誉好、知名度高、市场占有率高等。在大多数情况下，这些信息有助于顾客在较短的时间里形成对品牌产品的认知和判断，这可以大大节省顾客选购商品所需花费的交易费用和时间成本。

3）减少顾客的认知不协调

课堂讨论：服务铸就品牌 质量引领未来

顾客在进行一次较为重要的购买行为之前或之后，常常会产生疑虑："我买对了还是买错了？"这种担忧往往会使顾客在心理上产生一种认知不协调。如果顾客购买的是知名品牌的商品，则基本上不会产生上述疑虑，即使有，也会以知名品牌的影响力和声誉来消除自己的疑虑。尤其是一些技术复杂的产品，高知名度和美誉度的品牌可以很好地消除顾客在购买产品后的认知不协调。

事实上，除了在顾客和企业两个方面具有相应的作用，随着经济、社会的发展，品牌还担负了很多社会责任和义务，由于承载了不同的价值诉求，从宏观层面来说，品牌在推动社会文化的发展方面也有不可忽视的作用。

视域拓展

品牌强国工程[①]

建设优势品牌不仅对企业具有重要意义，对国家经济发展也同样具有非常重要的价值。因此，我国非常重视强势企业品牌的培育，社会各界也积极参与其中。

2019 年 8 月 28 日，中央广播电视总台联合中央有关部委、部分省区市党委宣传部、国家重大工程主导单位，以及国内知名品牌企业，共同举办“品牌强国工程”发布活动。该工程包括强国品牌、TOP 品牌、领跑品牌、国资典范品牌四个层级。该工程将依托中央广播电视总台的各平台，通过媒体传播品牌强国战略，助力培育能代表中国参与全球经济文化交流的新时代国家级品牌。新一轮的“广告精准扶贫”和“国家重大工程公益传播”两大公益宣传传播活动同时启动。

2020 年 9 月 24 日，中央广播电视总台在北京举办 2021“品牌强国工程”发布活动。2021 年“品牌强国工程”坚持以“1+N”传播模式为总方针，并对其进行了“一三三一”的优化与提升。第一个“一”是指一个全新的融媒体传播服务方案，它包括核心资源、固定配置、品牌解决方案和增值服务四大部分。第一个“三”是指推出了三个融媒体产品，分别是“TOP 品牌——2021 年中央广播电视总台直播带货顶级合作平台”“TOP 品牌——2021 年中央广播电视总台直播中国独家融媒体合作伙伴”和“领跑品牌——2021 年央视新闻正直播独家合作平台”。第二个“三”是指推出三个品牌解决方案，分别是品牌触达、品牌渗透和品牌转化。最后一个“一”是指建立一套入选企业用于一站式购买总台资源的品牌币。中央广播电视总台的品牌强国工程极大地帮助了企业品牌的建设。

1.3 品牌资产

本部分主要阐述从顾客视角出发，开展品牌资产建设的战略与方法。

1.3.1 品牌资产的概念和关键要素

1. 品牌资产的概念

通过前文的学习，我们知道品牌非常重要，那么品牌影响力的源头在哪里呢？顾客视角的品牌资

① 资料来源：品牌强国 · 自主品牌优选工程官网，2023-05-11，有删改。

产告诉我们，品牌建设的源头是顾客心智。在顾客心智中占据一个强有力的、偏好的和独特的位置正是品牌创建工作的首要目标。

顾客视角的品牌资产是指由于顾客拥有某品牌的知识导致其对该品牌的营销活动产生差异性反应。该概念认为，创建品牌的关键目标是要在顾客心中形成强有力的品牌认知和品牌形象。顾客视角的品牌资产是品牌在产品市场和资本市场取得良好表现的源泉。

2. 品牌资产的关键要素

顾客视角的品牌资产有两个关键要素：顾客的差异性反应和顾客的品牌知识。

1）顾客的差异性反应

品牌是否拥有很高的品牌资产，关键是看顾客对品牌的营销活动是否产生差异性反应。和一台没有标签的空调相比，标上品牌的空调，顾客可能会感觉质量更好，愿意支付更高的价格。如果一个品牌名称并没有给产品营销带来任何显著的、正面的效应，那么该品牌的资产就为零。

2）顾客的品牌知识

要让顾客对品牌的营销活动形成差异性反应，前提是顾客在心智中对品牌有一定的品牌知识，即顾客在日常购买行为中积累的对品牌的各种所知、所感、所闻与所见。顾客所形成的品牌知识是依据自身对品牌的经验建构出来的，它与品牌管理者所期待的品牌知识并不完全一致，有时甚至是相反的。品牌管理人员期望的品牌知识与顾客实际拥有的品牌知识之间的差异更进一步强调了品牌管理工作需要洞察顾客需求。

1.3.2　构建品牌知识

构建顾客心智中的品牌资产关键在于构建顾客脑海里的品牌知识。品牌之所以在未来有收益、有价值，是因为顾客拥有的品牌知识促成了顾客对品牌的差异性反应。

1. 品牌知识结构

品牌知识储存在顾客心智中，遵循联想网络记忆模型，由品牌节点与节点之间的链环构成。凯勒以记忆的联想网络模型为理论基础，推断品牌知识是由品牌认知与品牌形象构成的。品牌认知是指品牌名称、品牌标识、品牌包装、品牌标语、品牌代言人、品牌定价等信息在顾客心智中被储存的广度和深度。品牌形象是顾客对品牌所有联想的集合体，它反映了品牌在顾客记忆中的图景。优秀的品牌总能在顾客心智中扮演某个形象，占据某个独特位置。

下面以某餐饮品牌为例，解释品牌知识在顾客心智中的联想记忆模型。如图 1-1 所示，顾客记忆中以某餐饮品牌名称为起始点，由此产生一些与该餐饮品牌相关的关键性核心联想，如火锅、价值、服务、蘸料、卫生和质量等。顾客由核心联想又会联想到次级联想，如由火锅联想到健康、环境。当该餐饮品牌在顾客心智中形成强记忆时，很多核心联想、次级联想之间也会相互联想，形成链接。若一个联想由一个节点代表，那么所有这些节点就构成了品牌联想的内容。此外，节点与节点之间链接线路的长短代表了一个节点被顾客记忆起来并想起另一个节点的速度，线路越短代表了两个节点之间的联系越紧密。节点与节点之间线路的方向表明了信息节点之间相互影响的路径方向，品牌节点之间的影响具有非对称性。

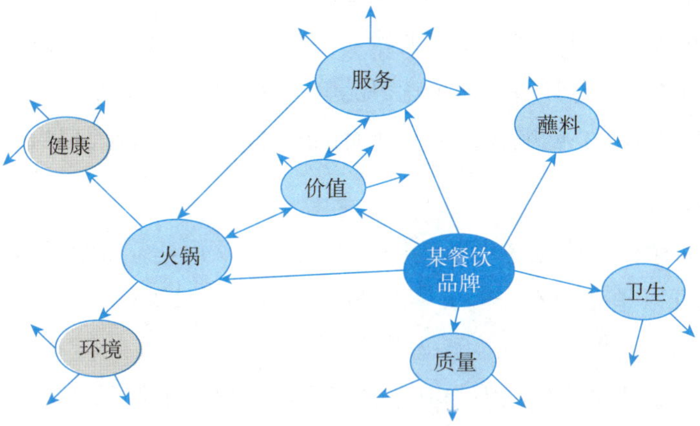

图 1-1　某餐饮品牌的品牌联想

2. 品牌认知

1）品牌认知的构成

品牌认知包括品牌识别和品牌回忆。品牌识别是指当众多品牌在同一时间呈现在顾客眼前时，顾客识别出目标品牌的能力。品牌回忆则是指在不呈现品牌的情形下，顾客从记忆中搜索出品牌的能力。品牌识别与品牌回忆的区别在于顾客在意识到品牌时，是基于回忆模式还是呈现模式。例如，一个人熬夜看体育赛事，准备购买某种品牌的提神饮料时，如果他未进入超市前就想到某品牌提神饮料，此时该品牌就具有品牌回忆力；如果他没有事先想好要购买什么品牌，而是在超市诸多饮料包装中识别出该品牌的提神饮料，此时该品牌只是具有品牌识别力。

当顾客不在销售点做出购买决策时，品牌回忆占据重要角色，那些最容易从记忆中提取出来的品牌占据优势地位。品牌识别则是指当顾客面对琳琅满目的商品时，品牌是否最易于被顾客识别出来，此时品牌的颜色、包装、款式等外观将极大地影响顾客的识别过程。顾客很多时候是有认知惰性的，部分购买行为常常在销售终端才临时做出决定，因此那些提高品牌识别能力的因素在提升品牌认知的过程中同样非常重要。

2）品牌认知的作用

建立品牌认知可以使品牌更易于被顾客识别与回忆，在众多的竞争对手中以最快的速度被顾客识别与回忆起来，使其成为顾客优先的选择对象，这种优势被称为捷足先登优势。人是天生的思维懒惰者，在当前信息爆炸、信息超载的情况下更表现出对冗余信息的厌烦，为避免自身陷于信息海洋而无法做出有效的决策，人们形成一些认知捷径来处理信息，并据此形成决策。陌生的品牌仅仅因为被顾客多次注意到，就增加了品牌吸引力，这种因简单暴露而产生的好感被称为简单暴露效应。例如，当顾客被询问是喜欢 A 品牌汽车还是 B 品牌汽车时，那些第一反应就想到 A 品牌汽车的顾客，对 A 品牌的评价更高；同理，那些第一反应就想到 B 品牌汽车的顾客，则对 B 品牌的评价更高。这种仅仅是因为某种知觉流畅性而对某品牌作出高评价也是认知捷径的一种表现方式。增加顾客对品牌的接触，就会提高品牌认知度，从而提高知觉流畅性。

认知惰性的存在还会让顾客在选择产品时可能并不会系统地评估所有品牌及它们各自的优劣势，而只会在脑海中形成两三个候选品牌，形成品牌考虑集。品牌考虑集一方面说明了顾客倾向于在某几个品牌之间进行转换，另一方面也说明了品牌竞争的残酷性——目标品牌必须挤进顾客有限的考虑集，已经进入考虑集的品牌会抑制顾客考虑其他的同类竞争品牌，这就是先入为主。品牌认知带来的捷足先登优势更容易影响那些购物时漫不经心的顾客，因为此时的顾客对产品选择表现出低介入度。

3）建立品牌认知的途径

企业建立品牌认知的途径是让顾客不断接触品牌元素，从而建立品牌熟悉度。熟悉度的建立可以通过多种渠道实现，既可以是品牌本身的元素（如品牌名称、品牌标识、包装等），也可以是品牌的次级联想（如品牌的代言人、产地、渠道等）。

为提高品牌认知，企业需要强化品牌与某个特定联结物之间的联系。顾客只能记住品牌的某个独特诉求，即独特销售诉求（unique selling proposition，USP），面面俱到式的宣传与定位只能导致品牌的空心化。通过广告反复传播所选定的独特销售诉求，可以有效提高品牌认知。

3. 品牌形象

1）品牌形象的概念

品牌形象是顾客对品牌所有联想的集合体，它反映了品牌在顾客记忆中的图景。品牌联想的形成既有企业营销活动的结果，也有顾客自己使用产品的体验所得。顾客对品牌形成的联想既可以通过企业掌控的渠道（如企业投放的电视广告、网络广告、户外广告等）获得，也可以通过非企业掌控的渠道（如第三方评论、其他顾客在网上的产品使用体验与评论等）获得。品牌形象的形成需要顾客的参与，这就是品牌的价值共创。当顾客不再被动地接受企业所传递的品牌内涵时，就会主动参与品牌价值的生产与传递过程。共创过程是顾客形成品牌联想的重要渠道。

2）品牌联想的类型

顾客对品牌的联想可以发生在三个层面上：品牌属性层面、品牌利益层面和品牌态度层面。

（1）属性联想。属性是指产品或服务的特征。属性可以是与产品功能相关的属性（如产品规格、材料等），也可以是与产品功能本身无关的属性（如用户特征、使用场景等）。企业需要清楚顾客关注哪些属性，因为顾客会在属性判断的基础上形成对品牌的态度。

（2）利益联想。利益是顾客从产品或服务中获得的价值，利益是顾客对品牌的真正需求所在。品牌属性是利益的外显，品牌利益则是属性表象背后的真相。手段—目的链模型认为，顾客在购买产品或服务时，其出发点是为了实现某种价值，为此需要获取某种利益，而满足该利益的方式就是企业提供顾客需要的产品或服务。因此，手段—目的链模型将品牌诉求分成由浅到深的三个逻辑阶段：属性—利益—价值，它为企业开发品牌诉求提供了操作指南。例如，某牙膏品牌的诉求逻辑是含有某种植物（属性），散发出特别的芳香（利益），因而让顾客在社交时更自信地与人交往（价值）。品牌利益分为功能利益、体验利益和象征利益三种类型。

①功能利益。功能利益往往涉及产品或服务的物理性质或性能，如打印机的功能利益表现为打印速度、分辨率、打印质量、纸张容量等。

②体验利益。体验利益是指顾客在消费过程中获得的某种积极、正面的情感体验，强势的品牌往

往会赋予顾客良好的情感体验。

③象征利益。象征利益带给顾客的是更高层次的价值，如体现自尊、获得认同、获得赞赏等。

（3）态度联想。品牌态度是顾客在产品或服务体验后所形成的整体评价。品牌管理人员非常关心顾客对品牌的态度，因为营销活动总是通过影响顾客态度来促成购买行为或形成情感偏好。20 世纪 60 年代以来，先后有诸多学者投身态度研究，其中，费希宾的多属性态度模型因其简明有效而获得广泛应用。该模型认为某一客体或行为的态度是由下面两个要素组成：一是顾客对于购买此种产品的态度，即自我认知；二是顾客认为其他人对此种产品可能有的态度，即从众心理。费希宾模型告诉我们：人的情绪反应，虽然有时处于不自觉状态，但是却与人的行为极有关联。人的外显行为离不开个人的意向作用，而个人意向又直接受顾客情感（态度）的驱动。没有情感的存在，便没有人的消费行为。

3）构建品牌联想

品牌管理人员要创建品牌联想需要从三个方面着手：品牌联想的喜爱度、品牌联想的强度和品牌联想的独特性。

（1）品牌联想的喜爱度。品牌管理人员要确保顾客对品牌产生的联想是积极、正面的。例如，某快餐店的品牌管理人员需要采取措施让顾客对其快餐食品形成正面联想（如营养、快捷等），回避负面联想（如寡淡无味等）。

（2）品牌联想的强度。品牌联想的强度与顾客加工、存储品牌信息的过程相关。顾客对品牌信息越是深思熟虑，越是精细加工，该信息在记忆中就越容易得到强化，也就越容易被顾客从记忆中提取出来。例如，王老吉凉茶在“怕上火喝王老吉”的广告画面中，展示了可能与王老吉凉茶消费相关的各种生活场景（熬夜加班、熬夜看比赛、朋友欢聚吃火锅等），这些丰富的生活场景有助于王老吉确立“预防上火”的品牌定位。品牌一旦与这些场景建立联系，则顾客在碰到此类场景时将很容易从记忆中提取王老吉品牌。

（3）品牌联想的独特性。品牌联想的独特性与品牌定位息息相关。品牌管理人员需要向顾客传递出本品牌与其他竞争者差异性的地方。例如，同样是钢笔，别的品牌追求书写功能的优异性，而英雄钢笔则强调“美好体验，无处不在”，让品牌超越具体的功能层面，走向经典与奢华。

品牌的独特性联想解决了品牌在一个品类中与其他品牌的区别问题。例如，在洗发水品类中，含中药成分的洗发水强调自身的中药特性，具有促进头发再生的功效；去屑洗发水强调的是专业去屑的产品特性。越是在竞争激烈的市场，品牌越需要强调其独特性。

总之，品牌知识是形成品牌资产的前提条件。要形成品牌知识，品牌管理人员必须让顾客对品牌有高度的认知度，并对品牌产生正面的、强有力的、独特的品牌联想。

1.3.3 品牌资产的创建过程

凯勒于 1993 年提出 CBBE（customer-based brand equity）模型，即基于顾客的品牌价值模型，为自主品牌建设提供了关键途径。该模型认为构筑顾客心智的品牌资产需要遵循四个逻辑阶段，每一阶段又由若干要素构成，如图 1–2 所示。从 CBBE 模型金字塔底端的品牌显著度开始，直到顶端的品牌共鸣、品牌忠诚。如果以理性与感性为划分标准，品牌大体可分为两类：一类是以理性诉求为主的功能型品牌，另一类是以感性体验为主的享乐型品牌。以理性诉求为主的功能型品牌，其品牌资产的构建更为强调金字塔左侧的内容，以感性诉求为主的享乐型品牌则更注重金字塔右侧的内容。

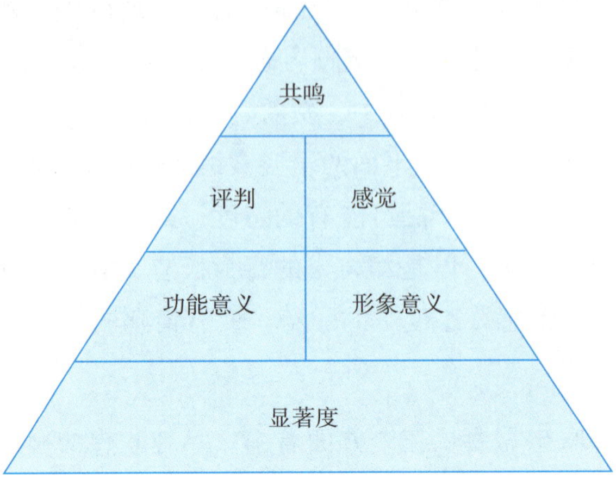

图 1-2　品牌资产构建的金字塔模型

1. 建立品牌识别

建立品牌识别的主要目的是提升品牌显著度。品牌显著度表明品牌在顾客心智中的凸显地位，品牌认知程度就是品牌显著度的一个重要指标。品牌认知是在不同情形下顾客回忆与再认出品牌的能力。提高品牌显著度可以从提升品牌认知的深度和广度着手。品牌认知的深度是指品牌识别元素被顾客从脑海中提取出来的可能性及难易程度。一个不用提示或稍加提示即可回忆起来的品牌比一个需要具体呈现产品才能被识别的品牌具有更深的品牌认知。品牌认知广度是指在顾客记忆中品牌与购买场景、消费场景相联系的范围。品牌认知的广度经常被品牌管理者所忽略，对于多数品牌而言首要问题不是品牌是否被记忆，而是品牌是在何时何地被记忆，以及记忆的容易程度与频率。较窄的广度意味着顾客将该品牌限定在较少的使用场合，从而减少了品牌的使用数量。拓展品牌认知的广度通常有两个途径：一是识别与开发新的使用场合和使用机会，二是识别与开发新的使用方法。

2. 建设品牌内涵

当企业的品牌具有较显著的品牌识别时，企业就要同时加强品牌的内涵建设，使品牌在顾客心智中具有更为具体的内涵意义，使品牌形象具体化。企业品牌内涵主要包括品牌功效、品牌形象等方面的内容。

1）品牌功效

品牌功效代表着企业的产品或服务能满足顾客需求的程度。品质是品牌功效的决定因素。研究发现，顾客对品牌的第一联想是品质，品质几乎成为品牌的代名词。第一，品质代表了安全、放心。品牌可以减少顾客对产品质量的担心。第二，品质代表了产品的人性化和个性化。顾客认为，好品牌应该舒适、用起来方便、贴近人性等，还把环保、自然作为人性化的要素。第三，品质意味着服务。对耐用品，服务重点是指售后服务；对日用消费品，服务则延展到产品核心利益之外的所有领域，如外观、包装、使用方便性。第四，品质与工艺、美感相关联。第五，品质还和产品的创新程度、流行程度有关。

有时，外围线索也可成为判断品牌功效的重要依据。因为有时顾客无法评估产品属性，或者顾客本身没有动力或能力对产品属性进行判断，此时外围线索成为品牌功效的主要依据。产品来源国或产地就是影响品牌功效的非产品属性的外围线索之一。例如，如果顾客对来自某国家的产品抱有好感，则会认为该国家产品的质量会优于其他国家产品。此时，原产国就是质量判断的外围线索。表 1–2 为顾客用以推断产品质量的外围线索。

表 1–2 顾客用以推断产品质量的外围线索

外围线索	内容描述
来源国	顾客对某国有好感时会认为来自该国家的设计、研发、制造或原料是产品高质量的保障
品牌名字	使用外语名称的名牌往往被顾客误判断为外国品牌
价格	产品的高价格往往被认为是高质量的象征
销售渠道	高端销售渠道可以提升产品质量感知
名人代言	名人代言可以增加顾客对产品品质的信任
第三方认证	公正权威的第三方评估机构的认证为产品品质提供了担保

2）品牌形象

品牌形象是顾客对品牌所有联想的集合体，它反映了品牌在顾客记忆中的图景。品牌形象超越了产品的具体属性，体现了品牌的抽象概念。顾客既可以根据自身的品牌使用体验构建品牌形象，也可以通过品牌广告、他人口碑等方式建构品牌形象。根据品牌形象的来源，品牌形象大体上有如下三类。

（1）使用者形象。品牌使用者的形象往往是顾客心智中品牌形象的重要来源。品牌现有使用者的人口统计因素或心理因素都可以成为潜在顾客的联想物，例如，顾客可能倾向于认为华为电脑的用户是商务人士，而小米电脑的用户是年轻的酷玩一族。

使用者形象对品牌形象的作用是通过顾客对使用者群体的印象实现的。已有的品牌使用者成为潜在顾客的参照群体，这个参照群体可区分为顾客期望回避的群体与渴望接近的群体。

（2）品牌使用情境。品牌被认为是在何时、何地、以何种方式被用户使用的联想也会影响消费者的选择。例如，正常情况下，人们口渴了不会购买凉茶饮料，而当已经上火或者需要预防上火时，顾客会购买凉茶饮料。这说明凉茶形成了已经上火或需要预防上火的消费情境。

（3）品牌个性。顾客可能会将品牌视为一个人，从而赋予品牌各种个性特征。著名品牌专家詹尼弗·阿克发现品牌具有五种个性：真诚（如诚实、健康、愉悦）；刺激（如激情、富有想象力、时尚）；能干（如可靠、睿智、成功）；教养（如高贵、迷人）；粗犷（如外向、硬朗）。品牌个性的概念自提出就得到广泛的接受，并被品牌管理人员运用于实践中。优秀的品牌总是有自身鲜明的个性，如长城皮卡具有粗犷的个性，给人以大胆、坚韧、英勇的感受。

强有力的、正面的和独特的品牌联想有助于顾客对品牌做出行动。满足上述三个维度的品牌形象有助于提高顾客对品牌的判断与感受，即实现品牌建设的第三个阶段。

3. 形成品牌反应

当企业品牌内涵建设达到一定效果时，品牌就会在顾客心智中形成具体的品牌形象，并影响顾客对品牌的态度。顾客对品牌的态度直接表现为顾客对品牌的反应。顾客对品牌的反应主要表现为顾客对企业品牌的判断和体验。

1）品牌判断

品牌判断是顾客在对品牌直接或间接的体验基础上形成的总体评价，品牌功效和品牌形象都会影响顾客的品牌判断。品牌判断发生在两个层面：态度层和行为意向层。前者是顾客对品牌的态度评价，后者则是顾客考虑是否购买品牌的判断。费希宾提出的多属性态度模型认为顾客对品牌的整体判断通常取决于品牌的具体属性与利益。顾客根据品牌属性和属性的重要性最后得出整体品牌态度。例如，顾客对餐厅的评价会根据餐厅的地理位置、服务水平、硬件设施、口感等各种因素综合得出。

根据顾客的态度可以预测其行为意向，对品牌的好感会带来品牌购买。品牌建设要实现的最终目的在于增进品牌销售，而让顾客购买品牌的前提是让品牌进入顾客购买考虑集。

2）品牌体验

品牌体验是一种主观的、内在的顾客反应（诸如认知、情感和感觉）和行为反应。品牌体验概念可追溯到体验经济和体验营销。体验是企业以服务为舞台，以商品为道具，围绕顾客创造出值得顾客回忆的活动。在体验经济概念提出后营销领域的学者又相继提出了顾客体验、产品体验、服务体验、体验消费等概念。伯恩特·施密特提出的体验营销概念获得最大关注，其著作《体验式营销》将不同的体验形式总称为五类战略体验模块：知觉体验、思考体验、行为体验、情感体验和关联体验，即体验营销要求企业从顾客的感官、思考、行动、情感、关联五个方面定义、设计营销策略。

体验营销突破了理性顾客假设，认为顾客的消费行为除包含知识、智力、思考等理性因素以外，还包含感官、情感、情绪等感性因素。品牌体验具体包括感官体验、情感体验、思考体验、行动体验和关联体验五个维度。感官体验是由视觉、听觉、嗅觉、味觉及触觉形成的知觉刺激，以形成美学的愉悦、兴奋、美丽与满足；情感体验可由正、负面的心情及强烈的感情所构成；思考体验可通过创造惊奇感、诱发及刺激而产生，以吸引顾客注意、引发好奇心；行动体验可通过创造身体感受行为模式、生活形态及互动关系而形成。品牌体验的研究让品牌建设回归于营销的本质：满足顾客作为人的直觉需求，而不是理性推断。关联体验是企业通过营销活动设计，使顾客同时获得上述四种体验。

4. 建立品牌关系

当顾客对企业品牌形成一个相对稳定的品牌反应时，就会固化为顾客与品牌之间的某种关系。品牌关系是指顾客对品牌的态度和品牌对顾客的态度之间的互动。在这个关系体系中顾客与品牌被视为同等重要的两个部分，并且彼此之间会有互动反应。品牌关系的强弱通常可以通过顾客与品牌的精神共鸣和顾客的品牌忠诚度来体现。品牌忠诚度是品牌资产的一个基本维度。一群习惯型购买者是公司获得长期持续收入的重要来源，可以创造巨大的价值。品牌忠诚度越高，顾客流失率越低，品牌的价值就越高。

1）品牌共鸣

品牌共鸣是指顾客与品牌之间同喜同悲的程度。品牌共鸣位于品牌建设金字塔模型的顶端，它意味着顾客与品牌之间既有情感联系，又有行动承诺。这种情感联系包括对品牌的依恋，最后达到对品牌至爱的程度；行动承诺可以体现在重复购买品牌、向他人推荐品牌及抵制品牌负面信息等内容上。

研究表明，当顾客与品牌之间建立共鸣后，即使面对该品牌的负面消息也会主动为品牌辩护。

顾客购买品牌产品的重要原因在于品牌有助于顾客表达自我身份，久而久之，顾客与品牌之间就发展出情感联系——类似于依恋关系。布莱克森把品牌依恋定义为顾客自我与品牌之间的认知和情感连接。这种依恋关系的极致是顾客对品牌的挚爱。卡罗尔发现，品牌挚爱包含了顾客对品牌的积极评价、依恋和热情。对品牌挚爱到狂热的顾客会表现出将品牌标识纹在自己身上、彻夜排队等候最新产品等举动。

与品牌拥有共鸣的顾客会重复购买。对零售企业的研究发现，每月多次购物的忠实顾客能够为零售商带来稳定的高收入，偶尔上门或者冲着打折才购物的顾客则几乎不带来利润，有时还会带来亏损。与品牌共鸣的顾客会主动向他人推荐自己钟爱的品牌。

2）品牌忠诚度

品牌忠诚度是指顾客对品牌偏爱的心理反应，反映了对该品牌的信任和依赖程度，是顾客在购买决策中多次表现出来的对某个品牌有偏向性的（而非随意的）行为反应。它是一种行为过程，也是一种心理（决策和评估）过程。企业常用品牌忠诚度反映顾客与品牌之间的关系状态。

（1）品牌忠诚度层次。所有品牌在市场上都拥有不同的消费评价。顾客在品牌情感上的差异，表现为其在品牌的购买、消费、选择方式上的差异。顾客的品牌忠诚度通常可以分为以下五个层次，如图 1-3 所示。

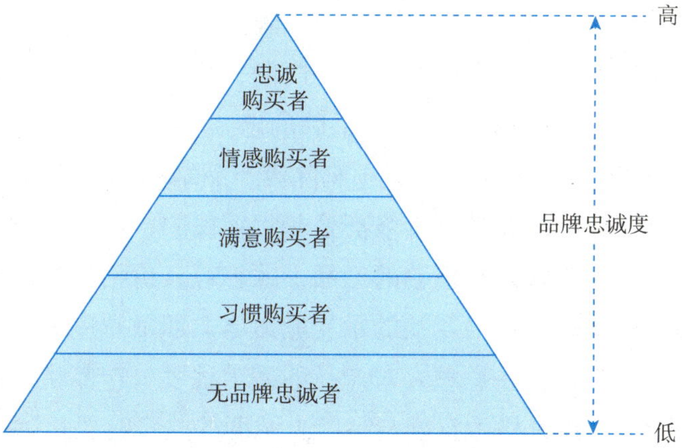

图 1-3　品牌忠诚度层次

①无品牌忠诚者。无品牌忠诚者对品牌的认知完全没有差异，他们对品牌漠不关心，但对价格十分敏感，价格的变动（价格降低或价格相对降低）往往成为其选择商品的决定性因素。这类顾客会根据价格的变动不断更换品牌，哪个品牌价格低，就选哪个。许多低值易耗品、同质化行业和习惯性消费品都没有品牌忠诚者。

②习惯购买者。习惯购买者是指那些对某品牌产品满意或至少不反感的顾客。这类顾客如果对某一品牌或某几种品牌不反感，购买时就会有固定的消费习惯和偏好，目标较明确。如果竞争者有明显的诱因，如通过价格优惠、广告宣传、独特包装、销售促进等方式鼓励顾客试用、购买或续购某一产品，顾客就会进行品牌转换，购买其他品牌。

③满意购买者。满意购买者对原来购买的品牌相当满意，而且产生了品牌转换风险忧虑，也就是说购买一个新的品牌，会有效益的风险、适应的风险等。顾客在购买新的品牌时，会产生品牌转换成

本，即购买一个新品牌时，顾客会因效益、时间、金钱、适应、使用等方面的风险而放弃新的选择。这是因为在某一特定使用环境中，新品牌可能不会发挥效用。为了吸引这类顾客，竞争者需提供充足的转变诱因或足够多的利益，以补偿顾客因为转变而产生的风险。

④情感购买者。这一层的顾客对品牌已经有了一种爱和情感，某些品牌是他们情感与心灵的寄托，能历久不衰，成为他们的朋友，是顾客生活中不可或缺的用品，且不易被取代。顾客对品牌的选择建立在诸如标志物、使用经历或品牌体现等方面的高质量品牌联想上。

⑤忠诚购买者。忠诚购买者是品牌忠诚的最高层次，顾客不仅对品牌产生情感，甚至引以为傲。此品牌无论是从功能的角度来看，还是作为他们身份的表达，都非常重要。顾客会向其他人推荐该类品牌，这类品牌以中高档品牌居多。

以上五种顾客的品牌忠诚度并非总是以单一的形式出现的，有些顾客可能是几种忠诚度的组合，既喜欢某一品牌，又具有转换代价。

（2）品牌忠诚度的测量。为了更好地留住忠诚顾客、培养品牌忠诚度，企业需要对品牌忠诚度进行测量，并将此作为制定相应品牌策略的基础，测量的标准如下。

①顾客重复购买次数。在一定时期内，顾客对某一品牌产品重复购买的次数越多，说明对这一品牌的忠诚度就越高，反之就越低。需要注意的是，在确定这一指标的合理界限时（即多长时间内重复购买多少次才算忠诚），必须区别对待不同的产品。

②顾客购物时间的长短。根据消费心理规律，顾客购买商品都要经过比较、挑选这一过程。但由于信赖程度有差别，针对不同产品，顾客购买挑选的时间长短也是不同的。一般来说，顾客挑选时间越短说明他对某一品牌商品的偏爱值越高，对这一品牌的忠诚度越高，反之则说明他对这一品牌的忠诚度越低。在运用这一标准衡量品牌忠诚度时，必须剔除因产品结构、用途方面的差异而产生的影响。

③顾客对价格的敏感程度。虽然顾客对价格都是非常重视的，但并不意味着顾客对各种产品价格的敏感程度相同。事实证明，对于喜爱和信赖的产品，顾客对其价格变动的承受能力强，即敏感程度低；而对于不喜爱的产品，顾客对其价格变动的承受能力弱，即敏感度高。据此亦可衡量顾客对某一品牌的忠诚度。运用这一标准时，要注意顾客对产品的需求程度、产品供求状况及市场竞争程度三个因素的影响。在实际运用中，衡量价格敏感度与品牌忠诚度的关系时要排除这三个因素的干扰。

④顾客对竞争产品的态度。顾客对某一品牌态度的变化，多是通过与竞争产品相比较而产生的。根据顾客对竞争产品的态度可以判断顾客对其他品牌产品忠诚度的高低。如果顾客对某一品牌的竞争产品兴趣大、好感强，就说明对该品牌的忠诚度低；如果对其他的品牌产品没有好感、兴趣不大，就说明对该品牌产品忠诚度高。

⑤顾客对产品质量问题的态度。所有企业都可能因种种情况而出现产品质量问题，即使名牌产品也在所难免。如果顾客对某一品牌的印象好、忠诚度高，则会以宽容和同情的态度对待企业出现的问题，相信企业很快会加以处理；如果顾客对某一品牌忠诚度低，则一旦产品出现质量问题，顾客就会非常敏感，极有可能从此不再购买这一产品。

顾客心智视角的品牌资产理论知识较为丰富，覆盖面也非常广泛，而且可以揭示顾客的内在心理感知过程，从源头上解释品牌影响力是如何形成的，因此，这一视角的品牌资产理论对企业品牌建设很有帮助。

温故知新

1. 品牌是能够给拥有者带来溢价、增值的一种无形资产，它的载体是区别于其他竞争者的名称、图案、符号及其组合，增值的源泉是在顾客心中形成的有关产品特色、利益和服务的质量承诺与保证的印象。

2. 品牌主要具有七个方面的特征：专有性、无形性、价值性、风险性及不确定性、识别性、扩张性和引领性。

3. 根据品牌的辐射区域可以将品牌分为地区品牌、国内品牌和国际品牌。

4. 根据品牌所处产业链的环节可以将品牌分为制造商品牌和经营商品牌。

5. 根据品牌化对象可以将品牌分为产品品牌、服务品牌、组织品牌、个人品牌、事件品牌、区域品牌等。

6. 商标是品牌的组成部分，是品牌中便于顾客识别的标志和名称，是打造优势品牌的基础。商标是品牌的外在表现形式。企业选择把品牌注册为商标来寻求法律保护。

7. 品牌具有以下四个方面的功能：识别功能、信息浓缩功能、安全功能和附加价值功能。

8. 品牌与国民经济存在相关性，是国家形象的一种象征。

9. 顾客视角的品牌资产是指由于顾客拥有某品牌的知识，导致其对该品牌的营销活动产生差异性反应。

10. 品牌知识是由品牌认知与品牌形象构成的。品牌知识储存在顾客心智中，遵循联想网络记忆模型，由品牌节点与节点之间的链环构成。品牌认知包括品牌识别和品牌回忆。品牌形象是顾客对品牌的所有联想的集合体，它反映了品牌在顾客记忆中的图景。

11. CBBE 模型，基于顾客的品牌价值模型，认为构筑顾客心智的品牌资产需要遵循四个逻辑阶段，第一阶段为品牌识别，第二阶段为品牌内涵，第三阶段为品牌反应，第四阶段为品牌关系。

复习思考题

1. 简述品牌的定义。
2. 谈谈品牌在现代企业营销中的作用。
3. 阐述品牌的功能。
4. 品牌与产品之间存在什么关系？
5. 品牌忠诚度的测量标准是什么？
6. 顾客心智视角的品牌资产是什么？
7. 顾客心智视角中的品牌知识由什么构成？
8. 品牌资产创建过程由哪四个阶段构成？

实训练兵场

企业品牌探讨：搜集几个知名品牌，分析其成功的原因。

1. 实训目的

（1）通过搜集知名品牌活动，增强对品牌概念的理解。
（2）分析搜集到的知名品牌，进一步掌握品牌的内涵。
（3）提高搜集材料、整理材料、分析材料的能力。

2. 实训内容与要求

（1）自愿组成学习小组，每组 4 ～ 5 人，各组自主收集资料。
（2）小组组长给本组同学分配整理资料的工作。
（3）小组组长组织本组同学讨论整理的资料，并形成调研结论。
（4）各组分别撰写一份调研报告。
（5）制作小组汇报 PPT，并在班级内讲解展示。

3. 成果与检测

（1）小组调研报告一份。
（2）PPT 汇报展示。
（3）其他小组同学提出问题，汇报人解答。

4. 现场点评与总结

请根据自己的学习情况填涂下表。

评价标准	自我评价	同伴评价	教师评价
语言表达清晰流畅	☆☆☆☆☆	☆☆☆☆☆	☆☆☆☆☆
专业知识掌握良好	☆☆☆☆☆	☆☆☆☆☆	☆☆☆☆☆
方案具有良好的创新性	☆☆☆☆☆	☆☆☆☆☆	☆☆☆☆☆
方案具有良好的可行性	☆☆☆☆☆	☆☆☆☆☆	☆☆☆☆☆
我的收获			

第 2 章 品牌定位与品牌个性

学习目标

知识目标

1. 了解品牌定位的内涵。
2. 掌握品牌定位的方法。
3. 理解品牌个性的概念。
4. 掌握提炼品牌个性的方法。

能力目标

1. 能够使用自己的语言清晰地阐述品牌定位的概念，并解释其内涵。
2. 能够根据企业实际情况制定品牌定位策略。
3. 能够根据市场情况提炼出企业品牌的独特个性。

素质目标

1. 具备品牌定位意识，提高品牌策划职业素养。
2. 增强爱国热情，提高爱国意识。
3. 增强民族自豪感和文化自信心。

思维导图

- 品牌定位与品牌个性
  - 品牌定位
    - 品牌定位的内涵
    - 品牌定位的作用
    - 品牌定位的原则
    - 品牌定位的误区
  - 品牌定位的方法
    - 定位战略选择
    - 品牌定位流程
    - 品牌再定位
  - 品牌个性
    - 品牌个性的内涵
    - 品牌个性的构成
    - 品牌个性的价值
    - 品牌个性塑造误区
  - 品牌个性塑造
    - 品牌个性塑造的原则
    - 品牌个性元素
    - 品牌个性的测量
    - 品牌个性提炼步骤

案例导入

方太究竟有何利器让企业持续增长？[①]

受到市场、消费需求等诸多不确定性因素的影响，中国厨电行业遭遇挑战，市场“寒气”袭人，连行业“亮点”集成厨电领域也在2022年第一季度整体增速放缓。这个时候，最考验企业的产品及整体实力，其中，作为中国专业的高端厨电领导品牌——方太表现令行业瞩目。数据显示，方太集团2022年上半年营收74.2亿元，实现两位数增长，在整体放缓的集成厨电领域，方太集成烹饪中心今年第一季度更是取得248.2%的超高速增长。方太已经延续这种增长态势多年。2017年，方太集团销售额突破百亿，成为首家突破百亿的厨电企业；到2021年，方太营收155亿元，同比增长29%，比2019年增长41%。

对于方太强劲的发展势头，方太集团董事长曾将成功的第一因素总结为有一个清晰的品牌定位。此前，在较长一段时间里，方太的品牌定位一直是“高端厨电领导者”，2015年，这一品牌主张升级为“因爱伟大”，核心主旨是关爱家人。从品牌定位的升级不难看出，方太倡导一种关爱家人的价值观，从关爱家人开始，关爱更多的人，即“仁爱立命”。用方太集团董事长的话说：“通过仁爱之心为顾客创造幸福生命，它是一切的重要源泉。”在他看来，创新是企业发展的第一动力，而要创新，最大的源泉是仁爱之心。让外界好奇的是，以仁爱之心为内核的品牌定位，以仁爱之心为最大源泉的科技创新，究竟是如何助推方太稳健增长、攻城拔寨的？

① 资料来源：《半年营收超70亿、延续高增长，方太究竟有何“利器”？》，中国经济导报，2022-11-09，有删改。

1. 方太品牌观凝聚共识

方太倡导的“因爱伟大”品牌定位，在企业内部，可以从研发、生产、经营等各个细节来认知、践行，而在外界，顾客对这一品牌定位的认知离不开广告作品。正如大众所感受到的，在新的品牌定位之下，方太一系列广告变得更加有人情味。比如，方太 20 周年“忠于初心”系列海报，既体现了厨房噪声被降到图书馆级四十八分贝的“懂你的爱”，又表达了敞开式厨房背后对家的重新理解，做到了从顾客立场出发。

2. 方太做到义利合一

广告作品呈现、弘扬了方太“因爱伟大”的品牌主张，与此同时，方太也用仁爱之心来开发产品，让“因爱伟大”的品牌主张落地，切实造福顾客。举个例子，2010 年，央视报道称“厨房油烟加剧家庭主妇肺癌风险”。看到报道，方太集团董事长决心解决这一困扰，立马组织开会，立志要开发世界上吸油烟效果最好的吸油烟机。此后，方太团队炒了上千斤辣椒，做了无数次实验，终于在 2013 年研发出当时被认为是世界上吸油烟效果最好的吸油烟机“风魔方”。上市之后，“风魔方”这一产品深受顾客青睐，长期畅销。

方太以仁爱之心为源泉，不断开拓创新，为了促进社会的美好幸福而努力。从这个角度看，“为了亿万家庭的幸福”的方太，坚持仁爱为缰，真正做到了义利合一，也因此获得了强劲的发展动力，实现了营收额的持续稳健增长。

讨论：

根据案例材料，你认为品牌定位对方太品牌的成功起到了什么作用？

品牌策划能否成功在很大程度上取决于品牌管理人员是否能够成功做好品牌定位工作。准确的品牌定位能够很好地指导品牌传播与推广，使品牌核心信息成功地植入顾客心智中。品牌定位是品牌建设的一个重要环节，通过一系列的品牌定位活动可以在目标顾客心智中树立个性鲜明的品牌形象。

2.1 品牌定位

2.1.1 品牌定位的内涵

1. 定位的概念

“定位”的概念发端于广告、营销领域，由美国营销学者阿尔·里斯和杰克·特劳特提出，他们在美国营销杂志《广告时代》和《工业营销》上发表系列文章，将定位解释为“确定商品在市场中的位置”。之后，由于发现现实中顾客对接收过多品牌的信息倾向于排斥，在购买某类商品时，大多优先选择该类商品的代表品牌，因此，在他们后来出版的《定位》（1981）一书中，将定位的场所由市场转为“顾客心智”。同时，阿尔·里斯和杰克·特劳特也逐步将定位的客体：商品、企业、服务等，扩展到各类组织、机构、个人、城市甚至国家等，同时加入了“区别于竞争对手”这个要素。因此，定位是指任何一个品牌都必须在目标受众的心智中占据一个特定的位置，提供有别于竞争者的利益，并维持好自己的经营焦点。对于定位的概念，需要把握以下几个方面。

（1）定位是主体对客体进行的有目的性的塑造，但这种塑造又是有客观依据的：依据之一是定位客体的属性、特征，尤其是其中具有营销价值的鲜明个性；依据之二是接受者对该客体已有的认知信息和相应的需求。

（2）定位是指主体为客体设计差异化的个性形象，然后将该形象传播给受众，并在传播过程中抗拒各种干扰因素，最终使客体形象在目标群体心智中占据特殊位置的过程。

（3）定位的过程主要反映了客体、定位、场所之间的关系，以及设计、传播、噪声的影响作用。具体如图 2-1 所示。

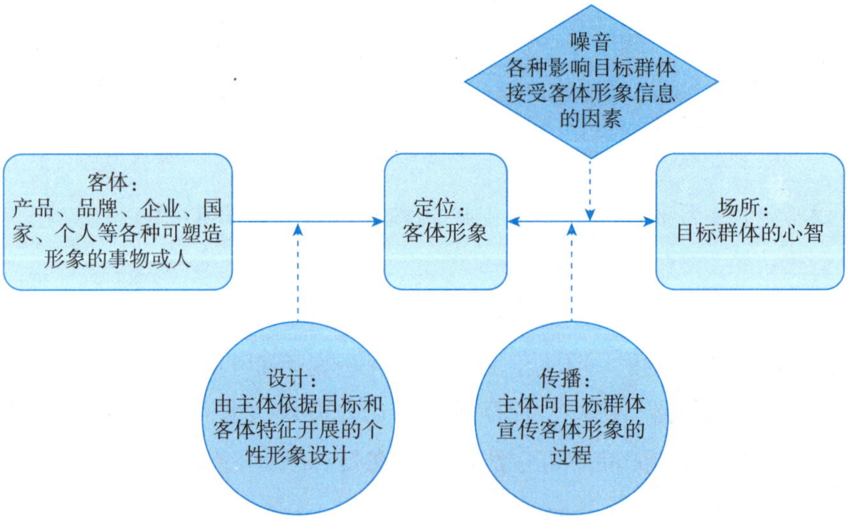

图 2-1　定位的概念及路径

根据上述内容，可以从以下几个方面理解定位的内涵。

（1）定位是一种主体有目的的行为过程，主要包括：设计客体形象、传播客体形象，以及抗拒噪音影响这三个行为过程。

（2）可以被定位的客体非常广泛，凡是可塑造形象的事物或人，都是可以被定位的客体，如国家、城市、企业、商品、个人等。

（3）客体形象通过传播活动与场所（目标群体的心智）发生关系，在传播过程会受到噪声的干扰。为了克服噪声干扰，定位过程需要“锚定”目标群体的心智。

（4）成功的传播活动可以帮助客体形象在目标群体的心智占据特殊的位置，从而在目标群体的大脑中形成客体形象的“痕迹”，通常称之为“印象”。

2. 品牌定位的概念

依据定位理论，我们认为品牌定位是在综合分析目标市场与竞争情况的前提下，对品牌产品属性、品牌个性、品质和核心价值等予以明确界定，设计出独特的品牌形象，并在目标市场进行有效传播，从而在目标顾客心智中占据一个具有独特价值地位的过程或行动。品牌定位的着眼点是目标顾客的心理感受，途径是对品牌整体形象进行设计，实质是依据品牌产品的属性、目标市场消费主体的特征，设计品牌识别并传播品牌价值，从而在目标顾客心智中占据独特位置。

品牌定位使品牌产品在顾客心智中占据一个有利的位置，当对应需要一旦产生，人们会首先想到该品牌。品牌定位正确，才会形成稳定的消费群体。成功的品牌定位能够使企业建立声誉，培育品牌竞争力，赢得顾客的青睐。

2.1.2 品牌定位的作用

品牌定位对企业来说是至关重要的，品牌定位的作用包括以下几个方面。

1. 形成市场区隔

准确的品牌定位能将自己的品牌与其他品牌区别开来，从众多同类或同行业的品牌中脱颖而出，从而在顾客心目中占据一定的地位。

2. 树立品牌形象

品牌定位是针对目标顾客确定和建立独特品牌形象的结果，它是人们在看到、听到某一品牌后产生的印象，是顾客通过对品牌进行感觉、认知、理解，从而在脑海中储存起来的与品牌相关的信息。因此，品牌定位是指对企业的品牌形象进行整体设计，从而在目标顾客的心中占据一个独特的、有价值的地位。例如，公牛品牌插座的定位为“安全用电专家与领导者”，因此它在顾客心目中逐渐留下一个“安全、高品质、行业老大”的品牌形象。

3. 塑造品牌个性

品牌定位不但有利于向顾客提供个性化的服务，而且有利于塑造品牌的个性。品牌和人一样都是有个性的，品牌个性的形成是与其定位息息相关的，也可以说品牌定位是品牌个性形成的前提。品牌的定位不同，体现的个性就不同。例如，于 1979 年在中国福建创立的柒牌男装，旗下的产品以款式时尚、风格经典、做工精湛著称，成为中国知名的西装品牌，其中的中华立领系列产品更是成为柒牌男装的代表，不仅在品牌形象上展现了中国特色的西装风格，在设计款式上也有自己的品牌特色，具有浓厚的中华传统美学色彩。

4. 方便与顾客沟通

企业要想与顾客沟通，得到顾客的认可，首先要告诉顾客“我是谁”“我能为你做什么”，即企业要有品牌定位。企业只有清楚自己的品牌定位，才能让顾客根据其自身的情况决定是否需要该品牌或是否需要了解该品牌。例如，某含中药成分的洗发水品牌告诉顾客自己是防脱发洗发液，又通过做实验的广告画面传播和证明自己的产品能实现防脱发的功效，从而与顾客进行有效的沟通。品牌定位回答的是顾客内心深处一个根本性的问题——“我为什么要选择这个品牌？”，好的品牌定位可以很好地回答这个问题，给顾客一个选择该企业品牌的充分理由。

5. 利于品牌整合传播

企业不仅要进行品牌定位，还要进行有效的传播。所谓品牌传播，就是通过广告、公关等手段，向顾客宣传企业设计的品牌形象，以获得顾客的认同，并在顾客心目中确立起一个刻意营造的企业形象的过程。品牌定位与品牌传播在时间上存在先后的问题，正是这种先后次序决定了二者之间相互依赖、相互制约的关系。只有通过品牌传播，才能实现品牌定位的目的，即在顾客心中占据一个独特的、有价值的位置。如果不能及时准确地将企业设计的品牌形象传递给顾客并求得认同的话，那么该定位就是无效的。相反，如果品牌定位不准，那么再好的传播也很难达到预期的效果。传播依赖品牌定位，也为品牌定位服务。没有品牌定位，传播就会缺少针对性，更难以拥有系统性和一致性，导致品牌在顾客心目中留下不统一或不好的品牌形象，因此品牌定位是品牌传播的基础。

6. 利于市场开拓

品牌拥有成功的定位，对企业占领市场、开发市场具有很大的引导作用。品牌定位已远远超出了产品本身的功能，产品只是品牌定位的物质载体，人们选择某种产品在很大程度上是因为受到品牌定位所表达的情感诉求的影响。例如，长城汽车品牌于 2008 年在定位理论的帮助下，通过研究各个品类的未来趋势与机会，确定了聚焦 SUV 的战略，该战略帮助长城汽车获得了巨大的竞争优势。

2.1.3 品牌定位的原则

品牌定位是企业品牌战略的一个重要环节，品牌管理人员开展品牌定位活动时应遵循以下原则。

1. 差异化原则

品牌定位必须与其竞争品牌形成显著差异。以差异形成首选、唯一特征，通过向顾客传达差异性信息而使品牌引起顾客的注意和认知，并在顾客心智中占据独特的价值位置。

2. 个性化原则

赋予品牌独特的个性，以迎合相应的顾客需求。同类产品实体功能、外观之间的差别，可以被缩小、同化或替代，但品牌个性会被理解为产品的某一属性，形成产品竞争力。同时，品牌个性要与目标群体的价值观相吻合，才能得到顾客的认同和接受，品牌定位才会成功。

3. 锚定顾客心智原则

品牌定位是企业通过市场活动将品牌导入顾客心智的，因此企业必须从顾客的角度去分析和策划品牌定位，并以恰当的方式引导顾客对品牌的理解。

4. 动态调整原则

市场要素及结构不会一成不变，品牌定位也不会一劳永逸，品牌定位要根据市场的变化，进行适度调整、更新，以保持品牌的市场活力。

2.1.4 品牌定位的误区

很多企业在品牌策划过程中由于对品牌定位的内涵把握不准，经常出现将品牌定位工作与品牌的其他工作混淆，甚至出现品牌定位失误的情况，以下为常见的几种品牌定位误区。

1. 品牌定位不到位

由于品牌定位不到位，无法发掘出企业最具价值的核心优势，因此企业的利益诉求显得苍白无力，以致在接下来的品牌营销过程中，无法对产品和品牌起到支撑作用，释放品牌的价值。例如，有的企业的产品在本行业中明明很有优势，虽然不是在所有方面都领先，可综合起来也是行业内的佼佼者。这时，该企业明明可以制定抢先占位策略，占据行业第一的位置，却谦虚地把自己摆在中流的位置，结果导致品牌个性不突出，无法引起顾客的关注，也就无法把品牌很好地支撑起来。

品牌定位不到位还有一种表现，即对产品核心价值的提炼不到位。虽然某企业的产品确实很好，但好在哪里，企业没有将其提炼出来，形成价值点；或者提炼了错误的价值点，如某企业的运动鞋拥有很高的舒适度，却把自己定位成最轻的运动鞋。当品牌定位与企业或产品的战略优势有差距时，利益诉求自然无力，因此，品牌定位要提炼出核心价值。

2. 品牌定位太多

品牌定位一定要单一、明确，也就是说，一个产品或品牌只能有一个定位，定位太多只会导致品牌形象混乱。因为顾客不能同时接收很多声音，所以品牌的诉求一定要单一，形成一个声音，这样顾客才能听得清楚，才能对品牌形成明确的认知。例如，一家酒店可以根据实际情况将自己定位成最像家的酒店或者最奢华的酒店，而不能既是最奢华的，又是亲切温馨、能给人以家一般感觉的，因为这两者的概念并非完全相同，所以只能选其一。但很多企业往往就是这样，希望把所有优点都贴到企业品牌上，结果顾客一个也记不住。诉求单一，形象才会清晰。

3. 品牌定位混乱

品牌定位需要企业的长期坚持。企业做好定位策划工作后，一切活动都要围绕定位设计进行，根据定位制定策略、确立目标等，而策略的执行、目标的实现都不是一朝一夕能完成的。在这个过程中，如果企业轻易更改品牌定位，就会打乱整个品牌营销的进程。但是，企业也需要根据市场的变化而变化，一方面，企业在制定品牌定位战略时需要对未来可能出现的变化进行预测；另一方面如果早期的品牌定位出现了一定程度的偏差，首先要开展局部调整，而不是整个推翻重来。根据顾客的认知规律，企业也需要坚持一个明确持久的品牌形象。如果一个企业的品牌定位不停地变化，顾客就不可能对该企业的品牌形成有效认知。

4. 品牌定位过分

企业的品牌定位不能脱离实际情况，一定要与事实相符，否则这个品牌定位就不具备说服力，会导致顾客产生疑惑，从而失去顾客对企业的信任。例如，有的企业知道“第一”对品牌定位的重要性，于是不顾自己年销售额不高的实际情况，就把自己定位为行业领导者，完全不符合实际情况；还有的企业对产品所做的定位没有相应的技术、材料支撑，如环保节能型冰箱没有节能的技术做功能支撑等。这类企业都是无法说服顾客的。名副其实、有依据的品牌定位才有说服力。

5. 品牌定位错位

虽然企业的品牌定位需要结合自身的情况，但不能以自我为中心，而要以顾客为中心，关注顾客的需求，否则就有可能出现企业自己一厢情愿的局面。例如，有的企业因为不愿直接和行业巨头竞争，所以别出心裁地为自己打造了一个品牌定位，开发出一个新的市场类别。这本来也没错，可是企业事先没有对顾客进行研究，不了解顾客的需求，导致自己创造出来的市场类别无法受到顾客的欢迎。当企业的品牌定位与顾客完全脱节、不被顾客需要时，就是错位的。

2.2 品牌定位的方法

品牌定位是一个过程，是由一系列的品牌建设活动组成的。要做好品牌定位，首先要选择品牌定位战略决策，然后才能通过各种营销活动最终在目标顾客心智中占据一个有利的位置。

2.2.1 定位战略选择

企业应在认真分析自身条件、目标顾客和竞争对手的基础上，开展品牌定位战略选择。

1. 抢先占位战略

抢先占位战略指企业发现顾客心智中一个富有价值的位置（认知或观念）无人占据，就全力争取第一个占据它。该战略的前提是顾客有新品类或新特性的需求。如王老吉发现在饮料行业里面有一个空白点，即没有一个品牌能够代表祛火饮料。于是它最先提出，“怕上火就喝王老吉”。现在王老吉已成为该细分市场的领导品牌，当王老吉成为祛火凉茶的代名词时，我们可以说王老吉品牌占据了顾客心智中祛火饮料的位置。

早在 1987 年的时候，冷酸灵牙膏品牌所属公司发现国内市场的众多牙膏品牌都在宣传清新口气、洁白牙齿等，而对牙膏类别中最大的顾客心智资源——“缓解牙齿敏感”，却没有一个品牌积极地去抢占。冷酸灵牙膏品牌通过对国内市场的调查，开始了几十年来单一且集中的诉求——缓解牙齿敏感。“冷热酸甜，想吃就吃”——这句经典的、通俗易懂的广告语强化了冷酸灵品牌在抗牙齿敏感领域的功能诉求。

2. 关联强势品牌战略

企业发现某个极具有价值的顾客心智位置已经被其他强势品牌占据，那就让企业品牌与该强势品牌产生关联，使顾客在首选强势品牌时联想到该企业品牌，并将其作为补充选择。该战略的前提是顾客对某类产品的选择，心目中已有明确的首选品牌。例如，国内的会计软件市场一直被用友财务软件占据，作为后来者的金蝶财务软件为了打开市场局面，曾经通过“北用友，南金蝶”的公关宣传，借用友之势迅速获得发展。

3. 攻击强势品牌战略

如果顾客心智中的品类代表品牌存在弱点，新品牌可以由此突破，并说服顾客原来的品牌选择是非明智之选，从而实现取而代之的效果。该战略的前提是顾客对某类产品的选择，心目中已有明确的首选，而且非常关心新品牌能够提供的利益，并易于认可原首选品牌存在弱点的说法。例如，五谷道场品牌进入方便面市场的时候，其他知名品牌已经占据了市场的主导地位。因此，2005 年，五谷道场品牌提出非油炸更健康的品牌诉求从而快速打开市场，成为非油炸方便面的代表品牌。

2.2.2 品牌定位流程

品牌定位是一个系统工程，具体流程包括以下几个步骤。

1. 分析企业优势

分析企业优势是品牌定位的第一步。分析企业自身优势的目的是挖掘企业自身的显在或潜在优势，并将其有效融入品牌定位的过程，从而塑造出个性化的品牌。企业必须将产品、价格、渠道和技术等与竞争对手相比较，通过比较找出自己的竞争优势和不足之处，从而选择可以在顾客心智中占据优势地位的元素。例如，伊利集团通过与其他同类产品的比较，发现自己的产品具有“奶香浓郁，口感纯正”的独特优势，这一优势来自良好的奶源，它是伊利品牌吸引顾客的核心。于是，“伊利，都市中的自然感受”就成了伊利品牌的定位，其广告语“心灵的天然牧场”突出了现代都市人对健康绿色生活方式的向往，营造了自己的品牌优势，找到了独特的市场定位。

2. 市场细分与目标市场选择

市场细分的理论基础来自波特教授的差异化和集中化战略，即通过寻找差异来把企业有限的资源集中用在最需要的地方。一个企业不论规模有多大，它所拥有的资源相对于消费需求的多样性和可变性总是有限的，因此它不可能满足市场上的所有需求，它必须针对某些自身拥有竞争优势的目标市场开展营销活动，目标市场的顾客群是企业资源的重点投入对象。

市场细分的目的是根据企业自身实力确定企业将满足的目标群体。市场细分是分析的过程，而确定目标市场是决策的过程。例如，面对中国竞争激烈的方便面市场，五谷道场公司发现依照已有方便面企业按口味划分市场的方法无法打开市场，于是该企业以注重健康为市场划分的新标准，将方便面消费人群分为两类人群，并针对注重健康的人群推出非油炸方便面，迅速打开了市场局面。

3. 分析目标顾客的价值观

目标市场确定后，必须透过顾客表层、多变的行为和需求，寻找到其内心根深蒂固的价值需求。艾・里斯和杰克・特劳特在 1996 年所著的《新定位》一书中，一再强调定位的重心在于顾客心灵，对顾客心灵把握得越准，定位策略就越有效。“定位不在产品本身，而在顾客心理。”无论企业定位技巧多高明，其成功的关键还是迎合顾客的心理。由于顾客的心理需求特征纷繁复杂，纯粹地分析顾客心理需求是比较困难的，对此进行量化也不是容易的事，而分析顾客价值观是其中一种可行的方式，这是因为无论顾客购买什么样的产品，其购买决策往往源于共同的内在驱动因素——顾客自身的价值观，这使同一类型的顾客在购买不同类别的产品时体现出很高的相似性。

价值观是人们对事物一致且稳定的看法，是人和社会精神文化系统中深层的、相对稳定的并起主导作用的成分，是人心理活动的中枢系统。分析顾客的价值观是为了发现目标顾客群对事物的判断标准，为品牌定位提供足够的心理依据。分析目标消费群的价值观，就是要分析哪些因素会影响顾客的选择行为，弄清楚顾客对所购产品的期待，从而为品牌定位找到有价值的营销点。

4. 提炼品牌核心价值

目标顾客群的价值观不是完全一致的，不同的顾客即使面对统一的需求，也会存在需求心理上的差异。对品牌定位工作而言，重要的是从这些不是很一致的价值观中归纳出目标顾客群普遍接受的、相对稳定的核心价值观。在此基础上，再依据企业的财力、技术和销售等情况提炼品牌的核心价值，即找到顾客的核心价值观与企业优势之间的交集，最后凝聚为企业品牌对顾客最有吸引力的价值点。

核心价值是品牌资产的主体部分，它让顾客明确、清晰地识别并记住品牌的利益点与个性，是驱动顾客认同、喜欢乃至爱上一个品牌的主要力量。核心价值也是品牌的终极追求，是一个品牌营销传播活动的原点，企业的一切营销活动都是对品牌核心价值的体现与演绎，并丰满和强化品牌核心价值。品牌的核心价值一旦提炼成功，在以后的十年、二十年，乃至上百年的品牌建设过程中都要将始终不渝地坚持。只有这样，核心价值才会在顾客的脑海中烙下深深的印记，并成为品牌最有感染力的内涵。在家电领域，格力空调的核心价值是“掌握核心科技”；美的的核心价值是“更省电，更静音”；海尔则定位于“创艺家电、格调生活”。这三大家电品牌的所有营销策略都是围绕着其品牌的核心价值展开的，尽管它们的广告语不停地更换，但更换的只是表现形式，其核心价值始终如一。

企业可以根据美国罗瑟・里夫斯的独特销售主张理论（USP 理论）提炼品牌核心价值，主要把握以下三点，具体如图 2-2 所示。

（1）提炼的品牌核心价值是其他企业都没有涉及的，至少是本行业的企业还没有涉及的。

（2）提炼的品牌核心价值虽然其他同行企业有涉及，但是宣传没有做好，还没有深入顾客的心理。

（3）提炼的品牌核心价值对目标顾客而言是有价值和意义的，能够引发目标顾客的差异化反应，具有强劲的销售力。

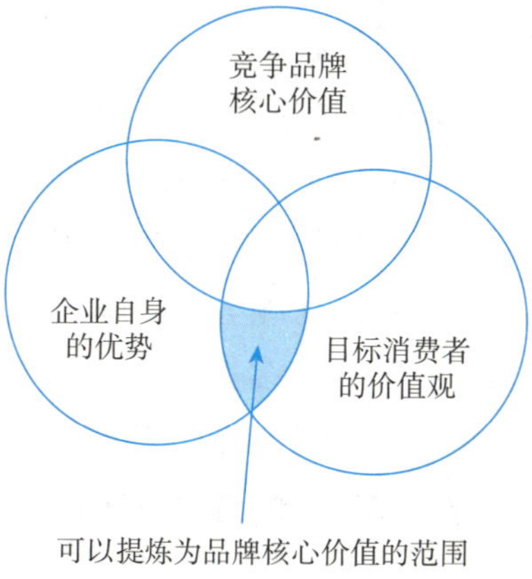

图 2-2　品牌核心价值的提炼逻辑

5. 建立优秀的品牌联想

提炼了品牌核心价值之后，企业要做的工作是把自己的品牌核心价值传达给顾客。核心价值往往过于抽象，想要直接进入顾客的心理，占据顾客心智较为困难。因此，必须依据品牌核心价值对品牌进行设计与包装，创建识别特征，以塑造品牌形象。品牌定位的一个重要任务就是把品牌核心价值和品牌识别特征有机地结合起来，然后主动地与目标顾客进行沟通。如果说品牌核心价值是品牌和顾客交流的内核，那么品牌识别就是品牌和顾客交流的语言。这种识别特征有效传达给顾客后就可以形成品牌联想。优秀的品牌联想可能会成为品牌的关键竞争优势，为与其竞争者制造了一道障碍，为顾客提供了购买理由，为品牌打下了延伸基础，使品牌具有了鲜活生动的情感和生命，使顾客产生亲近感，从而有利于实现双向交流。如王老吉通过广告宣传将品牌与加班、熬夜、吃火锅等生活场景产生了联想，因为这些生活场景是顾客最容易上火的场景。

6. 有效传播品牌核心价值

虽然品牌具有核心价值，并依此建立了自己的识别特征，但顾客不一定知道，企业必须通过一定的方式及时准确地将核心价值“告诉”目标顾客并取得认同。这就是说，企业不仅要设计一个明确的核心价值，还必须有效地传播这一核心价值，品牌传播的过程就是品牌展现的过程。品牌展现就是将品牌的核心价值以品牌名称为聚焦点系统地展示给社会公众，这实际上是一个将品牌核心价值与顾客心理进行联结的过程，是品牌定位必不可少的重要环节。虽然品牌展现包括广告展现、公共关系展现、人员推广展现和促销展现等方式，但无论采用哪种展现方式，都应做到密切配合、协调一致，传达给社会公众的都应是相同的品牌核心价值，只有这样才能保证品牌形象的一致性。另外，品牌核心价值确定以后，一旦得到市场认同，就应保持其相对稳定性。也许在此期间市场风向和顾客需求会发生某些变化，企业可以据此做出调整，但切记不要轻易否定自己的核心价值，否则就会前功尽弃。例如，王老吉的广告场景虽然发生了变化，但是这些广告场景变化的只是品牌的外在形象——口号、音乐、广告、代言人，不变的是王老吉的核心价值——防上火功能。

7. 强化品牌定位

品牌定位一旦确定，就需要坚持不懈地向目标顾客反复传播，让顾客形成特定的心理烙印。例如，提到格力就想到“掌握核心科技”。可以把这种反复强化定位的过程比喻为“心理注册”。在工商管理机构注册只是获得商标的法律保护权利，在顾客心理完成注册才是真正占领了细分市场，这就是品牌定位的最终目的。其直接的效果就是，细分市场中的顾客一旦产生购买欲望，第一个想到的就是该企业的品牌。

强化品牌定位有两个关键点：一是不断重复，二是一致性。企业的营销活动都要体现、演绎出品牌的核心价值，即从原料采购、产品研发、包装设计，到各类广告宣传、促销活动、售后服务，甚至每次接受媒体采访、与顾客沟通等场合都要与品牌核心价值保持一致。这就意味着每一分钱的品牌广告费都在加深顾客对品牌核心价值的记忆与认同，都在为品牌做加法。格力空调的一句“格力掌握核心科技”让很多人了解了格力，也成了格力空调的核心竞争力。事实上，“格力掌握核心科技”也绝不是一句空话，而是实实在在的实力，因为格力在空调压缩机、芯片、智能化霜等核心技术问题上都有着全球领先的解决方案。

8. 随市场变化再定位

顾客的需求是不断变化的，市场形势也变幻莫测。即使品牌最初的定位是正确的，但随着市场需求的变化，原来的品牌定位可能无法适应新的市场形势。因此，企业需要根据市场情况（环境）的变化不断调整其原来的定位，使品牌永远具有市场活力。任何以不变应万变的静态定位思想都将使品牌失去活力，最终被市场淘汰。任何企业的品牌都不可能通过一次定位过程就一劳永逸，成功的品牌定位往往是经历反复调整后才能最终确定的。因此，品牌管理人员需要根据市场变化在品牌核心价值的坚守与调整之间进行谨慎权衡与选择。

2.2.3 品牌再定位

品牌再定位是特劳特和里斯提出来的。所谓品牌再定位，就是旨在摆脱困境，对品牌重新进行定位，使品牌获得新的成长与活力。它不是对原有定位的一概否定，而是企业经过市场的磨炼之后，对原有品牌定位进行调整。

1. 品牌再定位的原因

引发企业品牌再定位的原因很多，概括起来主要有以下几种。

1）品牌形象已经衰老

品牌形象衰老，即产品的品牌形象多年不变，品牌的老形象、老广告语、老诉求方式等已经不能对顾客心理产生刺激，顾客感觉品牌没有新鲜感，品牌在市场上缺乏生命力。这时如果不对品牌形象进行再定位，品牌就极有可能被市场淘汰；如果抓住时机对品牌进行再定位，为企业注入新活力，就有可能让品牌重获顾客的喜爱。

2）品牌遭遇市场变故

市场变故可能是政策的改变、经济环境的突变，或者产品的不利因素被发现，同时遭遇竞争者的有力竞争导致的，这时品牌的原定位会受到损害。企业如果不立刻对品牌进行再定位，品牌就很有可能成为市场变故的牺牲品，被市场扼杀。因此，只有消除顾客心中的疑虑或误会，才能让顾客重新信任品牌。

3）品牌本身定位有误

虽然某些品牌定位从理论上确实找到了市场空隙或是发现了一块空白领地，但仍不能像预期的那样被顾客接受，无法实现营销目标，这就说明企业品牌定位失误。此时，对品牌进行再定位可能会起到“柳暗花明又一村”的作用。

4）顾客观念变化

顾客观念会随着经济发展和市场环境的变化而变化，如果顾客的兴趣点发生了转移，品牌原有定位就不能再为顾客提供其渴望获得的利益。这时，企业就需要对品牌的利益点进行再定位。

5）企业的发展战略有变

由于企业在制定发展战略时，重点考虑的是企业内部条件和外部环境，而这两个因素都不是静止不变的，再加上战略本身是有风险的，所以企业不可能固守一种战略。企业发展战略的调整必然带来品牌定位的调整。

2. 品牌再定位的实施

品牌再定位，不能想当然地盲目进行，再定位的时机要合适，调整的地方要有依据。因此，品牌管理人员可以依据以下步骤对品牌开展再定位工作。

1）确定品牌需要再定位的原因

品牌再定位有多方面的原因，企业应重新认识市场，从产品的销售现状、行业的竞争状况、顾客的消费观念变化、企业的发展目标等方面分析市场。对于是出于什么原因要求企业对品牌进行再定位，企业应有明确的认识。

2）调查分析与形势评估

确定了品牌再定位的必要性以后，必须对品牌目前的状况进行形势评估。评估的依据来源于对顾客的调查，调查内容主要包括顾客对品牌的认知和评价、顾客选择产品时的影响因素及其序列、顾客对品牌产品的心理价位、顾客认知产品的渠道及其重要性排序、顾客对同类产品的认知和评价等，并根据调研的结果对现有形势做出总体评估。

3）锁定和研究目标顾客群

虽然有各种不同的市场细分方法和细分标准，但不管什么品牌，都有自己的目标顾客群。企业应根据顾客的特点，划分不同类型的消费群体，每个消费群体即为一个细分市场。重新定位的品牌应该针对哪个细分市场，企业应根据调研得来的数据和产品的特点及优势，确定自己的目标顾客群。

4）制定品牌定位策略

企业确定自己的目标顾客群以后，还必须对目标顾客群进一步分析，对目标顾客群的生活方式、价值观、消费观念、审美观念进行广泛的定性调查，以确定新的定位策略。最好制定几个不同的品牌定位方案，对每个方案都进行测试，根据目标顾客的反应，来确定最好的方案。

5）传播新的品牌定位

企业定位策略确定以后，要制定新的营销方案，将品牌信息传递给顾客，并不断强化，使它深入人心，最终取代原有定位。企业制定营销方案应以新的品牌定位为核心，防止新定位与传播脱节甚至背离。在现在的市场环境下，企业最好实施整合营销传播，让顾客能够通过更多的渠道了解品牌的信息，以加深顾客对品牌的印象。

2.3 品牌个性

品牌定位是一个品牌建设的过程，建设的结果是使企业品牌拥有一个鲜明的个性特征，以及独特的品牌形象。因此，品牌定位过程包括了品牌个性塑造环节，其中提炼的品牌核心价值就是塑造品牌个性的重要基础。品牌个性的塑造过程是一个将品牌拟人化的过程，因此可以借鉴心理学中有关人的个性理论来指导品牌个性的塑造活动。

2.3.1 品牌个性的内涵

1. 个性的概念

“个性”一词，是从英文“personality”翻译过来的，亦可译为人格。个性最初来源于拉丁语“person”，开始是指希腊罗马时代戏剧演员在舞台上所戴的面具，它代表剧中人的身份，后来指演员，一个具有特殊性格的人。一般来说，个性不仅指一个人的外在表现，而且指一个人真实的自我。

我国第一部大型心理学词典《心理学大词典》中的个性定义反映了多数学者的看法：个性，也可称人格，指一个人的整个精神面貌，即具有一定倾向性的心理特征的总和。个性结构是多层次、多侧面的，是由复杂的心理特征的独特结合构成的整体。这些层次包括以下几个方面。

（1）完成某种活动的潜在可能性的特征，即能力。

（2）心理活动的动力特征，即气质。

（3）完成活动任务的态度和行为方式的特征，即性格。

（4）活动倾向方面的特征，如动机、兴趣、理想、信念等。这些特征不是孤立存在的，是错综复杂、相互联系、有机结合的一个整体，能够对人们的行为进行调节和控制。因此，个性就是一个人的整体精神面貌，即具有一定倾向性的心理特征的总和。人的个性部分来自被动的先天禀赋，部分来自后天主动的历练。品牌如人，也有自己独特的个性，这种特征被称为品牌个性。

2. 品牌个性的概念

品牌个性可以在创建品牌之初进行设计，成为品牌识别的构成要素，使其在目标市场上担负起活化、立体化塑造品牌形象的功能。当今时代的消费呈现出多元化、个性化的特点，相应地也就出现了众多不同个性的品牌来满足个性化的消费需求。正如大卫·奥格威所说，产品同质化的时代，最终决定品牌市场地位的是品牌总体上的性格，而不是产品间微不足道的差异。由此，品牌个性成为品牌管理者不容小觑的问题，也成为品牌创建伊始就必须面对的问题。

品牌个性理论认为，为了实现更好的传播沟通效果，品牌所有者应该将品牌人格化，应该思考：如果这个品牌是一个人，他应该是什么样子？其最突出的个性是什么？研究结论证实，如果品牌能够具备鲜明的个性特征并且这些个性特征能够与目标群体的某些个性吻合，或是受到他们的认同、欢迎，那么，品牌传播沟通的效果会事半功倍，市场表现会更好。

不同学者从不同的角度对品牌个性加以界定和解释，试图将品牌个性这个相对抽象的概念形象、具体地表现出来。学者何佳讯从品牌个性的来源对品牌个性进行解释，认为品牌个性来自两大类因素：一是产品类别、包装、价格和产品属性等与产品相关的因素；二是用户形象、公共关系、象征符号、上市时间长短、广告风格、生产国、公司形象、总裁特质和名人背书等与产品无关的因素。并且他认为，品牌的“包装”“广告”和“公共关系”相当于品牌的“穿着打扮”“言”和“行”三个方面。这一看法指出了品牌个性的表现形式与产品的基本属性之间的关联性。

在本书中，品牌个性是指品牌管理人员根据品牌标定产品、所属组织的特点及目标顾客个性需求为品牌设计的具有鲜明识别性、认同性和人性化的鲜明特性。通过各种有效的沟通手段使品牌个性植入到目标顾客的心智中，可以塑造出期望的品牌形象。

2.3.2 品牌个性的构成

塑造品牌个性的客观依据之一是目标顾客的生活方式、性格特征、精神信念等，因此，与人的个性相对应，品牌个性也可以分为品牌能力、品牌气质、品牌性格和品牌品格四个方面。

1. 品牌能力

品牌能力是指品牌获得顾客认同和接纳的能力，这些能力包括以下几种。

（1）品牌产品必须具备某些满足顾客需求的功能属性。

（2）能够提供给顾客某些经济利益、情感利益或精神满足。

（3）保持和促进品牌标定产品的销售能力。

（4）在市场上发展和成长的能力。

2. 品牌气质

心理学讨论的个人气质指人的心理活动的动力特征，大致分为胆汁质、多血质、黏液质、抑郁质四类，是由先天的神经的生理特点所决定的，这些气质特点影响人处事的态度以及行事的质量、速度，虽然无所谓优劣，但各自都有局限。品牌气质与人的气质不同，主要表现在以下几个方面。

（1）品牌气质是品牌管理者有意设计的，可以根据需要进行改进、修正。

（2）品牌气质中的气质，指品牌基于其产品属性、品牌文化而凝练并表现出来的相对稳定的品牌品位。

（3）品牌气质中的气质是品牌的美学属性，即品牌特有的审美意蕴，比如雅致、精巧、天真、浪漫、和谐、粗犷、豪放等。

（4）品牌气质应该与目标顾客的审美倾向保持一致或者是顾客所向往的、渴望拥有的。

3. 品牌性格

性格是一个心理学概念，《辞海》的解释是：人对现实的态度和比较稳定的行为方式，但有可塑性的心理特征。性格是个性的核心部分，最能表现个体差异。性格具有复杂的结构，包括态度特征、意志特征、情绪特征、理智特征。与人的性格结构相比较，品牌性格是品牌管理者有意识地设计、塑造并可根据需要进行修正、改进的。品牌性格包括以下几方面。

（1）品牌如何处理市场竞争中出现的外部问题，以及如何对待和评价自己的品牌行为。

（2）品牌管理人员在市场竞争和企业发展过程中自觉确定品牌发展目标，并视市场情况调节自身的行动，克服困难，实现预定品牌目标的决策。它集中表现了品牌管理人员的能动性和自觉性，对品牌行为有发动、坚持和制止、改变等方面的控制调节作用。

（3）品牌与目标市场沟通时的情绪表现，比如：对待市场反馈的热情或冷漠、迅速或迟钝等。

（4）品牌是否能够合乎理性、合乎实际地洞悉、适应市场的变化并采取相应的有效措施。

4. 品牌品格

品牌如人，也要有品行与品德。品牌品格是指品牌的道德水平和道德表现。人无德无品，行之不远，品牌也是如此。品牌品格包括以下几方面。

课堂讨论：谭木匠以传统文化塑造品牌个性

（1）品牌核心价值的道德取向，这是影响品牌外部表现的内在动力。

（2）品牌在处理与利益相关者的经济关系时的道德站位。

（3）品牌履行社会责任和义务的善行意识和善行表现。

（4）品牌行为对社会道德进步的贡献程度。

较为完整的品牌个性由上述几部分构成。但是对于具体的品牌而言，可以根据市场环境分析、目标顾客洞察、品牌优劣势分析及品牌发展目标，重点选择其中的一个或几个方面进行塑造，从而形成区别于其他同类品牌的鲜明特性。

2.3.3 品牌个性的价值

品牌个性是企业经营理念、顾客消费理念与社会价值文化理念的辩证统一，深刻表达了品牌真正人性化、哲理化的理念。品牌个性可以超越品牌的物理性能和使用价值而存在，不仅能够创造丰富的品牌意象，促使顾客产生恰当的品牌感知和品牌联想，还可以通过品牌的感性诉求，唤起顾客内心深处的认同感，从而强化顾客的购买动机，促进产品销售。对企业而言，突出和发展品牌个性是创造产品差异化、增强企业竞争优势的基本途径；对顾客而言，品牌个性是其对品牌产品进行有效识别和选择的重要依据。

1. 产品差异化的源泉

随着产品同质化现象越发明显，企业必须使自己的产品表现出差异性，针对目标顾客塑造出对其有吸引力的品牌个性，这是表现产品和品牌差异性的最佳手段。

2. 使顾客印象深刻

品牌个性具有较强的顾客沟通能力，其特有的价值取向、气质风貌具有强烈的情感和精神感染力，能够占据目标顾客的心智，使品牌成为顾客生活或工作中的良师益友。品牌人性化的个性特征使品牌变得有生命，让顾客更有欲望接近它、喜欢它，进而想要得到它。

3. 利于提高顾客忠诚度

品牌不仅要能满足顾客的实际功用和基本利益要求，还要能使顾客获得品牌附加的服务价值和形象价值，满足顾客的心理需求。如果说具有鲜明个性的产品能够吸引顾客的注意，那么契合顾客心理要求和个性特征的品牌产品可以建立起与顾客的亲密关系，使顾客形成指名购买及重复购买的行为，也就形成和提高了顾客忠诚度。

4. 创造品牌竞争优势

品牌个性往往表现出了某些受人欢迎或令人向往的品位和气质，顾客愿意为此个性付出更多的金钱，从而形成品牌溢价，这就是品牌个性的价值所在。例如，谭木匠、柒牌等品牌都具有持续一致且鲜明的个性，因此其品牌的价值就高于竞争品牌。

2.3.4 品牌个性塑造误区

由于对品牌个性的内涵缺乏全面的理解，在进行品牌个性塑造时，极易陷入一些误区，总结起来，包括以下两个误区。

1. 品牌个性就是品牌形象

品牌个性就像人的个性一样，它是通过品牌设计、品牌传播赋予品牌的一种精神特征，是品牌形象的内核，它是品牌使用者个性的类化，反映了利益相关者心中的情感、情绪、意志取向和特定的生活价值观。因此，品牌个性只是品牌形象中的一部分。

品牌形象是人们对品牌由外而内的整体印象和评价，而品牌个性则是品牌存于内而形于外的独特精神气质，是品牌人性化的集中表现。品牌个性具有独特性，使品牌的形象识别更加鲜明、生动和丰满，更加具有“人性”，使顾客可以把品牌当作人来看待并与之建立密切关系。

品牌个性是品牌形象的核心，是品牌形象中最能体现差异、最生动活泼、最具生命力的部分。强势品牌的品牌力形成大都得益于它有鲜明的个性。

外表形象可以模仿，可以改变，个性却无法模仿，而且难以改变。具有个性的品牌形象无法模仿，只有具有个性的品牌形象才是立体的、生动的、有生命力的品牌形象。

2. 品牌个性就是品牌定位

首先，品牌个性是品牌的人格化。人格化的品牌通过品牌定位这一过程与目标顾客进行沟通交流，以得到顾客的认可、喜爱，从而可以使品牌定位更加稳固，使目标顾客产生品牌忠诚，形成品牌溢价。品牌个性的建设离不开品牌定位的场所：人的心智。作为目标顾客心智的反映，品牌个性的凸显和成功必须接受顾客的认知、检验和认同。

其次，对于初建品牌，就功能来说，品牌个性是品牌识别的重要构成部分，而品牌定位是品牌启动运营的第一步；就时间先后来说，品牌个性的设计和塑造在目标市场确定之后，在品牌定位之前。品牌个性得以确立的必要条件是准确的品牌定位，品牌个性必须以品牌定位为前提，而品牌个性又可以反过来对品牌定位予以深化和体现。

最后，决定品牌个性是否成功的是品牌管理者能否准确地把握、提炼细分市场目标顾客的类化人格，并将其融入品牌识别框架中，集中地诉求于目标顾客的心智。品牌定位并不能决定品牌个性，两个品牌可能存在同样的定位，但却可以拥有不同的个性。不同的个性导致不同的定位结果：或者定位成功，或者被排除于目标顾客心智之外。

2.4 品牌个性塑造

品牌个性塑造的过程是一个长期的积累过程，是一个在顾客心智中形成品牌个性特征的过程。在这个过程中，企业需要小心谨慎，逐步获取顾客的接受和认可。

2.4.1 品牌个性塑造的原则

在品牌个性的塑造过程中，须遵循一定的原则，才能保障整个行动达到目标。

1. 持续一致原则

品牌个性应该保持稳定的内在特性和外部行为特征，这样顾客就会建立起对品牌个性清晰的感觉和认知。品牌传播的语句、风格、图文、音色等涉及品牌个性的信息要具有一定的持续性，并且各种信息传播手段所传递的信息要一致。品牌个性的创新传播要力求做到“形变而神不变”。

2. 新颖独特原则

所谓新颖独特，是指品牌个性不同于其他品牌的风格和气质，能够使顾客产生深刻的印象和感受。

3. 人文关怀原则

品牌个性塑造是品牌的人格化，目的是使品牌与顾客建立深层次的联系，人文关怀原则不仅要求品牌个性具有人性化的情感诉求，而且要求品牌产品体现出对人们生活细节的关怀与呵护。具有人文关怀的品牌个性会唤起人们对品牌的偏好。

2.4.2 品牌个性元素

品牌个性的提炼过程是一个高度精细的创意传播工程。品牌管理人员必须从整体上把握并深入分析构成品牌个性的各种要素，以便能够为品牌提炼出既有别于同类竞争品牌又符合目标顾客个性特征的品牌个性。总体而言，构成品牌个性的要素主要有三大类，即与产品直接相关的要素、与产品间接相关的要素，以及与目标顾客相关的要素。

1. 与产品直接相关的要素

米开朗琪罗之所以能够在没有生命的大理石上雕刻出栩栩如生的伟大艺术作品，就在于他能够将存在于大理石当中的天然特质传神地展现出来。对于商品而言，我们也可以认为，品牌个性大都源自商品本身。品牌管理人员就是要善于挖掘并提炼出商品与生俱来的个性。

1）产品特征

在品牌个性的塑造过程中，一些企业会针对产品自身的内在属性进行品牌个性的挖掘和提炼，并取得了理想的效果。

2）产品价格

对于顾客而言，产品的价格是其判断、选择的重要依据，同时顾客也会根据产品的价格形成对品牌的印象。如果一个品牌持之以恒地以高价作为其品牌个性加以传播，就有可能在顾客心目中形成两种品牌印象：高品质的、尊贵的、富有的、豪华的、精致的、奢侈的，或者是势利的、庸俗的、高高在上的、为富不仁的。相应地，如果一个品牌长期以低价作为其品牌个性加以传播，也有可能在顾客心目中形成两种品牌印象：物有所值的、亲民的、节俭的、朴实的，或者是廉价的、落后的、粗糙的、不上档次的。因此，在品牌个性的提炼过程中，长时间地强调品牌价格似乎并不是明智的选择。

2. 与产品间接相关的要素

在提炼品牌个性的过程中，虽然从与产品直接相关的要素中去寻找和挖掘品牌个性是一种较为便捷的方法，但无论是何种产品，其内在属性总是有限的。并且在大多数情况下，许多产品的内在属性早已被同类品牌予以突出或强调，并成为其品牌个性加以传播和诉求，此时，就只能另辟蹊径，从与产品有间接关系的若干要素中去提炼品牌个性。

1）使用者形象

企业在塑造品牌个性的过程中，将产品目标顾客的共性特征加以提炼和整合，塑造出该顾客群体广为认同和喜爱的典型人物，并将该典型人物的个性特征融入品牌个性之中，逐步形成独特的品牌个性。

2）广告风格

所谓广告风格是指企业在长期的广告诉求活动中，持之以恒地采用相同的表现方式，使其广告作品逐渐形成一种有别于其他同类产品的独特表现方式，当顾客将这种广告诉求的表现方式与品牌形成一对一的联想时，品牌个性就在顾客的心智中牢牢确立起来了。将独特的广告风格转化为品牌个性，必须满足两个基本条件：一是该品牌每年保持较高的广告曝光率；二是该品牌的广告表现方法始终如一，否则就不能形成鲜明的广告风格。

3）上市时间

品牌上市时间的长短在客观上会给顾客留下不同的印象，这种印象实际上会在很大程度上影响顾客对品牌个性的基本判断。例如，历史悠久的品牌从积极的方面而言，往往给人以成熟、稳重、老练、友善、值得信赖的整体感觉，但是从消极的方面来说，又有可能在顾客的心中形成老迈、守旧、无趣、缺乏活力等负面印象。对于上市时间较短的品牌而言，既有可能在顾客心中产生年轻、新颖、时尚、有活力的整体感觉，也有可能产生华而不实、哗众取宠的感觉。因此，品牌管理人员应根据品牌上市时间的具体情况，有意识地扬长避短，努力提炼出更具竞争性的品牌个性。

3. 与目标顾客相关的要素

由于品牌的价值在于品牌与目标顾客之间所形成的互动关系，因此企业在提炼品牌个性的过程中就必须对目标顾客的价值取向、审美情趣和品位以及个性特征进行深入细致的研究与分析，以便根据目标顾客的上述特征提炼出能够得到他们认可的品牌个性。事实上，成功的品牌个性大都可以体现出该品牌目标顾客的个性特征。

1）价值取向

所谓价值取向是指一个在社会中具有特定文化背景的人所信奉的道德和行为规范的理念。在人际交往中，价值观往往是区别一个人与另一个人的重要标准。从宏观层面而言，价值取向大致可以分为三种形式：以他人为导向的价值取向、以自我为导向的价值取向和以环境为导向的价值取向。在品牌的传播过程中，品牌管理人员也可以将顾客的价值取向植入品牌，通过长期不间断的广告活动，就可以逐渐形成独特的品牌个性。

2）审美情趣

审美情趣是指顾客在认识和接受事物的过程中判断事物美丑的兴趣与爱好。显然，不同的顾客由于价值取向不同，其审美情趣也会大相径庭。对于相同的品牌，不同的顾客会有不同的判断和选择，一个重要的原因就是顾客大都有不尽相同的审美情趣。品牌管理人员在为企业提炼品牌个性的过程中，还应对目标顾客的审美情趣进行深入分析，努力根据目标顾客的审美情趣提炼出能被目标顾客接受、认同甚至喜爱的品牌个性。

案例

柒牌男装将中华传统美学刻进品牌基因[1]

2022 年 12 月 22 日上午，“爱国潮 穿国色”中国柒牌国色发布会 / 柒先生 3.0 发布会在厦门国际会展中心召开。从 1979 年创立至今，柒牌始终坚持“中国心”“中国创”“中国造”，把服饰与人、服饰与传统文化、服饰与民族气质做到极致的融合。

1. 传承中华传统文化　深化演绎品牌 IP

柒牌从“中华有大美”的理念出发，提出“中华时尚”的概念，带着“创享中华时尚，演绎美好人生”的愿景，四十多年来，多次与非遗合作，挖掘中华传统文化，用一个个重要时刻讲好一个民族品牌“有底气就成光”的故事。公司创始人表示，从创企到现在，企业始终瞄准一个目标：用合适的方式去诠释中华文化。纵观时装发展史，西方时装对全球服装的发展影响十分深远，细看中国男士的着装，西装、夹克均为舶来品，鲜有中国的服饰在他地区有广泛的影响和使用。“服装是一个人乃至一个群体外化的显像，代表了民族的精神面貌和文化内涵。柒牌借由服装媒介推广中国文化，让中国文化走进顾客，走出国门，走向世界。柒牌创企之初就立下了‘柒牌男装比肩世界，中华立领风行天下’的企业愿景，这也是柒牌安身立命之本。”

2. 以国色为起点　共创华流趋势

2023 年，柒牌从源远流长的中华传统文化底蕴中采集设计灵感，强势推出中华立领国色系列：玄天、茶白、官绿、天水碧、鞠黄、洛神朱、帝青。柒牌国色的灵感源于中国古代极具代表性的七个朝代：秦、汉、唐、宋、元、明、清，不同的朝代崇尚不同的色彩，反映了该朝代的特点。

柒牌将传统色直观地运用到产品中，挖掘色彩背后的历史典故，汲取文化内涵，赋予中国传统色符合当下的审美和趋势。“国色”系列以中国传统色元素与中国风的潮流概念融合为切入点进行研究，对中国的传统元素进行了传承和创新，并结合传统国画、书法技艺进行设计，在系列产品中贯穿了七色和图案纹样等辨识度极高的元素，将传统中国色立体化地贯穿其中，富有文化张力的同时极具视觉冲击力。（如图 2–3 所示为柒牌洛神朱。）

图 2–3　柒牌洛神朱

① 资料来源：《将中华传统美学刻进品牌基因，以此塑造品牌年轻化升级战略》，每日经济新闻，2022-12-23，有删改。

公司创始人称，让更多的人喜欢中国文化、喜欢正在或将在未来发生的专属于中国文化的潮流，这是爱国潮；国色是柒牌2023年春夏主推的产品，灵感来源于中国传统颜色。“我们希望有更多的人聚焦和体会到中国传统颜色这样唾手可得，但又不易察觉的传统文化魅力，感受古人对色彩汲取描摹的创作力，和颜色名称背后的诗情画意。”

公司创始人表示，在国潮的战略布局中，“国色”的研发只是柒牌国潮布局中的一个新起点，柒牌希望任何战略都直面市场，洞察顾客。当今的市场形势瞬息万变，适者才能生存，想要引爆一种流行文化，面对市场才是核心。未来柒牌会以国色为支点，汲取更多中华瑰宝文化进行创新研发，同消费市场共创华流就是顶流的潮流趋势。

讨论：

柒牌男装是如何成功塑造品牌个性的？

2.4.3 品牌个性的测量

企业要提炼品牌个性，首先必须对构成品牌个性的特质有所认知，也就是要寻找和辨别出构成品牌个性的核心要素。实际上，品牌个性的特质大都源自人的个性特质，因此，许多品牌学者往往直接将心理学的个性特质理论运用到品牌个性的评估中。

1. 奥尔波特的个性特质论

人的个性特质理论最早是由奥尔波特提出的。奥尔波特在全面深入地分析人们所撰写的大量书信、日记、自传等的基础上，提出人的个性特质主要由三个不同层次的内容构成：首要特质、中心特质和次要特质。

首要特质是指能够代表某人的最具代表性的个性特征。例如，19世纪法国著名文学家巴尔扎克在他创作的小说《欧也妮·葛朗台》中仅仅用“吝啬”一词就将葛朗台的个性特征准确概括。不过在生活中，拥有这种极端个性特征的人并不多见。

中心特质是指构成某人性格特征的若干核心要素。一般而言，一个人的性格特征往往由3～7个特质要素构成。例如，人们评价某位同事“诚实”“勤奋”“乐观”，实际上就是指该同事的个性中的中心特质。

次要特质是指某人在某些特殊情境下才会表现出来的个性特征。例如，有些人在熟人面前常常高谈阔论，在陌生人面前往往沉默寡言，这种个性特征即次要特质。

上述关于奥尔波特的个性特质理论，对于提炼品牌个性无疑具有相当重要的作用，即企业品牌管理人员应该努力辨析和提炼本品牌的目标顾客或忠诚顾客的首要特质，并将首要特质植入品牌之中，通过持之以恒的广告宣传，使该品牌的个性得以彰显，并为目标顾客所接受和认可。

2. 品牌个性评估方法

从理论上说，人的个性既有相似之处，也有相异之处。企业在将人的个性特征植入品牌的过程中，一方面要使品牌的个性特征与目标顾客的个性特征尽可能保持一致，另一方面要尽可能使品牌的个性特征与竞争品牌的个性特征形成差异。要想提炼出既能够得到目标顾客认可和喜爱，又与竞争品牌形成差异的品牌个性，就必须对目标顾客所认同或崇尚的个性特质进行测度和评估，因为顾客大都倾向于认可甚至喜爱与自己有相同或相似个性特征的品牌，从而通过该品牌来界定或彰显自我存在的意义。毕竟，当今顾客的消费观念大都已经从“别人有的东西我也要有”向“我希望有比别人更好的东西”转变，并开始向“我希望拥有别人没有的东西”这一理念演进，这种所谓“别人没有的东西”可以通过品牌与众不同的个性予以体现。

目前，业界采用较多的品牌个性测度的工具是著名品牌学者大卫·艾克提出的品牌个性五维度量体系（brand dimensions scales，BDS）。中国千家品牌实验室在大卫·艾克的品牌个性维度量表的基础上，针对中国市场进行了优化，推出更符合中国市场的品牌个性五维度量体系，如表 2-1 所示。

表 2-1 品牌个性五维度量体系

5 大维度	18 个层面	51 种个性
纯真	务实	务实、顾家、传统
	诚实	诚实、直率、真实
	健康	健康、原生态
	快乐	快乐、感性、友好
刺激	大胆	大胆、时尚、兴奋
	活泼	活力、酷、年轻
	想象	富有想象力、独特
	现代	追求最新、独立、当代
称职	可靠	可靠、勤奋、安全
	智能	智能、富有技术、团队协作
	成功	成功、领导、自信
	责任	责任、绿色、充满爱心
教养	高贵	高贵、魅力、漂亮
	迷人	迷人、女性、柔滑
	精致	精致、含蓄、南方
	平和	平和、有礼貌、天真
强壮	户外	户外、男性、北方
	强壮	强壮、粗犷

2.4.4 品牌个性提炼步骤

在了解常见的品牌个性元素和符合中国市场的品牌个性体系后，品牌管理人员可以按照以下四步提炼出属于自身品牌的独特个性。

1. 分析品牌核心价值

品牌管理人员在分析品牌核心价值时，可以从以下四个问题着手。

（1）你的品牌为什么会存在（一两句话）？

（2）市场对你的品牌感觉如何？

（3）你的品牌能够利用哪些文化趋势？

（4）你的品牌核心信息是什么？

2. 界定品牌个性范围

品牌个性范围可以从以下四个方面界定。

（1）你的品牌是男性品牌，还是女性品牌？

（2）你的品牌是面向年轻人、中年人，还是老年人？

（3）你的品牌属于高雅型，还是世俗型？

（4）你的品牌是区域性的，还是全国性的或全球性的？

3. 分析品牌个性特征

参照表 2-1，列出 8 ～ 10 个描述品牌个性特征的词汇。

4. 确定品牌个性特征

根据第三步列出的品牌个性特征回答以下问题，并筛选出 4 ～ 5 个能够代表企业品牌的个性特征。

（1）这些个性特征能够实事求是地代表你的公司吗？（它们是否代表了目标顾客的个性特征？是否代表了产品的个性特征？）

（2）这些个性特征适合你的各种营销活动吗？

（3）这些个性特征会吸引你的目标顾客吗？

（4）这些个性特征能将你的品牌与同行业其他品牌区分开吗？

（5）是否至少有一个个性特征有助于你的品牌与外界沟通？（所选的描述品牌个性特征的词汇能用来描述一个人的个性特征吗？）

通过以上步骤逐步提炼出属于你的企业的既与竞争对手有差异，又能与目标顾客产生情感共鸣的品牌个性。

温故知新

1. 品牌定位是在综合分析目标市场与竞争对手的前提下，对品牌的产品属性、品牌个性、品质和核心价值等予以明确界定，塑造出独特的品牌形象，并对目标市场进行沟通传播，从而在目标顾客心智中占据一个具有独特价值地位的过程或行动。

2. 品牌定位作用：将自己的品牌与其他品牌区别开来，建立独特的品牌形象，有利于塑造品牌的个性，方便与顾客沟通；有利于对品牌进行整合传播，引导企业占领市场、开发市场。

3. 品牌定位的基本原则：差异化原则、个性化原则、锚定顾客心智原则、动态调整原则。

4. 品牌定位误区：定位不到位、定位太多、定位混乱、定位过分、定位错位。

5. 品牌定位战略：抢先占位战略、关联强势品牌战略、攻击强势品牌战略。

6. 品牌定位流程：分析企业优势，市场细分与目标市场选择，分析目标顾客的价值观，提炼品牌核心价值，建立优秀的品牌联想，有效传播品牌定位理念，强化定位理念，随市场变化再定位。

7. 品牌再定位，就是对品牌重新进行定位，旨在摆脱困境，使品牌获得新的成长与活力。

8. 品牌个性，是指品牌创建者和维护者根据品牌标定产品、所属组织的特点及目标顾客个性需求为品牌设计构造的具有鲜明识别性、认同性和人性化的鲜明特性。

9. 品牌个性塑造原则：持续一致原则、新颖独特原则、人文关怀原则。

10. 品牌个性提炼步骤：分析品牌核心价值、界定品牌个性范围、分析品牌个性特征、确定品牌个性特征。

复习思考题

1. 什么是品牌定位?
2. 品牌定位的原则和作用是什么?
3. 简述品牌定位的流程，并举例说明?
4. 什么是品牌个性?
5. 品牌个性的构成要素有哪些?
6. 国产品牌如何塑造品牌个性?
7. 塑造品牌个性应该遵循的原则有哪些?
8. 谈谈品牌定位与品牌个性之间的关系?
9. 企业应该如何提炼品牌个性?

实训练兵场

选择身边熟悉的某个企业或组织，分析其品牌定位和品牌个性，然后根据分析结果对该企业开展品牌再定位计划，提炼出新的品牌个性，最终提交品牌定位策划方案并在课堂上进行汇报。

1. 实训目的

（1）通过分析熟悉企业的品牌定位，进一步理解品牌定位的含义。

（2）通过分析熟悉企业的品牌个性，增强对品牌个性的理解。

（3）通过对企业品牌再定位和品牌个性提炼，掌握品牌再定位方法和品牌个性提炼方法。

2. 实训内容与要求

（1）班级同学自愿组成学习小组，每组 4 ～ 5 人，各组自主收集资料。

（2）学习小组组长组织本组同学讨论，并分配工作。

（3）各小组撰写一份企业品牌定位策划方案。

（4）各小组制作 PPT，并在班级内讲解展示。

3. 成果与检测

（1）每个小组提交品牌定位方案一份。

（2）PPT 汇报展示。

（3）其他小组同学提出问题，汇报人解答。

4. 现场点评与总结

请根据自己的学习情况填涂下表。

评价标准	自我评价	同伴评价	教师评价
语言表达清晰流畅	☆☆☆☆☆	☆☆☆☆☆	☆☆☆☆☆
专业知识掌握良好	☆☆☆☆☆	☆☆☆☆☆	☆☆☆☆☆
方案具有良好的创新性	☆☆☆☆☆	☆☆☆☆☆	☆☆☆☆☆
方案具有良好的可行性	☆☆☆☆☆	☆☆☆☆☆	☆☆☆☆☆
我的收获			

第3章 品牌文化

学习目标

知识目标

1. 理解品牌文化的内涵。
2. 理解品牌文化与企业文化的关系。
3. 掌握品牌文化载体的策划方法。
4. 理解文化冲突对品牌文化的影响。

能力目标

1. 能够使用自己的语言清楚地表达品牌文化的概念、解释其内涵。
2. 能够根据企业品牌建设需要策划品牌文化载体。
3. 能够根据市场情况处理文化冲突对品牌文化的影响。

素质目标

1. 提高营销职业素养。
2. 学习品牌文化内容，增强民族文化自信心。
3. 增强精益求精的敬业精神。
4. 增强创新精神。

思维导图

- 品牌文化
  - 品牌文化概述
    - 品牌文化的内涵
    - 品牌文化的构成
    - 品牌文化的功能
    - 品牌文化对企业的挑战
    - 品牌文化与企业文化的关系
  - 创建品牌文化载体
    - 创造象征符号
    - 营造品牌仪式感
    - 选择品牌代言人
    - 创建品牌社区
    - 建设品牌博物馆
    - 传播品牌故事
  - 文化冲突与品牌
    - 产生文化冲突的原因
    - 品牌跨文化传播的策略

案例导入

一碗粉如何带火一座城①

一碗粉是如何带火一座城的？其秘诀就在于，柳州坚持创新发展和产业融合，讲好螺蛳粉故事，在“味道”中融入“文化”；创新文旅场景，把“流量”转为“留量”；不断修炼内功，将“网红”变成“长红”，从而创造了一流业绩。

1. 讲好故事

螺蛳粉的灵魂在于螺蛳，柳州食螺文化源远流长。40 多年前，中国考古界在柳州白莲洞、鲤鱼嘴遗址发掘了螺蛳壳堆积物，发现了两万多年前人们捕捞食用螺类的历史。这些古人类遗迹为柳州城市品牌的塑造、旅游产品的开发积淀了深厚的历史和文化底蕴。为讲好螺蛳粉的故事，柳州市深入挖掘柳州人食螺的历史渊源，持续加强白莲洞遗址、鲤鱼嘴遗址的保护力度，充分做好螺文化的展示工作，生动再现了柳州史前先民从采集螺蛳到加工螺蛳到煮螺、食螺的生产生活方式创新与转变，精心策划了柳州史前文化研学体验活动。

同时，柳州市还努力挖掘螺蛳粉的起源，讲述柳宗元的“救命粉”、谷埠有夜市、无巧不成书等故事，引起群众共鸣，勾起浓浓的“螺蛳情结”和“米粉情结”，提高螺蛳粉旅游文化内涵。在深度挖掘螺蛳粉的“前世今生”的基础上，柳州开展了一系列与螺蛳粉有关的文化活动，通过营造话题、发布主题文章、直播带货等方式，让“螺蛳粉效应”持续发酵。

2. 创新场景

打造“螺味”十足的景区。目前柳州已拥有洛维螺蛳粉产业园、螺蛳粉小镇等数家 4A

① 资料来源：《一碗粉如何带火一座城》,《广西日报》, 2023 年 07 月 14 日第 08 版，有删改。

级旅游景区，开发了广西第一个室内外结合的“非遗活态博物馆”窑埠古镇螺蛳街、中国首个以“螺”为元素的“5G+XR”主题乐园——柳州螺乐园，为游客打造全方位的“螺”体验。

建设螺蛳粉文化场馆。支持有条件的螺蛳粉生产企业建设螺蛳粉主题博物馆、文化展示馆，开放螺蛳粉生产线供游客游览参观，丰富游客美食购物体验。如今，柳州螺蛳粉饮食文化博物馆、螺霸王洛维产业园体验馆等成为柳州研学旅游的首选目的地。

推出螺蛳粉主题线路。游客沿着精心策划的主题线路，可参观螺蛳粉文化馆、游螺蛳粉生产线、品螺蛳粉小吃，其乐融融。

3. 修炼内功

近年来，柳州进一步完善顶层设计，发布《柳州螺蛳粉文化旅游服务规范》地方标准，从服务要求、服务设施、服务管理、服务监督等方面规范和提升柳州螺蛳粉文化旅游服务，推动柳州螺蛳粉文化旅游的可持续发展。

在 2023 年“五一”节假日期间，柳州设立了 200 多个“宠粉”志愿服务岗，提供帐篷、椅子等设施和行李寄存、免费充电等服务，累计 1.5 万人次志愿者在岗服务；推出“贴心游”公交专线，将旅游路线和热门景点（打卡点）串联；提供市区内 109 个公共停车场点共 5 万多个免费停车位，以周到的服务提升游客的体验感和满意度。

要从“网红”变“长红”，还要持续加大业态创新供给，实现量与质的齐升，用创新迎战瞬息万变的“流量经济”。

讨论：

柳州市是如何打造螺蛳粉文化的？

通过品牌定位策划提炼出品牌核心价值，并据此塑造品牌个性之后，企业需要进一步丰富品牌形象，并以顾客喜闻乐见的方式进行品牌个性传播。因此，企业要以品牌个性为核心建设品牌文化，使品牌形象具体、丰富起来，并被顾客接受、认可。

3.1 品牌文化概述

3.1.1 品牌文化的内涵

品牌文化是社会文化的一部分，为了更好地理解品牌文化，我们需要先理解文化的概念。

1. 文化的概念

依据人类学对文化的理解，文化是作为社会成员的人们习得的包括知识、信仰、艺术、道德、法律、习俗以及其他的能力和习性的复杂整体。功能主义学派认为文化包含了物质和精神两个方面，既包括了道德及价值观等抽象的概念，也包括具体的物质实体。在现代语境中通常将文化视作组织或社会成员间共有的意义、仪式、规范和传统的集合，而亚文化则是指某一文化群体中的次级群体成员共有的信念、价值观。

2. 品牌文化的概念

品牌文化是基于某一品牌对社会成员的影响而产生的亚文化现象。品牌文化是某一品牌的拥有者、购买者、使用者或向往者之间共同拥有的、与此品牌相关的独特信念、价值观、仪式、规范和传统的总和。品牌文化的核心是企业通过品牌定位塑造的品牌个性，以及提炼的品牌核心价值。

通过这个基础的定义，我们可以判断，品牌文化对顾客心理与行为有十分重要的影响。属于某种品牌文化群体的顾客，他的身份、情感、价值观、行为习惯会与该品牌紧密联系在一起。在品牌管理人员看来，文化通常是被视作无法忽视亦难以改变的背景，《消费者行为学》一书中强调，离开文化背景就很难理解消费。华为、长城、比亚迪、红旗等品牌的成功向我们证明，品牌管理人员有机会创造一种属于品牌的独特文化，并通过这种文化持久地影响品牌的目标顾客和利益相关者，甚至整个社会。中国企业的品牌在创建品牌文化时，可以充分挖掘中国传统文化的优势，创建自己的独特品牌文化。

视域拓展

中国传统文化元素

中国拥有着5000多年的文化传承，文化成果璀璨多样，企业可以从中汲取到丰富的营养。中国传统文化囊括的内容非常广泛，可以用于企业文化塑造的元素也很多。以下罗列了一小部分具有代表性的中国传统文化元素：中国书法、篆刻印章、中国结、秦砖汉瓦、京戏脸谱、皮影、中国漆器、汉代竹简、甲骨文、文房四宝（砚台、毛笔、宣纸、墨）、竖排线装书、剪纸、风筝、如意纹、祥云图案、中国织绣（刺绣等）、彩陶、紫砂壶、中国瓷器、国画、敦煌壁画、石狮、唐装、筷子、汉字、金元宝、如意、八卦等。

3.1.2 品牌文化的构成

品牌文化是品牌在长期的品牌建设过程中形成的，它并不抽象，而且可以具体落实到企业的各种营销活动中。我们可以从物质、行为、精神三个方面去认识品牌文化，即品牌物质文化、品牌精神文化和品牌行为文化。

1. 品牌物质文化

品牌的外在符号是顾客首先接触到的，往往认识一个品牌首先从认识其外在形象开始，如同我们认识一个人首先看到他的外在着装一样。品牌的有形要素即品牌的物质文化。物质文化是品牌文化的表层文化，会起到晕轮效应，影响顾客的购买行为。品牌物质文化分为产品特质和符号集合。

1）产品特质

产品特质一般是产品本身构造形成的特色，主要包括产品的包装、用途、造型、品质和商标等。这是满足顾客功能诉求的基础，也是顾客对品牌产生认知、情感和行为的主要动力。

2）符号集合

符号集合是品牌识别元素的统称。从顾客感官出发去理解，符号集合包括视觉、听觉、触觉、嗅觉等。视觉部分包括品牌名称、标志、色彩、包装等；听觉部分包括店内播放音乐的音量和音调等；触觉部分包括材料和质地等；嗅觉部分包括店内味道等。

2. 品牌精神文化

品牌精神文化是品牌文化的精髓，掌控文化的发展方向，主要包括品牌个性、品牌核心价值、品牌精神、品牌愿景、品牌伦理道德、目标和行为规范等。它们都是品牌对市场的承诺。在营销活动中，企业会把品牌的价值观贯穿每一个环节，产品的设计生产、传播和服务、渠道选择、产品定价等无不体现着品牌精神。

3. 品牌行为文化

行为是一切文化成败的关键。优秀的品牌文化要通过行为传播给顾客，品牌也正是通过行为与顾客建立联系。所以，品牌行为决定了品牌的命运。品牌行为有以下几种类型。

1）品牌营销行为

品牌营销行为是指企业围绕产品、价格、渠道和服务进行的营销活动。

2）品牌传播行为

品牌传播行为是指品牌通过大众化媒体，比如广告、公共关系、新闻、促销活动等方式提高品牌知名度。

3）品牌个人行为

品牌是多种身份角色的市场代言人。企业家、员工和代言人的行为构成品牌个人行为。品牌行为又代表着他们的行为。

品牌文化由以上三个部分构成。物质文化是表层文化，是外在形象，最为具体实在；行为文化是精神文化的动态反映，是人与物的结合，是中层文化；精神文化是品牌文化的精髓，是核心文化。

3.1.3 品牌文化的功能

在顾客心智中成功塑造起品牌文化的公司大多获得了持久稳健的成功。品牌文化一旦形成，就会对品牌的经营管理产生巨大影响和能动作用。它有利于各种资源要素的优化组合，提高品牌的管理效能，增强品牌的竞争力，使品牌充满生机与活力。具体地讲，品牌文化有如下功能。

1. 导向功能

课堂讨论：秋天的第一杯奶茶

品牌文化的导向功能体现在两个方面。一方面，在企业内部，品牌文化集中反映了员工的共同价值观，体现了企业所追求的目标，因而具有强大的感召力，能够引导员工始终不渝地为实现企业目标而努力奋斗，使企业获得健康发展。另一方面，在企业外部，品牌文化所倡导的价值观、审美观、消费观，可以对顾客起到引导作用，把顾客引导到和自己的主张相一致的轨道上来，从而提高顾客对品牌的认同感。

2. 凝聚功能

品牌文化的凝聚功能体现在两个方面。一方面，在企业内部，品牌文化像一种强力黏合剂，从各个方面、各个层次把全体员工紧密地联系在一起，使他们同心协力，为实现企业的目标和理想而奋力进取。这样，品牌文化就成为团队精神建设的凝聚力。另一方面，在企业外部，品牌所代表的功能属性、利益认知、价值主张和审美特征会对广大顾客产生磁场作用，使品牌像磁石一样吸引顾客，从而极大地提高顾客对品牌的忠诚度。同时，其他品牌的使用者也有可能被吸引过来，成为该品牌的追随者。

3. 激励功能

物质激励到了一定程度，会出现边际递减现象，相比之下，精神激励的作用更强大，更持久。优秀的品牌文化一旦形成，就会在企业内部形成一个良好的工作氛围，它可以激发员工的荣誉感、责任感、进取心，使员工与企业同呼吸、共命运，为企业的发展尽心尽力。对顾客而言，品牌的价值观念、利益属性、情感属性等可以创造消费感知，丰富消费联想，激发顾客的消费欲望，使顾客产生购买动机。因此，品牌文化可以将精神财富转化为物质财富，为企业带来高额利润。

4. 约束功能

品牌文化的约束功能是通过规章制度和道德规范发生作用的。一方面，企业在生产经营过程中，必须通过严格的规章制度对所有员工进行规范，使之按照一定的程序和规则办事，以实现企业目标。这种约束是硬性的，是外在约束。另一方面，品牌文化的约束作用更多的是通过道德规范、精神、理念和传统等无形因素，对员工的言行进行约束，将个体行为从众化。这种约束是软性的，是内在约束。和规章制度相比，这种软约束具有更持久的效果。

5. 辐射功能

品牌文化不能复制，但一旦形成，不仅会在企业内部发挥作用，还可以通过形象塑造、整合传播、产品销售等各种途径影响消费群体和社会风尚。大体上说，品牌辐射主要有以下四种方式。

（1）软件辐射。品牌文化通过企业精神、价值观、伦理道德、审美属性等向社会扩散，为社会文明进步做出贡献。

（2）产品辐射。品牌通过产品这种物质载体向社会辐射。例如，我们可以通过某品牌汽车的产品去感受一种卓越的汽车文化。

（3）人员辐射。品牌通过员工的言行举止和精神风貌向社会传播企业的价值观念。

（4）宣传辐射。企业通过媒体等多种宣传工具传播其品牌文化。

6. 推动功能

品牌文化可以推动品牌长期发展，使品牌在市场竞争中获得持续的竞争力；也可以帮助品牌克服经营过程中的各种危机，使品牌健康发展。品牌文化对品牌经营活动的推动功能主要源于文化的能动作用，即它不仅能反映经济，而且能反作用于经济，在一定条件下可以促进经济的发展。利用品牌文化提高品牌经营效果有一个时间上的积累过程，不能期望它立竿见影，但只要持之以恒地重视和建设品牌文化，必然会收到良好的成效。

7. 协调功能

品牌文化的形成使员工有了明确的价值观念和理想追求，对很多问题的认识趋于一致。这样可以增强他们之间的相互信任、交流和沟通，使企业内部的各项活动更加协调。同时，品牌文化还能够协调企业与社会，特别是与顾客的关系，使社会和企业和谐一致。企业可以通过品牌文化建设，尽可能地调整自己的经营策略，以适应公众的情绪，满足顾客不断变化的需求，跟上社会前进的步伐，保证企业和社会之间不会出现裂痕和脱节，即使出现了也会很快弥合。

3.1.4 品牌文化对企业的挑战

如同硬币总会有两面，塑造品牌文化能够为企业带来顾客忠诚、免费传播机会、口碑效应和溢价，但顾客对品牌的非货币投入（如情感投入和时间投入）也对企业提出了挑战。

1. 品牌文化对企业的约束

具有品牌文化力量的企业与其顾客分享了一套共有的价值观，尽管这些理念很可能是企业创造的，但却已经成为顾客珍视的价值观的组成部分。企业自己塑造的品牌文化将对品牌的市场行为形成约束力。如果企业的行为不能与顾客所理解的品牌文化保持一致，那么最忠实的顾客也可能会突然变成最激烈的反对者。

例如，2010 年，美国媒体曝光谷歌公司和通信运营商 Verizon 可能已经达成内部协议，Verizon 将允许某些网站支付更高的接入费用以换得用户浏览速度的提升。同年《纽约时报》的记者举例说，谷歌旗下的某视频网站可以支付金钱让顾客在 Verizon 网络上更快地观看其视频，那么其他的视频网站将会失去公平竞争的机会。消息一经公布立刻引起轩然大波，而对谷歌发起最猛烈抨击的恰恰是谷歌过去的铁杆支持者。

2. 品牌文化的局限性

拥有强势品牌文化的企业可能会产生一种错觉，认为品牌的超凡魅力可以让顾客为它做出任何改变。这是一种错觉，企业必须承认品牌文化的影响力是有限度的，并且要小心翼翼地培养和使用这种影响力，并且品牌文化对顾客的影响力不能脱离产品质量的底线。

美国某手机品牌的产品在推出后不久就被发现因为天线设计问题而导致信号接收不佳，影响通话质量。该品牌首席执行官为此事召开新闻发布会，宣称手机设计没有缺陷，用户应该采用另一种握持手机的方式来使用该品牌的手机，以确保自己的手不会影响信号接收。据美国媒体报道，这次新闻发布会后，该品牌的一部分顾客表达了对这个品牌的失望。研究表明，当顾客将品牌所具有的特质和文化理解为一种品牌的质量承诺时，产品质量的失败将让品牌付出难以弥补的代价。

3. 品牌文化受文化冲突影响

全球化背景下的文化冲突与文化融合并行不悖，当品牌成功地将自己塑造成为某种文化的象征符号时，它将享受顾客对这种文化的正面反馈，也将不得不承担可能发生的负面结果。某汉堡快餐已经成为美国文化的重要符号，这一文化象征意义给该汉堡快餐的全球化营销提供了高额回报，但是每当针对美国的政治抗议或文化抵制事件发生时，该汉堡快餐也总是首当其冲。

3.1.5 品牌文化与企业文化的关系

企业文化是企业在生产经营实践中，逐步形成的、为全体员工所认同并遵守的、带有本组织特点的使命、愿景、宗旨、精神、价值观和经营理念，以及这些理念在生产经营实践、管理制度、员工行为方式与企业对外形象的体现的总和。

一个优秀的企业就是要创造一种能够使企业全体员工衷心认同，激励其奋发向上，促进企业业绩不断提高，推动组织不断变革、发展的企业文化。对于企业来说，正是企业文化决定了它的制度和行为，这个文化的核心就是企业理念和企业核心价值观。

1. 品牌文化与企业文化的联系

1）品牌文化与企业文化的内涵一致

品牌文化与企业文化都服务于企业的产品和经营，进而作用于企业的发展，因此其核心含义应该具有一致性、共通性。海尔品牌给人以优质、真诚和负责的企业形象，其企业文化也是以真诚、创新为核心。只有品牌文化与企业文化内涵协同一致时，企业才会取得长足的发展。而品牌文化和企业文化相背离，则会给企业造成预想不到的损失。如果一种动感活力、富有个性的品牌文化嫁接到一个守旧沉闷的企业上，虽然会有短暂的成效，但是必然不能持久，这也就是为什么有的企业即使有了知名广告公司策划的精彩广告，并投入了大笔的广告费用，却依然难以取得成效的症结所在。从某种意义上来说，品牌文化是企业文化联系顾客的桥梁，顾客通过品牌文化感受企业文化，在心理和情感上产生一种归属感，这种情感最终表现为品牌忠诚度。

2）品牌文化是企业文化的一部分

品牌文化是广义的企业文化的一部分，如果没有企业文化，品牌文化就难以为继；而品牌文化又是企业文化中最具社会延展性的部分，如果没有品牌文化，企业文化的外部延展就会逐渐与市场变革、社会发展脱节。

2. 品牌文化与企业文化的区别

1）建立和形成的基础不同

品牌文化主要是在对外传播的基础上建立起来的，是一个完全开放的系统，主体是物或可物化的存在。它是在总结市场竞争状况、自身产品状况、顾客因素的基础上精心策划形成的，需要在激烈竞争的市场中给产品一个明晰而独特的定位，塑造出鲜明独特的品牌形象，与消费群体的文化特性相吻合。

企业文化是一个相对封闭的系统，主要面向企业内部，用以约束企业员工。在企业经营发展的历程中，企业文化随着企业的发展会慢慢积累、逐渐成形，要经历由不自觉到自觉，无系统到系统的过程，需要不断地总结、提炼和提升。

品牌文化以品牌为基点，是顾客和品牌持有者共有的价值体系。企业文化就是由企业组织内成员共同拥有的价值体系。企业文化的塑造可以利用正式规范的力量，如制度、培训活动、会议中的仪式化内容等。但是品牌文化的塑造则很难通过具有强制力的正式规范来实现，企业必须取得目标顾客的认同，才能让顾客自发地参与品牌活动，遵循品牌理念。

2）传播对象不同

品牌文化用于吸引受众，建立影响。企业文化用于凝聚人心，团结力量，以此生产出符合市场需求的产品。品牌文化告诉顾客选择本企业产品的理由。企业文化告诉顾客自己是什么样的公司。

品牌文化主要是向企业外部传播，传播的对象是顾客，主要作用是和顾客进行有效沟通，建立产品与顾客的关系，同时丰富品牌形象，塑造品牌个性，应用良好的品牌文化来提升品牌的影响力和客户忠诚度，保持产品在市场中长盛不衰。企业文化的对象主要是企业内部的员工，主要作用是明确企业发展的目的和方向，统一企业愿景、核心价值观和企业精神，统一内部员工的意志，把员工的个人目标引导到企业目标上，应用企业文化取得良好的社会形象以形成员工和组织的良性互动，有效增强组织的整体竞争力。

3）构成体系不同

品牌文化体系主要由产品包装、品牌个性、品牌核心价值、识别符号、品牌故事、品牌仪式等物质以及精神层面的内容构成。企业文化主要包括企业核心理念、行为规范和形象识别等内容。其中，核心理念是企业文化的核心部分，行为规范是指企业的经营风格、员工行为等，形象识别是企业的外在形象，包括名称、标识等。

鉴于品牌文化和企业文化之间复杂的关系，我们认为，企业文化是对内的，主要是为了明确企业的生存与发展指导原则而形成的一套以核心价值观等理念为核心的规范体系，以此凝聚企业员工，同时支撑强势品牌塑造，从而确保公司战略顺利达成。品牌文化在构建过程中也对企业文化产生了深刻影响，两种文化通过品牌达到了有效的整合。企业文化通过品牌拓展了文化视野，并将文化效应转化为市场效应和经济效益。品牌文化通过品牌将顾客偏好的文化引入企业内部，使企业文化不断与顾客的文化协调一致，不断增强企业对市场发展的驾驭能力。所以，正确处理好企业文化与品牌文化的关系，把握两者之间的均衡至关重要。

3.2 创建品牌文化载体

一个企业如何塑造出其所希望的品牌文化，这一点尤其重要。如上所述，企业文化重在组织内部塑造一种共享的价值观，而品牌文化是由企业的外部利益相关者共享的一套价值体系，相对而言更为不可控。因此，企业在塑造品牌文化时，需要考虑的因素更多。企业需要以品牌精神文化为核心，以品牌物质文化和行为文化为外在表现形式，通过精心策划和设计，将品牌的核心价值和品牌个性以形式多样、内涵丰富，以及顾客喜闻乐见的方式呈现出来。以下是企业塑造品牌文化时常用的几个载体。

3.2.1 创造象征符号

文化是通过庞大无比的象征体系深植在人类的思维体系之中的。塑造品牌文化也需要将品牌元素根植于顾客心智中，并成为某种象征符号。任何品牌元素都可能被赋予象征意义。因此，品牌要统一设计识别元素，使品牌名称、品牌标识、产品形象，以及声音识别等元素成为品牌文化的载体。通过这些识别元素向目标顾客传达一致的品牌文化，从而塑造品牌形象（该部分内容在第 4 章详细介绍）。

3.2.2 营造品牌仪式感

在社会学领域，仪式是指一种既能表达价值和意义，又有重复模式和规律的系列活动，与社会层面上的“礼”具有相同内涵。一般认为，仪式是组织化的象征活动与典礼活动，用以界定和表现特殊的时刻、时间或变化所包含的社会与文化意味。仪式感即人们在参与仪式过程中产生的主观体验，就是人们在仪式中产生的重视性情感。品牌管理人员都希望顾客对产品的使用与特定的仪式紧密联系在一起。

1. 仪式感的内涵

仪式感是在仪式构建的情境中产生的，它具有一种原生的冲动，仪式中的行为、表演蕴含着一种真切的激情与渴望。当人们在举行仪式的过程中产生了情感与信念的认知时，便同时获得了仪式感。

1）仪式感的构成要素

通过以上定义和论述可以看出，仪式中产生仪式感需要具备以下三个要素。

（1）象征意义。仪式感的象征意义指仪式中所指代或暗含的价值理念和社会意义。仪式本身和仪式中的事物或行为需具备象征意义。象征意义是指通过某些事物、流程、行为、操作表达抽象的意义，如情感、寓意等。

（2）流程式动作。仪式感的流程式动作，或称为固定程序，指意识中必须被严格执行的一系列步骤。在仪式当中，最能让人产生仪式感的要素就是仪式中的流程式动作。

（3）非功能性行为。仪式感的非功能性行为，指仪式中包含的不对最终结果产生任何实际影响的固定行为。

综上所述，营造仪式感的基本步骤如下：制定严谨且不可随意更改的仪式流程；给仪式流程的各个环节赋予象征意义；为仪式流程适当添加非功能性属性。

2）影响仪式感的元素

（1）参与者的群体认同感。参与者的群体认同感在仪式中不是一种必要元素，但它对参与者情绪和仪式感的产生起到了正向加强的作用。

（2）时间与空间。在实际的应用场景中，时间与空间也起着重要的作用。在现实的仪式场景当中，仪式必然要求参与者同时同地参与，时空元素的作用是强化参与者在仪式中的情绪调动与情感共鸣，并同时向参与者传达集体归属感，以求达成对参与者情绪激发与唤醒的目的。

（3）参与者情绪。参与者的心理状态作为仪式的重要隐性要素存在于仪式中，包含参与者情绪与仪式信念两种因素。

（4）仪式的频率。仪式频率会对参与者情绪及认同感产生影响。仪式举行过程中的信息传达、情绪调动需借由一定频率的仪式重现对参与者的正向强化。随着仪式的重复次数的提高，参与者对于仪式的陌生感会有所下降，认同感会提高。

（5）仪式中的信念。参与者的仪式信念指仪式参与者是否相信仪式的作用，已有的心理学实验数据可以证明：总体来讲，正向的仪式信念可以增强人们参与仪式的意愿。

2. 塑造品牌仪式感的策略

仪式既有传承性又有可塑性。在婚礼中，人们既可以继承中国传统的“夫妻对拜”仪式，又可以借用西方的“交换戒指”仪式，还可以创新出“点蜡烛”“放鸽子”等形式，只要在群体内被大家尊重和认可，就可能成为“仪式感”行为。通常，仪式感行为包括审美感、崇高感、标志性、形式化这几种元素。由此，我们可以这样界定品牌仪式感：企业通过对人们特殊消费行为的仪式化设计，赋予消费行为神圣意义或传承性价值，从而达到创造、引导消费活动的营销目的。品牌仪式感的关键在于通过塑造并传播仪式感行为，唤起顾客内心对企业品牌强烈的认同感。

1）塑造生产过程的仪式感

古代人们在战争或手工业生产之初都会进行相应的占卜、祈祷活动，现在的企业往往会通过举行各种开工、奠基、启动仪式昭告某种新产品、新服务的诞生，这是一种将生产仪式用于品牌传播的行为。品牌仪式感强调企业有意识地赋予生产过程神圣化、高尚化的文化意义，并将这种仪式有目的地通过大众传媒或其他方式进行强化，引导受众的媒介参与。有些企业会自创生产程序的“仪式感”，例如，某品牌纯净水强调“十七层净化”，某品牌皮鞋推出“纯手工打造”概念，等等，这些企业突出的是生产过程的庄重感，激发顾客对品牌高尚化的想象，仪式感赋予了品牌不同凡响的神圣气质。

2）塑造销售过程的仪式感

有时，人们去商店购买一只名表，会看到妆容精致的营业员捧着一张精美的、配以丝质衬布的托盘，款款地从里面走出，将手表托至顾客的面前，商品的销售过程不再只是简单的付钱取货，而是成了一个让人肃然起敬的仪式。

一位顾客用这样的文字描述他在书店买书的过程：“挑书、付钱、盖章，然后书就跟我回家了。这个过程像一种仪式一样，感觉很美。”尽管盖章这一程序完全可以去掉，但在顾客心中，正是这个可有可无的程式才构成了企业销售活动的独特性。由于这个程式可以使企业的销售活动区别于其他销售过程，因而这也成了仪式感的来源。

3）塑造消费过程的仪式感

很多商家通过塑造消费过程的仪式感创造品牌文化的载体。例如，在中秋节来临时，人们从各自工作的城市不远千里赶回家。到了晚上，一家人围坐在一起分吃月饼，边唠家常边赏月，这就是月饼消费的仪式感。离开了中秋节的氛围，月饼就没有了消费的动力。

3. 品牌仪式感的重要维度

很多品牌都重视仪式感，为塑造仪式感不惜投入重金。然而需要大力投入的不仅仅是金钱，还有其他三个重要维度。

1）时间

仪式感不等于仪式。一些品牌认为，在一次营销事件中做足体验和宣传，打造一个盛大无比、华丽辉煌的仪式，仪式感就自然形成了。但实际上，单个仪式的打造是单点功夫，仪式感的真正灵魂是时间。例如，当 2009 年淘宝举办第一届“双十一”之后，并没有顾客会去期待 2010 年的 11 月有一场一样规模的购物节。但淘宝却坚定地在每一年都把最重要的资源倾斜在这个属于自己的节日仪式上，才使得 3 年之后顾客形成了固定的行为记忆，进而内化为仪式感。

仪式感其实就是通过在时间或地点等维度上的固定重复，对某些日常行为赋予特殊的意义，并进行自我暗示，形成某种仪式。仪式是一个点，仪式感由一条线组成，而时间就是这条串起单个仪式的线。仪式感与范围无关，它既可以是公共的，如春节、“双十一”等，也可以是私人的，如结婚纪念日、毕业纪念等。

品牌也是如此，给予顾客仪式感不一定需要投入大量的资源。例如，一些饮料品牌会在春节前根据当年的生肖推出带有特色包装的饮料，并年年延续此营销策略。在这样的小范围里创造仪式感，一样可以传递出真诚的产品理念。

仪式感打造的第一要素是细水长流的坚持，而不是企图在某个节点一次爆火。从心理学角度而言，人类对仪式感的需求来源之一是在面对不确定的世界时寻找一种可以自我掌控的局面，通过坚持来抵抗不确定性。因此，仪式感给人最兴奋和满足情绪的时刻，实际上是仪式到来前的日子。

2）因果

仪式感的确会触发人的行动，这个时候仪式感是原因。但很多人忽略的一点是，仪式感本身还是结果。仪式感是一种进入人潜意识的感觉，是在特定的某时某地人的会自动触发的某种感觉，是一种自我暗示。

在仪式感达成之前，这种感觉不会因为仪式“被触发”。仪式感首先是品牌打造营销事件的结果，才会成为触发消费行为的原因。只有形成这种“原因结果的双循环”，仪式感才成立。也就是说，品牌需要先在一段较长的时间内向顾客证明，这场仪式会确定无误地到来，顾客才会逐渐形成一种固定的认知——仪式要来了。只有这场仪式越来越深入地参与到顾客的生活中，顾客才会愿意一起来塑造这场仪式，进而给予这场仪式独有的意义。仪式是仪式感的原因，参与行为是仪式感的结果。

3）互动

只有品牌单向输出的仪式，说明顾客并未将其内化为一种感受。在私域流量越来越被强调的今天，在仪式感的打造上，品牌反而应该拥有“公域”的思维，即把自己的私域活动上升为公域活动，将更多的利益关联方引入，将仪式感造足。只有形成多向互动，顾客的行为才会被触发。仪式感的打造是一个叠加的过程，是由一个个人、组织参与其中，不断赋予各自的意义而交织成的一个多层次系统概念。

在今天，仪式感被很多品牌当作一种营销的手段。然而却忽视了仪式感打造过程中所必须具备的因素。仪式感的打造需要上升到战略层面，如果达不到这个高度，企业内部的协同就会出现变形，传递到顾客那里就无法形成一种统一的感知。

3.2.3 选择品牌代言人

随着商品经济的不断发展，市场竞争越来越激烈，品牌代言人作为品牌与顾客之间的桥梁应运而生。品牌代言人承担着传播品牌信息、提升品牌形象、增强顾客关注度等方面的职责，同时需要与顾客近距离的接触，进行各种信息的交流，最终提升品牌价值，增强顾客的忠诚度和美誉度，以扩大顾客的购买行为。在广告或其他营销活动中，推荐特定品牌的产品或服务的人物或其他形象通常被称为品牌代言人。这是比较广义的界定。在广告业中，狭义的界定往往是指那些与品牌形象相吻合、长期为特定品牌传递信息的人物或形象。

1. 品牌代言人的类型

品牌代言人不仅包括具有较高知名度的人物，也包括企业或者组织设计的卡通形象或者虚拟的特殊人物，他们的最终目的都是向顾客传达品牌产品的属性、价值、文化、特性等方面的各种信息，以提升企业或者品牌的形象。

1）名人

企业邀请名人给产品做品牌代言人，这是企业追求明星效应、名人经济的结果，企业试图通过文体明星的知名度来提高品牌的知名度，因此名人是一种最常见的品牌代言人类型。

2）专家

企业会邀请在某方面有一定权威性的人物给产品做品牌代言人。与名人相比，专家由于形象与企业所售产品吻合，能够给企业产品带来信誉背书，从而赋予品牌一定的权威性。

3）普通人

企业也会邀请普通人给产品做品牌代言人。该代言人虽不是专家，也不是名人，但是该代言人具有广大品牌使用者的一般特征，让广大使用者联想到自己。因此，对顾客而言，普通人做代言人真实可信，容易让他们找到认同感。

4）虚拟人物

有些企业会自行设计具有独特形象，并被赋予生命的品牌图形标志、吉祥物或卡通造型等做代言人。这种品牌虚拟代言人是品牌管理人员在综合分析竞争环境、竞争对手以及顾客心理的基础上，结合自身产品特点，采用的虚构一个品牌代言人的策略。这个代言人代表的是品牌个性，目的是实现品牌与顾客的有效沟通。

5）企业创始人

通过企业创始人或其他管理人员进行品牌传播，更准确地说就是充分利用“企业家公众形象价值”为企业进行品牌传播。在这种情况下，以前作为企业幕后操纵者的企业家被推向了台前，推向了顾客和受众，使得企业家一人分饰两角：企业经营决策者和企业品牌代言人。许多品牌将其创始人塑造成为品牌代表。品牌创始人的行为、言论和个人魅力很容易被顾客转移到对品牌的认知中，而品牌创始人往往同时也是企业领袖，他们可以通过传输理念、讲述故事、确立承诺、表达主张、彰显个性等多种人性化的方式帮助品牌建立文化认同。

2. 品牌代言人的功能

品牌代言人作为一种易被顾客辨认的形象，可以依靠其号召力和影响力为产品带来巨大的流量，是企业建立以及传递品牌形象的惯常做法，是获得顾客认同的有效工具。

1）赋予品牌个性化

品牌代言人可以将品牌联想过程大大缩短，即直接让顾客看到一个代表品牌性格的人。个人性格非常显著，对品牌性格的拉动较为直接，也较为简单。

2）赋予品牌人性化

品牌代言人是品牌文化的人格化，是品牌个性的人性化符号载体之一。产品或服务是提供给人使用的，当物的冰冷与鲜活的代言人有效整合后，产品也似乎拥有了代言人的个性与人格。品牌代言人使企业所提供的产品或服务人性化，从而使顾客消除戒备心理，较易接受企业的产品或服务。

3）赋予品牌感性化

品牌代言人使品牌在顾客眼里“活”起来，这些元素能够超越产品的物理性能。品牌代言人所传递的感性化内容，可以使顾客愿意试着接受一种新的产品，并下意识地把自己与一个品牌联系起来。品牌代言人以感性化的表达触发顾客的潜在动机，贴合顾客内心最深层次的感受，从而使顾客选择那些独具魅力的品牌。

3. 选择品牌代言人的原则

严格遵循以下原则是企业成功选择品牌代言人的关键。

1）一致性原则

品牌代言人的个性特质须与品牌个性相一致，这是选择品牌代言人须遵循的第一原则。

2）传递性原则

品牌代言人在品牌传播活动中通过自身价值和个性形象的充分展示，准确地向市场传达出企业品牌的个性特征和精神文化。

3）重点性原则

品牌代言人参与的企业品牌传播活动所营造的宣传情景时，始终要以企业品牌为传播重点，绝不能喧宾夺主。

4. 防范品牌代言人的负面影响

启用品牌代言人是把双刃剑，一方面它可能给企业创造巨大的收益，另一方面也蕴藏着风险。当品牌代言人由于某方面原因在顾客心中形成较差印象时，可能会祸及品牌，对品牌造成不可估量的损失。那些毁在代言人手中的品牌不胜枚举。鉴于此，企业可以从以下几个方面着手，减轻代言人的负面事件对品牌形象造成的损害，增强顾客的品牌信任水平。

1）慎重甄选品牌代言人

名人负面消息的曝光可能让其往日里的美好形象毁于一旦，同时也会波及到企业的品牌声誉。因此，企业在选择品牌代言人时不能只看其影响力，更要重点考察此人的道德品质。在选择品牌代言人的过程中，需要制定详细的评价指标和具体的遴选方案，特别是选择名人作为代言人时要对其道德品质、过往形象和代言纪录进行考察，选择那些德艺双馨的名人作为品牌代言人。

2）利用完备的合同约束品牌代言人

虽然品牌代言人的行为主要通过其内在的自律性来规范，但是法律合同是必不可少的外在约束。企业在与品牌代言人签约时，应该充分挖掘法律和道德规范层面的要素，凝练成规范品牌代言人行为的具体条款，并将条款明确写入品牌代言人的服务合同，作为品牌代言人必须履行的基本义务。企业与名人签订品牌代言合同时，要将道德、品质和行为规范方面的合同条款与品牌代言人的酬金严格挂钩。企业要按照事前约定的时间和条款对代言人进行严格的阶段性考核，分阶段逐次向品牌代言人支付酬金。通过减少首次支付的比例，使代言人只有到合约期满，且通过企业各阶段的考核才能完整取得代言酬金。企业利用完备的合同约束，将对品牌代言人的考核与代言酬金有机结合，可以有效防范代言人在合同期间的败德和违法行为发生。当品牌代言人出现负面言行时，企业可以根据合同和相关法律，追究品牌代言人的责任，并依法要求品牌代言人退还酬金、支付违约金、赔付企业的其他直接和间接经济损失。

3）建立完善的品牌代言人负面事件应急制度

品牌代言人作为独立于企业和公众之外的个体，其负面行为的发生难以预测，具有不可控性。因此，企业必须防患于未然，掌握品牌代言活动的主动权。企业签约代言人之后，在加强动态监控的同时，必须制定相应的品牌代言人负面事件应急处理机制。在品牌代言人负面新闻发生以后，与媒体、社会及相关方保持紧密的沟通和联系，充分利用主流媒体和公众人物的公信力，发布与代言人负面消息相关的应急处置方案。对于因品牌代言人自身原因引发的负面事件，向社会和顾客坦诚相告，并表达企业的立场和歉意；对于由外界力量操纵的恶意诽谤、蓄意制造是非、不正当竞争等行为予以揭露和谴责，并通过法律手段维护自身正当权益。尤其是要与顾客尽可能保持多渠道、全方位的接触，通过开展深入沟通、联谊活动和服务补救等方式稳定顾客的情绪和心理。

4）注重与顾客之间建立品牌信任

品牌代言人的品牌传播效应有赖于顾客对代言人的信任，但这种信任最终还是要落实到产品的质量上。企业持续提供高质量的产品及服务，可以累积顾客对品牌的信任和依赖。这份信任可以很大程度上抵御品牌代言人发生负面新闻的消极影响。因此企业在与顾客的长期交往中，应该着力提升产品的质量，积极履行品牌的承诺。

3.2.4 创建品牌社区

品牌社区是指使用同一品牌的顾客以该品牌为关系基础，聚合在一起的社会群体。品牌社区成员对于品牌及其他使用者有相当程度的了解，他们知道自己属于一个以品牌为中心的群体，在这个群体中，他们会分享品牌的各种知识和社会关系。

品牌社区的力量会明显地影响所有成员的行为，尤其是参与品牌活动时的行为。品牌社区中存在一些核心顾客，这些顾客对品牌有更高的熟悉度和忠诚度。企业需要强化与核心顾客的关系，因为核心顾客对社区的其他成员有着非同小可的影响力。

随着互联网的普及，社交网站、即时通信等技术手段使得顾客建立和参与品牌社区越来越容易，当顾客需要获取关于产品使用的信息、分享品牌体验、获得其他顾客帮助的时候，品牌社区就成为其重点考虑的场所之一。

1. 品牌社区的特征

1）社区成员共享某种价值观

社区成员共享的价值观是品牌社区存在的基本前提，也是区分不同品牌社区的一个主要尺度。由于价值观的多元化，不同的人持有的价值观也不尽相同。一群持有共同价值观的顾客会大概率共同偏好于某个品牌。

2）社区成员共有某种仪式

仪式和传统是文化的具体表现。不同的文化和价值观具有不同的表现形式，这种表现形式就如同原始部落保留的仪式和传统风俗习惯，它们代表了该部落特有的价值观。例如，某俱乐部有一种不成文的习俗：要想成为该俱乐部的高级会员，必须在规定的时间内徒步完成泰山登顶。这种规定就如同一种仪式，代表了该品牌爱好者所认同的一种价值观念：顾客想加入俱乐部，就必须具备一定的勇气和能力。顾客一旦挑战成功，就可以获得高级会员资格，被俱乐部成员接纳。这种挑战仪式构成了顾客加入该俱乐部的动力，并乐此不疲地一次次冲击该挑战。

3）社区成员共有某种责任感

这种责任感是社区成员自愿对整个社区，或社区的其他成员承担某种职责。该责任感让社区成员产生某种共同的社区行为，且对社区的稳定起到凝聚作用。社区成员之间的责任感不具有社会职责的强制性，它更多的仅是一种自发的行为。例如，一些喜好某品牌房车的顾客对使用同样汽车的其他人有着特殊的亲近感，当他们在公路上碰到抛锚的同品牌房车会较热情地主动帮忙。在同品牌房车的野营会上，司机们会无私地分享他们的用车经验。这些经验本来可以由该房车品牌公司进行传授，但其效用远远比不上这些司机的当面分享。经过这样的野营会后，成员之间会建立起一种特殊的关系，从而使成员对品牌社区的忠诚更加牢固。

2. 虚拟品牌社区

根据波士顿咨询公司和腾讯营销洞察联合发布的《2020 中国社交零售白皮书》，网络社交媒体在中国的渗透率已超过 97%，中国消费者平均每天在手机上花费近 4 个小时，其中在网络社交媒体上花费 2.3 个小时以上。此外，平均每天有超过 7.5 亿用户阅读朋友圈的发帖。同时顾客已经由传统的信息接收者转变为与企业相互交流，实现价值共创的参与者。面对不断变化的市场环境和顾客的角色转变，企业需要重视虚拟品牌社区的建设。

虚拟品牌社区主要是构建一个可供交流的空间，让世界各地的用户都能参与进来，分享同一事物的网络社区。随着社交媒体的发展，大部分用户都会在社交媒体上对感兴趣的事物进行关注，同时发表对于品牌的个人看法。为了达到吸引用户的目的，企业可以创建属于自己的虚拟品牌社区，吸引对其感兴趣的用户在社区内进行互动，实现企业与用户之间的信息互通，分享品牌消费体验，以期形成长期的关系和强烈的认同。

顾客加入虚拟品牌社区实际上就是一个社交分享、共创价值、相互学习启发的过程。从顾客关注某一品牌的那一刻起，就打开了这一品牌和顾客的情感联结，情感维持则需要经过虚拟品牌社区不断地输出品牌信息，在无形中让顾客心里产生一种品牌信念感，同时顾客对品牌的忠诚度也会得到提升。再者，顾客不只局限于某一品牌的虚拟社区，大部分顾客都会同时加入多个虚拟品牌社区，而在各个不同社区中，顾客都可以通过互动来加强彼此间的了解与分享，分享过程就是加强品牌关注度的过程。顾客发表的对品牌的意见和想法，对其他的顾客有借鉴作用，更重要的是对企业来说，这也是一种顾客信息反馈的收集，甚至可以作为企业创新的源泉。

3. 品牌社区的建设策略

品牌社区创建的初始阶段通常是自发的，参与人数不多，随着品牌对顾客影响的逐步扩大，越来越多的顾客开始加入。对于品牌管理人员来说，其主要任务就是发现并积极培养该品牌的社区。当然，在创建品牌社区的过程中，关键是要根据品牌的内涵和顾客的特点采取合适的方式，以达到事半功倍的效果。

1）注重社区共同价值的建设

品牌管理人员对品牌社区进行有意识地扶植和培养时，要注重社区共享价值、仪式、传统，以及责任感的建立，要大力宣扬品牌社区的共同价值。品牌社区存在的基础是成员间共同的价值观，要形成和维护品牌社区，就必须使顾客对品牌的价值观有强烈的心理认同。这就要求企业品牌展示出来的利益、符号、内涵，与顾客的情感一致。此外，还要注重对核心顾客的支持和培养，让他们发挥灯塔的指引作用。

2）注意培养顾客之间的相互关系

顾客之间良好的私人关系是品牌社区存在的关键，同时也是品牌社区发挥功能的前提。顾客之间的相互关系有时被品牌管理人员所忽略，品牌管理人员没有认识到顾客在自发状态下对穿着同一品牌服装的人所持有的独特情感，这一微弱的情感认同对继续保持品牌忠诚、吸引其他具有同类价值观的顾客具有重要意义。

3）要以顾客为中心培育多种关系

企业要思考如何以顾客为中心来培育顾客与品牌、产品，以及顾客与顾客之间的关系。例如，一家专营高档西服品牌的公司通过主动向顾客提供天气状况“××品牌提醒广大顾客，明天天气阴，有小雨，购买××品牌的顾客请注意西服的保养”，转而顾客之间又相互转告，使得这家企业成功地建立了与顾客的多重联系。此外，企业还要特别注重对社区核心顾客的支持和培养，因为他们对该品牌拥有很高的忠诚度，同时又是开发品牌新消费群的重要力量。

4）要为顾客提供互动机会

为顾客提供互动的机会有多种形式，如借助品牌的时装发布会。此外，品牌宴会也是一种不错的方式。所谓品牌宴会，就是由公司邀请顾客聚集到一起的宴会形式。这种社交活动有助于顾客之间建立长期的私人关系。

5）巩固社区成员之间的关系

要维护品牌社区的存在，必须使成员对品牌的价值观有强烈的认同感，并不断巩固社区成员之间的关系。因此，品牌管理人员可以通过宣传品牌历史与文化，讲述与品牌相关的重要事件或故事，或者制作一些精美的促销赠品，帮助社区成员建立共同的爱好。

案例

小米社区

小米成立于2010年，是一家专注于智能硬件、电子产品研发和智能家居生态链建设的移动互联网公司。秉持着“让每个人都能享受科技乐趣”的企业愿景，小米通过组建企业在线品牌社区，成功创造了用互联网模式开发手机操作系统、让发烧友参与开发改进的模式。在线品牌社区是小米为顾客打造的交流产品评测体验、分享玩机技巧、追踪小米最新动态和参与线上线下活动的互动交流平台，于 2011 年正式对外上线。“与顾客交朋友”的米粉文化就此根植于小米的基因，小米也被戏称为“经常与网友交流的科技公司”。小米社区采用游戏化设计，利用与品牌相关的社交互动和营销活动将“为发烧而生”的理念融入整个社区运营，聚集、联系并赋能给最热情的粉丝顾客们。因此，小米社区被描述为社交空间、营销渠道和游戏化激励设计的结合体，试图利用各类游戏元素吸引和奖励顾客实现线上线下多种形式参与，以实现提高顾客黏性、品牌契合和品牌传播等营销目的。

讨论：

小米社区的建设对小米品牌的作用是什么？

3.2.5 建设品牌博物馆

如果说对品牌历史的文字梳理可以形成品牌传记，那么对品牌发展过程留存物品的整理和传播，就使得品牌博物馆的建立成为可能。实物的陈列往往比语言描述更具可信性和震撼力，品牌博物馆可以使品牌文化变得可视、可读、可触。例如，1958 年 8 月 1 日，第一辆红旗轿车诞生，也是新中国历史上第一辆国产轿车。岁月悠悠，红旗品牌已走过了几十年时光。1958 年的夏天，第一汽车制造厂全厂上下总动员，组成攻关突击队，日夜奋战，拼尽全力，于 1958 年 8 月 1 日造出了第一辆红旗牌高级轿车，创造了中国汽车工业的奇迹。为了记录这些辉煌的历史，红旗汽车在 2006 年于吉林省长春市建设了红旗汽车博物馆，总面积 3000 多平方米。展馆分为三个展区，A 区主题为“艰苦创业、为国争光”，讲述从 1958 至 1981 年“红旗”从诞生到停产的不凡经历，以及新中国第一代创业者为国家富强迸发的劳动热情和大胆创造力；B 区主题为“锲而不舍、勇于探索”，讲述从 1981 至 2006 年一汽红旗面临的挑战和压力，以及一汽人顽强抗争的艰辛历程。这 26 年间，一汽人承受着来自不同方面的压力，一汽红旗在市场经济大潮和跨国公司强势品牌的冲击下艰难挺进，潜心研制出几十种不同排量、不同型号的高级轿车，抵御了市场风浪的侵袭，表现出不服输的抗争精神；C 区主题为“创新发展、引领未来”，讲述从 2007 年至今一汽红旗复兴计划的进展和实施，表现了一汽人务实、科学的创新态度，以及追赶时代脚步的自强精神。

品牌博物馆的建设需要有历史眼光的品牌管理人员在品牌创立之初就有意识地对品牌资料和具有历史价值的各类实物进行保留。例如，第一款产品、第一份合同、第一批员工名录、每一代的新产品，甚至第一次实验数据和未能成功上市的样品等。海鸥牌的第一块手表诞生于 1955 年，与很多具有悠久历史的手表品牌相比，它算不上具有历史价值，但是这个一直以技术创新作为企业立身之本的企业，在消化吸收世界先进技术的基础上不断提高自主创新能力，使企业研发能力和关键技术始终保持世界先进水平，缩短了与世界同行的差距。海鸥手表在天津建立了自己的品牌博物馆，并成为很多游客的必游景点。海鸥手表博物馆的设计大量运用齿轮这一手表必备的设计元素，使呆板单一的齿轮在这里变得形状多变、色彩斑斓，它的演示资料也重点讲述了这个品牌如何改变了整个世界对手表，尤其是对中国手表的刻板理解。通过展示第一块手表到最新限量版手表的生产过程，海鸥手表博物馆成功地向游客阐述了自己的品牌文化。

3.2.6 传播品牌故事

进入移动互联网时代，信息出现爆炸式增长。想要吸引顾客眼球，抓住顾客碎片化的注意力越来越难，品牌冰冷生硬的介绍、地毯式轰炸的传播方式对于增加品牌曝光度的作用日渐式微，顾客越来越反感广告扰乱了他们的生活，对于广告的内容更是毫不在意，而故事营销却能恰好迎合顾客的心理变化，好的故事能够避免引起顾客对广告的心理厌恶，使他们在观看故事情节的同时，也接受了品牌的传播信息。

品牌故事是指企业刻意将品牌的背景文化、核心价值，以及个性特征等作为主要诉求内容，并以真实的人物、生动的情节和感人的故事为诉求形式，通过各种媒介向目标顾客进行商业传播。品牌讲述故事的过程就是与顾客产生二次关联的过程。第一次关联发生在顾客把自己当作主人公体验故事的时候，心理学家称之为叙事转移，是指人们在听故事或看电影时，会很不自觉地融入故事里的事件、情节、人物和角色中，觉得自己就身在故事里，或者就是故事里的那位主角。第二次关联是顾客抽身故事后对故事持有的强烈认同感，并使自身产生强烈的消费冲动。故事可以传播品牌理念、精神、产品和服务，能够引发听者的感性情怀，触动五感神经（视觉、听觉、触觉、嗅觉、味觉），国际上众多品牌大都有一个世人传颂不绝的故事。纵览竞争激烈的市场，虽然顾客注意力越发稀缺，但是仍有品牌能够紧紧占据顾客的心智，这些品牌都有一个成功点：讲述一个又一个吸引眼球的故事。

1. 品牌故事撰写方法

故事是被叙述出来的事件，并伴随着一定的观念和情感。无论是真实的故事还是虚构的故事，都要与受众产生情感联系。撰写品牌故事的关键就是要思考：企业应该用何种形式将故事的原始素材加以整理，联结成一个具有新意的故事去和顾客沟通。现有的故事叙述模式主要有三种：其一是现实主义叙事，尽量隐藏人工修饰，以尊重生活自然规律为主，故事看起来没有完整的故事结构，即使故事讲完，主人公的人生还会继续向前；其二是形式主义叙事，同样主张尊重生活规律，但其风格则与现实主义相反，大张旗鼓地彰显情节设计、人工化修饰，破坏人物关系是它最明显的特点；其三是非剧情叙事，其风格又与现实主义和形式主义的观念重合，最直观的表现是纪实报道，同样强调尊重自然规律，非制造世界仅仅是记录外在事实；其四是古典模式，其风格自成一派，与前三种完全不同，因其引人入胜的情节设置和对观众情感的充分调动，被称为故事叙事方式的典范。

1）故事模式

古典模式是目前最流行的故事组织方式。这一模式的叙事结构按线性顺时发展，强调故事情节的完整性、动机的可信性以及前后的一致性，规避了故事情节的零散化走向。古典模式下的故事一开始便会提出戏剧性问题，待情节升至冲突巅峰，阅读者想知道主角能否战胜反派或化解矛盾时，后面的情节再用因果连接的方式升级、强化冲突，主角有输有赢，最终问题解决，达到一个形式上的完结。

菲尔德的叙事模式依据角色、事件关系将故事清晰地整理为三幕，紧紧相扣，成为一体，如图 3-1 所示。这三幕同样适用于故事营销中的故事叙事，其原理相通。接下来以品牌故事片的方式讲述品牌故事撰写模式。

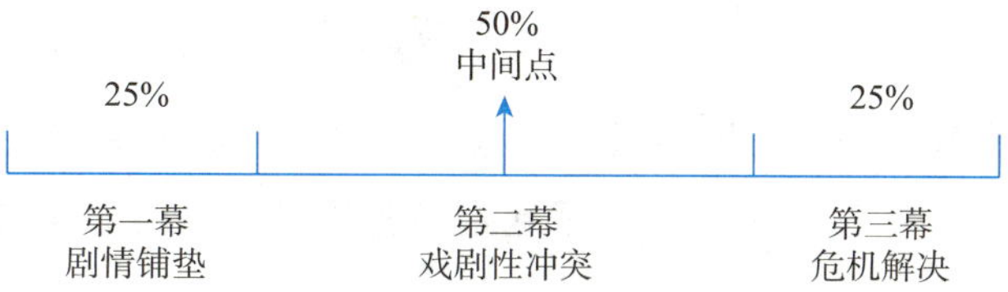

图 3 1　菲尔德叙事模式

（1）铺垫。故事的第一幕是剧情铺陈，内容占全故事的 25%；其目的是提出戏剧性问题。这一幕中，叙事者需要阐释清楚主角的目标、追寻目标时所遇到的阻碍，为故事发展建立剧情前提，令观众明白故事起因。

（2）冲突。故事的第二幕是戏剧性冲突，内容占全故事的 50%；中间以阅读者意料之外的转折点使冲突部分一分为二，其目的是交代戏剧性情节的发展经过。该部分充满冲突的复杂化及扭曲性，以及主角为对抗障碍或危机而产生的张力，逐渐将故事情节带向一个新的方向。

（3）解决。故事的第三幕是危机解决，时长占全故事的 25%；其目的在于将高潮冲突以因果的方式再升高，最终将故事结果戏剧化。本段主要功能就是解决故事中主角遇到的一系列问题，满足观众的情感需求。

2）故事要素

一个讲得精巧的故事，仿佛一首气势恢宏的交响曲，是人物、结构、情节、背景以及思想交织而成的一个统一体。要做到在一则吸睛的故事中不妨碍阅读者体验的情况下融入品牌信息，品牌管理人员就必须研究故事的诸要素，把它们当作交响曲乐谱的各个音符，不断组合、修改，最后弹奏出一首完整的曲子。从方寸到宇宙，故事虽多，但能配合品牌营销使用的巧妙故事却难以追寻。就算品牌管理人员已经找到需要的一切故事素材，那么如何在故事结构中点缀上品牌信息，且做到不留痕迹，又将是一大难题。古典模式解决的是故事宏观整体层面的结构问题，而故事要素则是从微观层面解决故事结构问题。

（1）故事结构。故事结构是对人物生活中一系列事件的选择，这种选择将事件组合成一个有意义的序列，以激发特定而具体的情感，并表达一种特定而具体的人生观。故事结构是各种发生在特定时间与场景中的事件有目的性的排列，并通过人物的安排和处理获得某种特定的感情和艺术效果，并展示其故事内涵。对于承担着宣传产品的品牌故事，它的结构必然要井然有序，剧情场景的转变、事件的选择都要为品牌营销做好铺垫，只有对故事结构进行精心安排，品牌信息才不会陷入突兀、生硬的窘境。

微观层面上，故事结构是层层递进的。节拍是故事结构的最小成分，是人物反应与反应之间的一种区别行为。场景由众多节拍组成，一连串场景则构建出一个更大的故事单位：序列。值得注意的是，从场景到场景，所发生的转折必定存在强度区别，且呈递增趋势，而一个序列中的最后场景则带来强度较大、有决定性意义的重大改变。在品牌营销中，这一系列的意义转变，始终是为品牌信息而服务的。“幕”由序列构成，幕与幕之间的转折比序列之间更为强劲。一系列“幕”最终构成故事，如图 3–2 所示。

节拍 → 场景/事件 → 序列 → 幕 → 故事

图 3–2　品牌故事结构

（2）闭合式结局。大情节、小情节以及反情节构成故事三角。如图 3–3 所示。事件星罗万象，从瞬间到永恒，变化无穷，但故事三角地图却很好地把各种情节形式囊括其中，为故事情节设计提供了完整的导航罗盘。

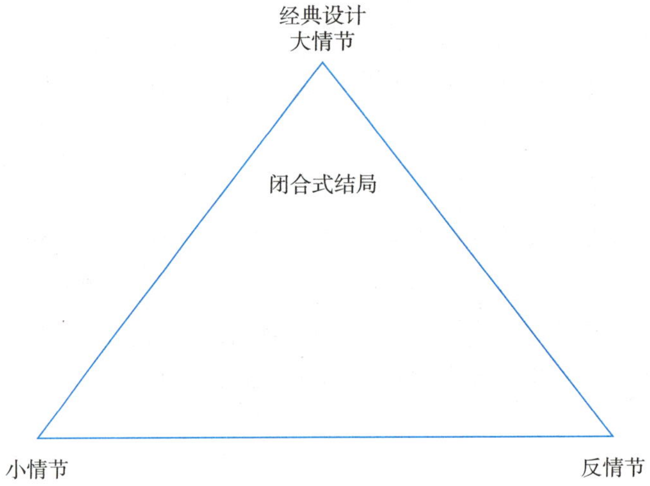

图 3–3　品牌故事三角

闭合式结局则隶属于故事三角中大情节（古典模式设计）下的一支，是“讲述故事的具体环节”。闭合式结局指一个表达绝对且不可逆转变化的故事高潮，它回答了故事讲述过程中提出的所有问题，并满足了所有阅读者的情感。对于闭合式结局，阅读者最后总会带着一种完美收官的体验结束故事阅读、因为故事中没有阐述未明的东西，这一点也正是故事营销所需要的。故事营销中故事情节必须融入品牌信息，植入方式可以不同，出现在节拍、场景、序列的位置可以不同，但故事的结局不能模糊不清，不能走向开放式结局，必须给予阅读者情感满足，解答所有提出的问题，否则这个故事便不能营销成功。

（3）人物弧光。人物弧光，也就是人物的弧线，这道弧线会随着人物的经历而发生变化。一个人物最能打动人心的时刻，是他身上发生剧情反转时，阅读者看到的能让人物升华的东西。利用人物带出故事，故事引出品牌信息，这是故事营销的基本写作模式。优秀的故事总是有人物支撑，并且人物会随着事件发展而发生改变。

在故事营销写作中，优秀的作品会在故事讲述过程中揭示人物内在的弧光（价值取向变化），这种变化可以配合品牌信息的融合。当情节中出现产品时，阅读者不会轻易识破这是营销行为，反而因为人物弧光的漫射，在阅读者心里占据一席之地，使得产品有落脚之处。

3）激励事件

故事营销的最终目的是营销产品，在故事中，往往品牌信息的出现是紧跟着激励事件出现的。因此，为了避免写出陈词滥调的故事，使产品处于尴尬地位，品牌管理人员必须对激励事件进行更细节的雕琢。可以说，激励事件是养料，催生事件的极速成长，它必须是一个强烈的、不可逆转的事件，激励事件必须彻底打破主人公生活中各种力量的平衡，且无论是糟糕还是美好都要求主人公对其做出明确反应。比如，故事开始，主人公的生活一直处于平衡之中，但是生活中存在的不确定因素，人是无法改变的，也许就在某个时间，这种平衡被一个在任何时刻都能称之为具有决定性意义的事件打破。打破这平衡之后，主人公生活中的价值取向便随之转向另一面，或正面，或负面，如图 3-4 所示。激励事件一定是单一的，纯粹的，而且具备真实性，能使阅读者信服。它要么直接发生在主人公身上，要么是主人公的某个行为所导致的。

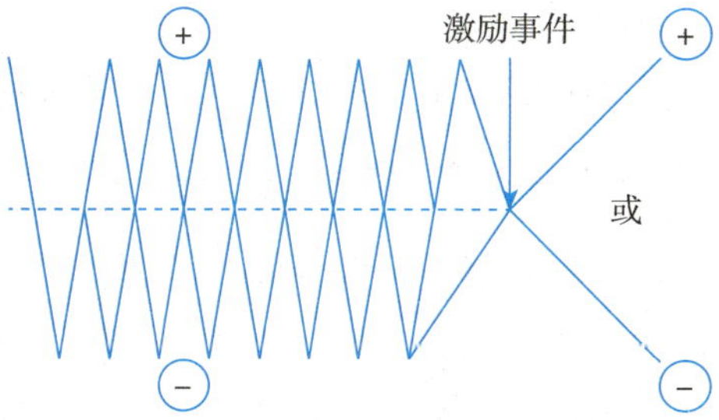

图 3-4 激励事件

故事营销里需要有激励事件令主人公意识到生活中的平衡已被打破，然后激起他不自觉去恢复平衡的欲望，使他有强烈的意识去整理此刻生活中出现的混乱，并找到适合自己的方式去做出行动。这一点阅读者会十分认同，因为世界中每一个人，都渴望把自己混乱的世界整理得井井有条。通过这样的方法才能令故事跌宕起伏、激荡人心，顺利把阅读者卷入故事当中，最后将品牌信息植入他们的意识之中。但前提是，激励事件不能落俗套，不能是在其他剧本出现过无数次的陈词滥调。

故事营销不是简单地在故事中植入广告，品牌直白生硬地出现在故事里只会让阅读者反感。故事营销是利用故事包装产品的方式将品牌推送给受众。故事营销好比一颗夹心糖，糖衣部分必须甜，待慢慢融化至夹心时，夹心的味道弥补甜味的缺失，与糖相互反应，给吃糖者以最美味的体验。写品牌故事时，品牌不能是故事主角，而是作为必不可少的物件出现在故事中，赋予品牌不可替代的意义，这种意义应该是品牌的精神、性格、意义等。

2. 讲述品牌故事时的注意事项

品牌管理人员在讲述品牌故事时需要注意以下几个方面。

1）注重顾客的感受

品牌故事的重点不是跟顾客讲了什么，而是顾客基于品牌故事展现出来的信息理解和相信了哪些内容。品牌故事是要体验和感受的。例如：当有人递给你一部华为手机的时候，他不需要说一个字，但是你知道这部手机的所有优点；当你看到红地毯上一位电影明星身穿上海滩中式旗袍时，没人给你讲故事，但是你知道这位明星身上旗袍的设计理念，能感受到旗袍带来的优雅气质；当你在一个时尚浮光的展厅看到一张身穿新中式服装的女士坐在窗前工作的照片，没人给你讲故事，可你感受到了中国传统文化的生活美学；等等。品牌故事是一个由实施、理解、感受、体验所构成的完整画面。

2）多渠道讲述

企业做的每一件事情，从产品包装的颜色、质地到聘请的员工，都可以是企业所讲故事的一部分。企业做的每一件事情和品牌的每一个元素，都可以是品牌故事的讲述途径。所有这些都会反射出品牌故事的事实和印象给顾客，反射出这个品牌的精神和面貌，反射出品牌和企业是如何为顾客服务的。顾客从他接触到的所有品牌信息中，解读、感受和体验品牌，最终构成顾客心中品牌故事的完整画面。

3）所有员工都是讲述者

品牌故事的讲述者，当然是拥有该品牌的企业。品牌故事的讲述是个系统工作，因此企业的其他部门也是品牌故事的讲述者，如销售部、生产部、培训部、客户服务部等都是不同程度上的品牌故事讲述者。品牌核心诉求和品牌故事应该被企业内部不同部门和全体员工所熟知，经过全方位的培训和沟通，不断强化，形成全体员工的共识和聚合力，形成企业文化、品牌文化，最终做到整个企业都在讲述同一个故事。

4）品牌故事要历久弥新

品牌要持续发展，品牌故事就要持续讲述，也要兼顾历久弥新。随着时代的变迁，社会文化风尚会发生改变，这就要求品牌管理人员在坚持品牌核心价值的基础上，传播符合当今时代精神的故事内容，为品牌发展注入新鲜活力，但又能保持品牌核心价值不动摇，以保障其连贯性，达到最大累积效应，占据顾客心智中的优势地位不动摇。

5）系统性规划

品牌故事的讲述过程是系统性工作，企业需要为此建立相关的研究机制和反映机制。企业可以通过建立品牌故事的研究机制，从而能够敏锐捕捉品牌不同发展阶段在顾客心智中地位的改变，以及时代变迁导致社会文化价值风尚的变动、顾客需求改变等信息；企业还需要建立品牌故事反映机制，根据捕捉到的一系列变动，在坚持品牌核心价值保持不变的前提下，调整品牌故事讲述的策略、内容和手段，形成纵向时间上的聚合力，以实现品牌故事的系统性和持续性，确保品牌故事的持续性发展。

故事营销是社会进步后的一种新型营销手段，它能够深入品牌灵魂，将品牌的理想、愿景，或者产品最新改进、发明直接呈现给市场，给顾客建立未来购买的合理化认知。品牌故事通过影像媒介的传播，利用其接触率高、阅读率高的优点，迅速在市场进行第一次传播；由于人类天生对故事具有好奇心理，而且对触动内心的事物持有强烈的认同感，进而会刺激故事的第二次发酵，甚至去消费这种“认同感”。从品牌故事投放到市场，到被顾客接受，再到接受后的购买行为，整个过程便是一次成功营销的过程。品牌故事的最大魅力是能够牵动人的情绪，越来越多的顾客对广告无感的首要因素即是广告的传播未深入人心，以至被无视，这样的传播效果是消极的。

案例

《伊定有戏》系列微电影[①]

2021 年，伊利推出的系列微电影《伊定有戏》在中秋档脱颖而出。同样是着眼于亲情和爱情，伊利这三支短片则将笔墨重点放在了生活中的日常小事，从打工人的辛酸、父母辅导孩子作业和大学毕业回老家实习等大众常见话题切入，以哭笑不得的喜剧式情节展开，以温情结局收尾，在 2021 年中秋为每一位有切身经历的普通人送上了一份温暖的慰藉。

① 资料来源：TopMarketing 官方网站，2021-12-22，有删改。

值得一提的是，三支短片并非处于独立时空，而是以多元视角展开，在内容情节上环环相扣，相互触发，这种悬念迭出、互相衔接的叙事手法，再借助影片发布的时间差直击观众的内心，让观众在观看过程中享受到了同比电影院观影的惊喜和乐趣。

作为我国乳制品行业的领先品牌，伊利成立了内容品牌 YTN studio，并联合金典、安慕希等旗下六大品牌打造了“伊定有戏剧场”。通过与顾客的双向沟通和情感交流，伊利品牌塑造了良好的品牌形象，也展现了其打造优质内容、布局内容营销赛道的决心。

讨论：

伊利品牌拍摄微电影对品牌建设有什么帮助？

3.3 文化冲突与品牌

文化冲突是指两种组织文化在互动过程中因某种抵触，或对立状态而产生的一种压力或者摩擦。它包括企业内部因工种、背景不同而引发的冲突，也包括企业在跨国经营过程中因社会观念、民族区域的不同而产生的冲突。

生存环境的不同造成了人们对自身及自身以外世界的不同感受和看法。处在相同生存环境里的人，会形成许多共同的感受和经验。在封闭的生存环境里，这些共同的东西是产生部落或者村落文化的基础。随着历史的发展，封闭的状态逐渐会被打破。人们带着自己在原来的生存环境里形成的认识、习惯等互相交往，必然会产生冲突和摩擦。所以，文化的冲突是由文化的先天性或者文化的本性决定的，是文化在发展过程中不可避免的一种必然现象。

3.3.1 产生文化冲突的原因

品牌作为社会文化的一部分，时刻受到所在社会的文化影响，尤其是品牌自带的文化特征与市场区域文化之间的冲突。一个品牌由国内市场走向国际市场，不是简单的区域上的延伸和扩展，而是与各国不同文化交汇融合的过程。品牌在跨文化传播中会遇到各种各样的阻碍，其中文化差异给品牌传播带来的影响最深。不同地区的文化差异表现如下。

1. 语言符号

众所周知，语言是文化的载体，每一种语言符号都蕴含着约定俗成的意义，并与文化密切相关。由于语言文字往往被不同的文化背景和文化经验赋予远超过其本身的更丰富的意义，使品牌的跨文化传播变得十分困难，因此，出现了一个普遍存在的现象：在相同或相似的文化背景下，双方通过理解语言文字本身的含义，非常容易达成共识；但是一旦置于一个多元的或者迥异的文化背景中，品牌传播将面临语言文化差异，包括语言文字的种类、使用范围、使用习惯、语言多义等，极易产生歧义与沟通障碍。例如，美国通用汽车公司生产的“Nova”牌汽车，在美国很畅销，销往拉丁美洲却无人问津，原因是拉丁美洲的许多国家都讲西班牙语，而“Nova”一词在西班牙语中被译为“不动”，试想一下，谁愿意买“不动”牌汽车呢?

2. 风俗习惯

每个国家和民族都存在着文化忌讳和多年来形成的民族风俗习惯，品牌在跨文化传播中应对此给予足够的重视，只有了解与尊重当地特殊的风俗习惯，才能恰当地传递信息，使品牌传播行为奏效。如果仅仅立足于自身的文化去看待不同的文化与风俗习惯，那么做出的判断就极易触犯目标国的文化禁忌，这是因为不同的文化中，一些风俗习惯所代表的意义往往各不相同，有时甚至一些无意识使用的颜色、数字、形状、象征物等都可能潜在地冒犯某种特定的文化习俗。

3. 价值观念

每个国家和民族都有自身的价值观，在企业品牌的跨国传播中，不同的价值取向会使同一品牌传播行为异化，使传播效果有天壤之别。品牌传播作为商品信息与文化信息的载体，必然会融入民族文化特定的价值观念，尤其是当品牌传播本身从传递有形的产品信息转向传递无形的文化附加值之后，更是无形中反映着本民族文化的价值理念。因而，在品牌的跨文化传播中，对传播效果产生重要影响的一个因素就是如何理解、尊重和把握当地文化价值观。因为它所反映的思想观念、道德行为准则、世界观和人生观等价值判断，实质上就代表了社会的意志和广大顾客的意志，所以一旦品牌传播中传递的价值观念得不到本土价值观的认同，甚至引起反感，传播行为和品牌本身就必然会受到排斥。

4. 宗教与法律

在品牌的跨文化传播中，尊重目标国本土的宗教信仰和法律，是品牌传播行为得以进行和持续推进的基本保证。尊重目标国宗教文化和宗教信仰，避免品牌传播行为和传播内容触犯当地宗教禁忌，是做好本土化品牌传播的又一重要内容。此外，目前世界上很多国家对企业传播的内容、形式和传播渠道等都有各种形式的限制或控制。例如，一些国家的政府通过立法加强对品牌广告传播的限制，如对广告时长、广告信息、代言人物等的直接限制等。因此，在品牌的跨文化传播中，必须注意了解目标国的本土法律及人文环境，知晓并遵循当地政府制定的有关法律法规。

5. 审美心理

不同国家和民族文化背景不同，因此审美心理和审美期待也互不相同，在一种文化中被认为是美的或可以接受的事物，在另一种文化中可能被认为是丑的并被排斥。尤其是在东西方文化差异较大的国家和种族之间，这种审美差异和审美距离自古有之。因此，在品牌的跨国传播中，一定要充分认识和理解目标国人群的审美规律、审美期待、思维方式及情感表达习惯，要注意与其固有的审美文化心理结构相容，从而使品牌传播符合目标国顾客群的审美情趣和心理需求，通过“文化移情”产生情感联动以及审美联想与共鸣，提升人们对品牌的审美认同感，达到品牌传播的目的。例如：在法国，海尔产品的主要标志是一个棕色皮肤、一个白色皮肤的两个小男孩，许多在超市买空调的中年女顾客非常喜欢，并常常会把他们和西欧传统中的天使形象联系起来。在中东地区，这两个小孩就不能出现在产品及包装上，这是因为两个小孩没穿衣服，当地人无法接受。

由于长期的生活习惯和传统文化不同，人们的审美观点也各不相同。美学对品牌的影响主要表现在企业设计产品、包装和广告时，要注意不同国家的审美差异。比如，传统上中国人喜爱荷花，认为其“出淤泥而不染”，将其视为纯洁的象征，但日本人认为荷花不吉利，代表祭奠；中国人视菊花为谦谦四君子之一，将中秋赏菊当作乐事，而欧洲人忌用菊花图案。

6. 消费文化心理

由于不同国家的经济发展水平及居民消费水平不同，人们的消费习惯、消费方式和消费心理及消费文化也不同，因此，品牌在跨国传播中，应充分认识和把握目标国顾客群的消费文化，从而做到精准传播，实现品牌传播诉求。例如，不同国家的人们对于某些数字往往也有喜欢和忌讳之分，认为某些数字吉利或不吉利。从传统角度来说，我国和非洲许多国家的人喜欢双数；日本人喜欢将 1、3、5、7 作为吉祥数字；西方人习惯以“打”（Dozen）为计数单位；我国不少地区认为“8”是幸运的数字。特别值得注意的是不同地区对某些数字的禁忌：在我国、日本、韩国等一些东方国家，不少人把“4”视为会带来厄运的数字；印度认为以“0”结尾是不祥之兆。

3.3.2 品牌跨文化传播的策略

传播行为本身承载着文化，也渗透着文化。依据不同文化因素制定和实施跨文化传播策略，已经成为企业品牌跨国传播的关键要素。有策略地实施跨文化品牌传播，才能真正跨越不同文化障碍，规避文化冲突，克服先天文化差异形成的阻力，实现传播诉求，获得良好传播效果，彰显品牌的独特魅力和吸引力。

1. 品牌文化实现本土化

任何跨国品牌要想在他国有良好的市场，本土化是首要考虑的因素。任何国家或者地区都有着自身的民俗习惯、价值观念、消费观念及法律等，这些都会对品牌的跨文化传播产生影响。只有成功实现品牌本土化才能使企业与当地文化达到共生共荣的地步，将东道国的一切资源运用得得心应手。

本土化策略包含着产品本土化、品牌本土化以及人才本土化。全球市场调查机构 Omdia 发布的 2022 年全球电视出货量及规模排名显示，2022 年海信品牌电视的全球出货量为 2454 万台，位居世界第二。闯海已逾 20 年的海信深知“走出去”不易，如何保证技术领先、符合不同区域的产品标准，以及如何更好地贴近本土市场都是品牌需要解决的问题。截至 2023 年，海信已经在全球设有 34 个工业园区和生产基地、25 所研发机构、66 个海外公司和办事处，形成了市场国际化、制造当地化和研发本土化的链路闭环。除了采取本土化最直接的海外投资策略，海信还在不同国家使用符合当地文化的新品牌名称。2023 年，这些因当地文化而设立的品牌已经占到海信整体海外市场收入的 85%。

2. 寻找文化的共鸣点

跨国企业在东道国进行品牌跨文化传播时所出现的文化冲突主要是由于自身对东道国的文化缺乏必要的敏感度。

首先，任何跨国品牌都不能高估自身的品牌影响力，低估东道国对异质文化的抵制。任何高估自己品牌影响和力量、忽视顾客本土地区文化和东道国民族情感的品牌都将被市场抛弃。

其次，要想抓准自身与东道国的文化共鸣点，就必须深入了解东道国的文化习俗、政治等，同时在运用任何方式进行品牌传播时必须注意既要运用这些元素又不能太过分，抓好两者之间的文化共同点进而引起彼此的共鸣。

3. 迎合东道国顾客的心理

依据产品的特性进行定位是科特勒提出品牌定位的基础。但是所有顾客更感兴趣的都是产品拥有的特性能够给他们带来什么好处。成功的品牌不在于强调产品的功能和特性，而在于在强调功能和特性时将自身的品牌价值观融入其中，当顾客接触产品时，也慢慢接受乃至认同品牌的价值理念，达到情感共鸣。这就要求跨国企业首先要调查分析东道国顾客的心理，才能更好地传播自身的品牌价值观。

4. 开展公关营销

任何跨国企业在非本国市场进行商业活动时，开展公关活动是非常必要的举措，甚至是决定自身发展的重要因素，这可以帮助跨国企业的品牌取得东道国的好感和信任，也可以使自身品牌文化与当地文化很好地融合，减少品牌跨文化传播的阻力。

要进行良好的公关营销，首先要与政府建立良好的关系，利用政府的力量来树立企业的品牌形象；其次是要对媒体保持良好的态度，因为任何一家企业在进行公关活动时都必须通过媒体发声；另外还得多参加公益活动，树立良好的亲善企业形象。

温故知新

1. 品牌文化是某一品牌的拥有者、购买者、使用者或向往者共同拥有的、与此品牌相关的独特信念、价值观、仪式、规范和传统的总和。

2. 品牌文化由品牌物质文化、品牌精神文化、品牌行为文化等构成。

3. 品牌文化具有导向功能、凝聚功能、激励功能、约束功能、辐射功能、推动功能和协调功能。

4. 品牌文化是广义企业文化的一部分，如果没有企业文化，品牌文化就难以为继；而品牌文化又是企业文化中最具社会延展性的部分，如果没有品牌文化，企业文化的外部延展就会逐渐与市场变革、社会发展脱节。

5. 品牌要统一设计识别元素，使品牌名称、品牌标识、产品形象及声音识别等元素成为品牌文化的载体。

6. 仪式是具有传统象征意义活动的总称，它既存在于个体的身份转变过程中，如毕业、就职、结婚等，也存在于特定团体的社会事务中，如传统节日等。

7. 品牌代言人承担着传播品牌信息、提升品牌形象、增强顾客关注度等方面的职责，同时需要与顾客近距离的接触，进行各种信息的交流，最终提升品牌价值，增强顾客的忠诚度和美誉度，以扩大顾客的购买行为。

8. 品牌社区是指使用同一品牌的一群顾客聚合联结而成的，以该品牌为关系基础的社会群体。

9. 品牌博物馆的建立需要有历史眼光的品牌管理人员在品牌创立之初就有意识地对资料和具有历史价值的各类材料进行保留。

10. 品牌故事是指企业刻意将品牌的背景文化、价值理念以及产品的特殊利益等作为主要的诉求内容，并以真实的人物、生动的情节和感人的故事为诉求形式，通过各种媒介向目标受众进行商业传播。

11. 文化冲突是指两种组织文化在互动过程中因某种抵触或对立状态而产生的一种压力或者冲突。

复习思考题

1. 什么是品牌文化？
2. 品牌文化与企业文化之间存在什么关系？
3. 品牌文化与品牌个性之间存在什么关系？
4. 品牌仪式感对品牌文化宣传有什么作用？
5. 如何选择品牌代言人？
6. 品牌社区对品牌文化宣传有什么作用？
7. 如何讲好品牌故事？
8. 如何处理文化冲突对品牌文化的影响？

实训练兵场

选择熟悉的某个企业或组织，分析其品牌文化，并根据分析结果，对该企业开展品牌文化策划，尤其是根据社会的变化新趋势重点策划品牌文化的新载体，最终提交品牌文化策划方案并开展汇报。本次策划方案最好与上一章的品牌定位策划方案保持连续性。

1. 实训目的

（1）通过分析熟悉企业的品牌文化，增进对品牌文化概念的理解。

（2）通过搜集材料、整理材料、分析材料，提高发现问题、分析问题、解决问题的能力。

（3）通过撰写品牌文化策划方案，掌握品牌文化的塑造方法。

2. 实训内容与要求

（1）自愿组成学习小组，每组 4 ～ 5 人，各组自主收集资料。

（2）学习小组组长组织本组同学讨论，并分配工作。

（3）各小组撰写一份企业品牌文化策划方案。

（4）各小组制作 PPT，并在班级内讲解展示。

3. 成果与检测

（1）每个小组提交品牌文化策划方案一份。

（2）PPT 汇报展示。

（3）其他小组同学提出问题，汇报人解答。

4. 现场点评与总结

请根据自己的学习情况填涂下表。

评价标准	自我评价	同伴评价	教师评价
语言表达清晰流畅	☆☆☆☆☆	☆☆☆☆☆	☆☆☆☆☆
专业知识掌握良好	☆☆☆☆☆	☆☆☆☆☆	☆☆☆☆☆
方案具有良好的创新性	☆☆☆☆☆	☆☆☆☆☆	☆☆☆☆☆
方案具有良好的可行性	☆☆☆☆☆	☆☆☆☆☆	☆☆☆☆☆
我的收获			

第 4 章 品牌识别

学习目标

知识目标

1. 理解品牌识别的内涵。
2. 理解品牌名称的设计方法。
3. 掌握品牌标志的设计要求。
4. 理解品牌感官识别的内涵。
5. 理解品牌感知质量的概念。

能力目标

1. 能够根据企业产品情况开展品牌命名工作。
2. 能够根据企业产品情况制定品牌感官识别策略。
3. 能够根据目标顾客情况制定品牌感知质量策略。

素质目标

1. 通过本章的学习，提高营销职业素养。
2. 通过识别要素的学习，增强民族文化自信心。
3. 通过质量观的学习，提高社会责任感和环保意识。

思维导图

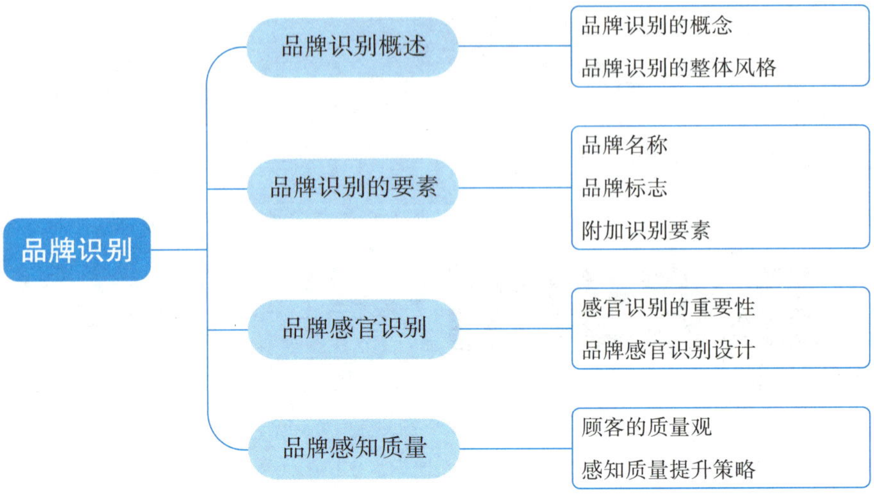

案例导入

小米 10 至尊纪念版包装设计诚意满满①

2020 年 8 月 16 日小米 10 至尊纪念版发售，很多人对它的包装盒赞不绝口，所以小米设计官方微博就发文谈到了该包装盒的设计。官方透露，从 2020 年下半年开始，研发人员就着手筹备十周年纪念版手机的包装设计，在尝试了二十多种方案之后，最终决定使用长盒型，如图 4-1 所示，顾客看到包装本身就能联想到曾经收到过的贵重礼品。同时，和市面上大部分手机盒型有较大差异，也利于在线下展示陈列中脱颖而出。

图 4-1　小米 10 至尊纪念版包装

（资料来源：小米官方网站）

① 资料来源：搜狐网，2020-09-08，有删改。

在包装的材质方面，研发人员在材料和工艺的融合上反复尝试，以希望外包装能体现小米 10 年的科技精华。有趣的是，研发人员在拿起一台 Red mi K30 手机，看到它背后“投币机”摄像头周围的一圈材质在隐隐发光时，突然有了灵感。这种工艺叫做 AG 菲涅尔透镜膜片，它是在一个平面上热压出很多极细的同心圆线条制成的。

经过跟供应商的多轮工艺沟通和打样测试，最终当银色的菲涅尔透镜包装摆在研发人员面前时，所有人的目光都不由自主地被这个银色的“黑洞”吸了进去。确定盒型结构和工艺后，接下来就是导入量产。小米设计官方微博表示小米 10 至尊纪念版包装盒是迄今为止菲涅尔透镜工艺在国内产品包装领域应用面积最大和首个成功量产的商业案例。

讨论：

小米手机包装在品牌建设过程中能起到什么样的作用?

当企业通过策划工作将品牌个性、品牌文化这些内涵部分设计好之后，接下来需要设计出合适的识别要素将它们呈现给顾客。品牌识别一方面要能够让顾客快速识别出企业品牌，另一方面还要能让顾客感受到品牌个性、品牌文化。因此，品牌识别设计既要策划好品牌的名称、标志、口号等单个要素，也要策划好顾客在接触品牌时可能产生的整体感官感受，尤其是顾客对品牌的质量感知。

4.1 品牌识别概述

企业品牌之所以能够被顾客快速识别并记住，一定是有一些独属于企业品牌的识别要素，就如同我们能够快速认出某个人，一定是通过这个人的某些独有的特征来识别他。企业品牌也一样，需要设计一些独属于自己的识别要素，让顾客能够通过这些识别要素快速地认出企业品牌。

4.1.1 品牌识别的概念

成功的品牌历经百年而不衰的原因之一是它们的品牌识别要素在顾客心中留下了深深的烙印。那么，什么是品牌识别要素呢？品牌识别要素，有时也称为品牌特征，指的是那些用以识别和区分品牌的商标设计。可见，品牌识别要素本身就是一种商标设计，用来帮助顾客识别和区分目标品牌与竞争品牌。关于品牌识别要素的定义，我们需要把握以下几点。

（1）产品成分标签并不是品牌识别要素。在日常生活中，一些食品、服饰等品类会标注产品的成分构成或质量等级等信息，但这些信息并不具有差异性，很多品牌都含有，因此不是品牌识别要素。

（2）品牌形象代言人不是品牌识别要素。一个品牌可以借助品牌代言人提高自身的知名度和可信度。但品牌形象代言人与某一品牌的关系是暂时的、不是唯一的，品牌代言人并不能帮助顾客区别竞争品牌和目标品牌。同时，鉴于品牌识别要素的本质是一种商标设计，品牌代言人也不满足这一属性。

（3）对于单个品牌而言，并不需要设计所有的品牌识别要素。通常品牌名称是必需的，因为品牌名称是顾客识别企业品牌的第一要素。对于标志、口号、包装、域名等，大多数品牌都会有，但少数品牌只会拥有其中的一个或几个。

4.1.2 品牌识别的整体风格

品牌定位和品牌个性策划，解决的是品牌向目标顾客说什么的问题。而品牌识别整体风格的策划，则是要解决通过什么表现方式向目标顾客传播品牌信息。品牌识别整体风格是由品牌的所有识别要素共同组合在一起形成的整体形象特征。企业在开展单个品牌识别要素设计之前，要先确定品牌识别的整体风格。如此策划出的单个品牌识别要素组合在一起时才能协调，并呈现出鲜明的品牌个性特征。

当我们提到一种风格时，往往指的是一种富有特色的品质或表达方式。风格是某个人或某个群体在长期的艺术创作中自然形成的一种经久不变的表现方式。对品牌传播来说，如果在长期的传播过程中能够形成自身的风格特征，无疑将十分有利于目标顾客对品牌形成独有的品牌识别和品牌记忆。

1. 传统风格

如果品牌在识别要素设计时能运用一些传统文化元素来呈现品牌的相关信息，受众就会产生该品牌具有传统风格的整体印象，如图 4-2 所示。不同文化背景的人对传统文化的看法不同。如果顾客认为传统是值得保留的东西，他就很有可能对具有传统风格的品牌形象产生积极的看法；反之，如果顾客对传统文化持消极态度，他可能会认为具有传统风格的品牌形象是过时的、老土的，对具有这种风格的品牌予以排斥。

图 4-2　传统风格的月饼盒

2. 当代风格

如果在品牌识别要素设计时采用一些符合当代潮流趋势的设计元素来呈现品牌信息，顾客就会产生该品牌具有当代风格的整体印象。相对于传统风格的品牌识别设计，许多企业更倾向于选择当代风格。因为这样企业所承担的风险较小，以年轻人为主要市场的现代工业产品更是如此。当代风格的主要构成内容是流行文化和时尚。图 4-3 为 2020 年 12 月中国移动动感地带的最新品牌识别设计，该品牌识别设计采用了当代风格。从实际效果来看，这一设计受到了年轻顾客的普遍欢迎。

图 4-3 中国移动动感地带的品牌标志

（资料来源：中国移动官方网站）

3. 未来风格

如果在品牌识别要素设计时采用一些科幻元素来呈现品牌信息，顾客就会产生该品牌具有未来风格的整体印象。未来风格可以通过以下几种方式实现：前卫的设计、新材料、新字体、新的打印技术等。受众对未来风格的印象是具有开创性的、前卫的、高科技的、科幻式的，甚至是离奇的、不可思议的，如图 4-4 所示。

图 4-4 vivo 手机的宣传海报

（资料来源：vivo 智能手机官方网站）

4. 复古风格

企业通过复古风格品牌元素设计力图再现历史上某一特定时期的文化与流行，以寻求一种怀旧的印象。怀旧是人们在情感上的一种渴望，对回顾已逝岁月或情感的一种愿望。复古风格往往是针对某一特殊目标群体，一般通过曾经流行的音乐、视觉符号或语言，以及其他要素予以体现。例如，文和友品牌将 20 世纪八九十年代的流行图片、语言及其他视觉元素作为其品牌识别设计的主要元素，勾起了一些中老年顾客对过去岁月的回忆，在情感上迅速拉近了品牌与顾客之间的距离，此时顾客的就餐目的已经淡化，更多的是寻求一种怀旧情绪，如图 4-5 所示。

图 4-5　文和友的复古怀旧风格

不过，复古风格也有一些不利因素。复古风潮的流行具有不可预测性，这种风潮往往来得快去得也快。从某种意义上说，复古风潮是通往未来道路的暂时倒退。这种品牌识别设计风格对于怀旧类品牌更合适一些，其他品牌最好避免使用这种风格。

5. 叛逆风格

与复古风格相反的就是叛逆风格（见图 4-6）。叛逆风格传递出来的信息是反传统的。这种表现风格在建筑设计或室内设计中运用的多一些，在品牌识别设计时使用的要少，因为喜欢这种风格的人比较少。企业一般不会为了迎合少数顾客的喜好而放弃大多数顾客的审美观念。不过，也有一些国外知名品牌比较愿意使用这种设计风格，并获得了目标顾客的喜爱。

图 4-6　叛逆风格的品牌宣传海报

6. 经典风格

经典风格是一种经过历史检验并在行业内具有权威地位的品牌形象。经典风格可以向顾客暗示品牌源远流长、久经考验并且具有永恒的价值。经典风格主要是通过大气的创意、简洁的视觉设计和精致的图片等视觉要素构成的，如图 4-7 所示。顾客对于经典风格有一个心理上认同的时间原点，也就是说，经典并不等于传统或一成不变。企业如果期望通过品牌识别设计向顾客呈现经典风格，就必须不定期地对品牌识别要素予以更新，以便向顾客传递出本品牌与时俱进的理念。需要注意的是，经典风格具有延续性，即品牌的核心价值和个性保持不变，变的只是形式。

图 4-7 李宁品牌经典宣传海报

（资料来源：站酷）

4.2 品牌识别的要素

品牌识别要素可以分为符号识别和附加识别两大类。品牌符号识别要素主要包括品牌名称和品牌标志；品牌附加识别要素包括品牌口号、品牌广告语、品牌包装和品牌网络域名等。企业要依据品牌核心价值和品牌个性合理设计品牌识别要素，并形成一个整体的品牌识别系统。

4.2.1 品牌名称

品牌名称是指品牌中可以用语言清楚表达的部分，也称“品名”，如华为（HUAWEI）、荣耀（HONOR）、魅族（MEIZU）等。品牌命名就是为品牌确立名称，这是创立品牌的第一步。

品牌名称是品牌的语言和文字符号，是最基本的品牌识别要素。品牌名称的发音影响顾客的听觉反应，品牌名称的文字形态影响顾客的视觉反应，这两者都会影响顾客的品牌联想，从而影响品牌的传播效果。例如，“动感地带”这个品牌名称富有运动、时尚、自由的内涵，不但容易记忆，而且迎合了众多青年学生的心理需求，在青年学生群体中知名度颇高。品牌名称还会影响品牌后期的延伸范围，作为品牌识别的核心要素有时甚至会直接影响一个品牌的兴衰。

1. 品牌名称的命名原则

为了让品牌在后期传播中有更好的延伸效果，品牌的命名应尽量遵守以下原则。

1）简单易读易拼写

采用中文命名时，名称要尽量简单。只有简单，品牌名称所传达的信息才能比较精练，才易于被顾客记忆。品牌名称要容易拼读，容易书写。字与字之间的发音要轻重分明，节奏感强。“格力”一名无论是从发音角度还是从节奏韵律角度都是极为流畅、容易上口的。繁杂、拗口的品牌名称，往往不利于顾客记忆。

2）选用中性词

通过分析众多知名品牌，发现具有长久生命力的品牌名称，在用词上并非各种褒义词的堆积，而是采用中性词，如伊利、康佳、京东、格力等。选用中性词也是品牌名称不易过时的原因之一。如果品牌名称具有浓厚的时代气息，随着潮流的逝去会显得不合时宜；如果品牌名称具有明显的意义指向，当企业后期开展品牌延伸时会受到明显的限制。

3）与众不同

品牌名称的宗旨是帮助顾客识别企业的品牌，需要企业通过品牌名称塑造一个独特的品牌识别。因此，品牌名称应是与众不同的，这样可使顾客易于分辨出企业的品牌，不与竞争品牌相混淆，如狗不理包子、老干妈辣酱等，品牌名称都具有独特的个性。

4）有助于品牌联想

品牌名称是品牌与顾客沟通的第一途径，品牌名称是顾客最先接触到的品牌信息，并通过品牌名称来记忆产品。品牌名称除记忆识别功能外，还能引起顾客的联想，有助于加深顾客对产品的认识。顾客通过品牌名称获得直接或间接的各种联想，都将对品牌的建设有重要影响，如“金利来”让顾客联想到好运来，“美加净”让顾客联想到白净美丽。

5）合法命名

合法命名是指品牌名称要符合法律规定，可以实现商标注册，这是品牌命名的首要前提。再好的名字，如果不能进行商标注册，就得不到法律的相应保护。

2. 品牌名称的命名策略

企业可以采取以下命名策略中的一种或几种结合使用。

1）顾客利益命名

企业可以从产品给顾客带来的功能利益，或情感体验方面进行品牌命名。

（1）功效性命名。功效性品牌命名是以产品的某一功效作为品牌命名的依据，如特步（运动鞋）、安踏（运动鞋）、十三香（香料）、锐步（运动鞋）等。

（2）情感性命名。情感性品牌命名是以产品带给顾客的精神感受作为品牌命名的依据，如顺丰（物流）、美的（家电）等。

（3）中和性命名。这类品牌名称无具体意义，呈中性。如格力（电器）、杉杉（服装）等。

2）他名借鉴命名

（1）姓氏借鉴命名。以姓氏或人名作为品牌名称的多为传统商品，如王守义等。在国外，以姓氏或人名作为品牌名称的做法也非常盛行，如麦当劳、米其林等。以姓氏或人名作品牌名称，除了真实的姓名或人名，也可以是虚拟的姓氏或人名，如神话故事或文学作品中的太阳神、孔乙己、八戒等人物名；还可以以创始人的姓氏或人名命名品牌，将创始人的个性和影响力嫁接到品牌上。由于这类品牌名称受到《商标法》的一定限制，因此现在以姓氏或人名命名的品牌已经不多。

（2）地名借鉴命名。以地名命名品牌也是过去盛行的做法，农产品类产品以地名命名品牌的现象非常普遍，如泗水地瓜、张庄牛心柿、石墙薄皮核桃、马庙金谷、鱼台甲鱼、胡集白梨瓜、瓦屋香椿芽、鲁西黄牛、九仙山葡萄等。尤其是产品品质受地域气候影响很大的商品，往往为了突显商品的地理优势会采用地名命名品牌。各国目前对于以地名作为品牌名称的做法，都有不同程度的限制。根据《商标法》的规定，县级以上行政区划的地名或公众知晓的外国地名，不得作为商标。但是具有其他含义或者作为集体商标、证明商标组成部分的除外。

（3）物名借鉴命名。以物名给品牌命名主要是指以动物或植物的名称命名品牌，如熊猫彩电、猎豹汽车、骆驼户外鞋、小天鹅洗衣机等。以动植物名命名的品牌可以将人们对动植物的喜好转嫁到品牌上，如猎豹的勇猛对于越野汽车、小天鹅的美丽纯洁对于洗衣机等。

（4）词汇借鉴命名。主要是使用常用的形容词、动词、名词，以及其他可以从词典中找到的词汇进行品牌命名。联想用于电脑，恰当地表达了产品领先于未来的高科技特性。此外，还有一种名词，它不属于人名、地名和动植物名，它表示一种现象、一种自然景观或者一种称呼等，如海信（电器）、兄弟（打印机）。

（5）自创词汇命名。有些品牌名称是词典里没有的，它是品牌管理人员根据品牌传播需要量身定做、独立创作的新词汇。这些新词具有独特性，使得品牌容易被识别，也比较容易注册。如全聚德，整个名字并无特别意义，但拆开看单个的字，都有很好的解释，即“全而无缺、聚而不散、仁德至上”；国内汽车品牌 BYD（比亚迪），是“build your dream”（成就你的梦想）三个英文单词取开头字母组合而成的。

3）以文字类型命名

（1）以汉字命名。以汉字命名的品牌名称，即为中文品牌，这种命名方式是国内企业最主要的命名方式，也是一些国际品牌进入中国后实施本地化策略的命名方式。

（2）以拼音命名。以拼音为品牌命名是国内企业的独特做法，如 Haier（海尔）、HUAWEI（华为）等。拼音品牌一般与汉字品牌组合使用。

（3）以数字命名。这类品牌名称易记、易写，但是因为容易出现雷同，所以这类品牌比较少，我们常见的有三一（重工机械）、999（药品）。

（4）以外语命名。常用的外语主要是英文。国内品牌为了方便进入国际市场，通常也会增加一个外文名称。也有一些国内企业为了将品牌包装成国外品牌，只给品牌命名英文名称。

3. 品牌命名的程序

企业在开展品牌命名时，可以遵循以下程序，尽量给品牌命名一个合适的名称。

1）战略思考阶段

企业在为品牌命名的过程中，首要工作就是从市场竞争、顾客心理、消费文化等不同层面对品牌的整合传播进行战略思考，主要思考以下问题。

（1）产品的基本性能和独特卖点是什么？

（2）产品的目标顾客是哪些人？

（3）目标顾客有什么样的消费心理和消费行为？

（4）产品的市场前景如何？

（5）将来是否有可能运用品牌延伸策略？

（6）哪种品牌名称更有助于品牌形象的塑造与传播？

（7）品牌是否有可能进入国际市场？

（8）需要命名的品牌与企业其他品牌之间是一种什么关系？

（9）企业未来发展战略是什么？

（10）品牌的核心价值是什么？

（11）品牌的个性特征是什么？

品牌管理人员通过综合考虑以上问题为品牌命名找到方向，作为后期品牌命名的指导原则。涉及的方面比较多，任何一个品牌名称都无法做到面面俱到，但是可以通过思考和权衡，找到品牌命名的侧重点。

2）提出备选方案阶段

此阶段是品牌管理人员从不同角度为品牌名称构思不同备选方案的过程。方案越多，筛选的余地越大，获得令人满意的品牌名称的可能性也就越大。为了提高品牌命名成功的效率，常用头脑风暴法开展品牌名称构思工作。头脑风暴法是由 BBDO 广告公司的阿列克斯·奥斯本创建的，其原意为两个或两个以上的工作人员聚在一起，针对某个问题共同构思解决方案。头脑风暴法的最大优点是有助于激发参与人员的灵感。为了最大限度地发挥头脑风暴法的优势，在组织头脑风暴时需要遵循以下原则。

（1）提前准备。会议主持人提前将需要讨论的问题和背景材料告知参会人员，让其提前搜集材料，并做好准备。每次头脑风暴会议的参与人数控制在 8 人左右，不要太少，也不要太多。

（2）畅所欲言。会议主持人要确保现场所有人员都能畅所欲言，任何人不能对其他人的观点进行点评，确保任何创意都不会受到他人干涉。这样有助于参会人员相互激发产生新的创意。

（3）完整记录。所有创意和想法都应该被记录在案，以备后期选择。会议现场不对任何创意想法进行评价和筛选，而是将这些创意全部、完整记录下来，作为会后筛选创意的重要基础。

头脑风暴法是利用团体环境刺激创意者的创作灵感，用个人的灵感甚至是不着边际的“胡言乱语”去刺激其他人思考，群体思维的合力又将刺激出更多的灵感。这样会远远多于个人独自思考构想出的创意。头脑风暴法的核心在于允许相反或不同的意见，现场相互点评创意的优劣会破坏随意不拘的氛围，随意不拘的氛围正是产生原创性想法的必要条件。

3）测试与评估阶段

此阶段是对品牌名称的备选方案进行筛选和评估。一般而言，筛选过程是放弃那些明显不合要求的备选名称，使备选名称保留在 10 个左右，然后对保留下来的名称做出评估。评估工作除组织相关专家、学者等进行内部评审之外，还可以邀请企业市场部的资深人员、销售渠道的相关人员，以及有代表性的目标顾客参与调查。这两种方法又可以称为专家分析法和顾客调查法。

（1）专家分析法。运用专家分析法对品牌名称进行评审，关键是评价小组结构的科学性和合理性。该评价小组的成员最好包括语言学、心理学、美学、社会学、市场营销学等方面的专家，专家的人数以 7 ～ 9 人为宜。具体评审大致包括四个过程：初步审议、讨论评议、修改润色、达成共识。

（2）顾客调查法。顾客调查法可以采用问卷调查、投射技术、焦点小组等方法。调查的内容主要包括以下几个方面。

①词语联想。品牌名称能引发目标顾客哪些联想？目标顾客的这些联想是否与企业的目标相符合？是否会引起目标顾客的负面联想？等等。在调查的过程中，调查人员应尽量避免采取直接提问的方式询问被调查者，如“你喜欢这个品牌名称吗”，应该间接或侧面地询问被调查者，如：“你认为这个品牌名称有什么含义？”“它是否可以代表某一品类的产品？”“你认为哪一类产品绝不会使用这个品牌名称？”

②记忆测试。调查人员给被调查者查看备选的品牌名称清单，经过一段转移注意力的活动时间之后，再请被调查者写出刚刚看过的品牌名称。此种测试不仅可以判断哪些品牌名称更容易识记，也可以测出哪些品牌名称更易写出。

③定位测试。调查品牌名称与其所属产品类别的相关性，以及其在市场中所处的相应位置。

④偏好测试。调查品牌名称能否引发被调查者的情感反应及其反应的强弱程度，品牌名称能否引发被调查者对品牌名称产生偏好和后续行为。如果通过测试分析显示顾客并不认同测试的品牌名称，那么不管专家或企业老板多么偏爱这个品牌名称，都应该考虑重新命名。

4）法律检索阶段

经过上述阶段的筛选和评估之后，可供使用的品牌名称一般在 5 ～ 6 个，此时就进入品牌名称的法律检索阶段。这个过程虽然既花钱又费时，却是一个绝对不能忽略的至关重要的环节。再好的品牌名称，如果已经被人注册，那么企业只有两个选择：要么放弃此品牌名称，要么向此品牌名称的持有人购买，两者必择其一。法律检索可以排除那些在市场上已经使用，或已经被人注册，或与本品牌名称相近的名称，以确保企业所选品牌名称的专有性。直到品牌名称获得法律注册，品牌命名工作才算告一段落，后期还要邀请设计人员设计品牌名称的呈现形式。

4.2.2 品牌标志

品牌标志（简称 logo），也称品牌标识，是指品牌识别要素中可以被识别，但不能用语言表达的部分。它是企业形象中由文字、图像、字体或象征物组成的，可通过视觉感知的部分。它通过一定的图案、色彩向顾客传达某种信息，以达到让顾客快速识别品牌，从而促进销售的目的。品牌标志自身能够创造品牌认知、品牌联想和顾客的品牌偏好，进而影响品牌的感知质量和顾客对品牌的忠诚度。因此，在设计品牌标志时，企业除考虑最基本的平面设计和创意要求外，还必须考虑营销因素和顾客的认知、情感心理。好的品牌标志是品牌形象的最佳代言人，具备简明易认、个性突出、持续稳定等特征。

1．品牌标志的设计原则

如果我们将世界众多知名品牌的标志放在一起，便能找到一些共同的特点，这些特点既是它们成功的因素，也是品牌标志设计的原则。

1）简洁明了

物质丰富的当下社会，品牌多如牛毛，顾客不会刻意去记住某个品牌，只有那些简单的标志才更容易留在顾客的脑海中。安踏品牌标志的创意来源于中国女排扣球时的瞬间姿势，“Anta” 是中文 “安踏” 的拼音，标志图形由字母 “A” 抽象变形出升腾而起的飞行姿态，象征排球的扣球瞬间，以简约概括的手法展现了速度与力量之美，如图 4-8 所示。

图 4-8　安踏品牌标志

（资料来源：安踏官方网站）

2）表达品牌个性

品牌标志归根到底是为品牌服务的，标志要让顾客联想到品牌是干什么的，能给自己带来什么利益，从而向顾客诠释品牌核心价值和品牌个性。如安踏品牌的个性是爱拼、会拼、敢赢，安踏品牌标志中由红色字母 “A” 抽象变形出的飞行姿态就可以很好地诠释该品牌的个性。

3）设计有美感

品牌标志的造型要优美流畅，富有感染力，尽量保持视觉平衡，既具有静态之美，又具有动态之美。品牌标志设计不追求纯粹的艺术性，因为品牌标志是企业用来标记品牌的商业图案，不是单纯的艺术作品。2020 年五菱汽车的品牌标志是由 5 个菱形组成的翅膀，这个品牌标志非常简洁、富有美感，并且红色的配色非常具有辨识度，如图 4-9 所示。该标志一方面寄托了企业赋予品牌展翅高飞的期望，另一方面也象征着品牌张开双臂拥抱顾客，诠释着五菱汽车以客户为本的造车理念和服务精神。

五菱汽车品牌标志

图 4-9　五菱汽车品牌标志

（资料来源：五菱汽车官方网站）

4）兼具稳定性与适应性

品牌标志的设计要兼具时代的适应性与品牌核心价值的稳定性。如果品牌标志不能适应时代潮流的变化，就很难与顾客产生共鸣；如果品牌标志不能保持一定的稳定性，经常发生重大改变，就会让顾客产生反复无常的混乱感觉，也会浪费传播费用。比如枪手牌杀虫剂原来的品牌标志是“青蛙 + 手枪”，青蛙是专吃害虫的，用在这里非常贴切。后来企业考虑到枪手品牌要向非杀虫剂产品延伸，原有的品牌标志就显得适用性不够，于是企业设计了新的品牌标志，该标志是做出手枪手势的人物形象，该形象的象征意义不再局限于杀虫剂这一产品范围，如图 4-10 所示。

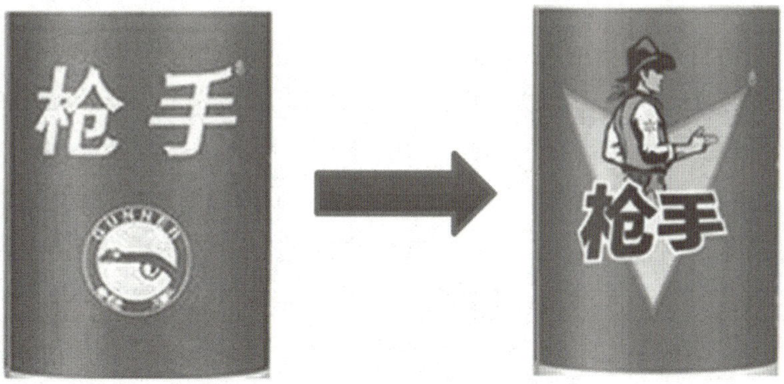

旧品牌标志　　　　新品牌标志

图 4-10　枪手牌杀虫剂品牌标志变化

5）及时沟通

尽管品牌标志要适时更新以适应时代变化，然而重新设计品牌标志具有一定的风险。新品牌标志容易引起忠诚顾客的反对，他们可能会对新品牌标志给予负面评价，并由于失望而转换品牌。但是，非忠诚顾客由于没有与旧品牌标志建立强烈的情感联结，更容易接受新品牌标志。因此，如果企业能在更改品牌标志前与忠诚顾客及时沟通，并向他们详细解释更改的原因，以及新旧品牌标志之间的相似之处，则可以有效避免忠诚顾客的流失。

2. 品牌标志的设计方法

品牌标志设计主要采用文字转化、图案寓意等手法，这些手法通过排列组合又可以变为四种不同风格的设计方法。

1）字体型设计方法

字体型设计方法采用文字（包括西方文字和汉字）或字母符号作为品牌标志的设计元素。设计元素可以直接采用品牌名称，也可以采用品牌名称的缩写或代号。这种方法的优点是识别力强，便于口碑传播，容易为顾客所理解。在创意上，为了增强品牌标志的美感和可接受性，往往借助象征、装饰点缀和色彩的力量对所采用的文字或字母符号进行修饰。如图 4-11 所示为李宁品牌的“L”标志。

图 4-11　李宁品牌标志

（资料来源：李宁官方网站）

2）象征型设计方法

象征型设计方法采用自然界的实物图形作为品牌标志设计的主要元素，通过这类图形的象征意义向目标顾客传达产品的类别、性能等相关特征。由于自然界实物图形所传递的视觉意义较容易被顾客理解，因此较多企业采用这种设计方法。例如，中国南方航空公司的品牌标志就采用了一朵色彩鲜艳又抽象的大红色木棉花图案，如图 4-12 所示。在南方人的心中，木棉花象征高尚的品格，人们赞美它、热爱它，广州市民把它推选为市花。不过此种品牌标志设计方法也有不足之处：作为主要构图元素的自然界实物图形难以在视觉上形成独特性和专有性，在商标注册和保护上常常会有争议。

图 4-12　中国南方航空公司品牌标志

（资料来源：中国南方航空公司官方网站）

3）具象型设计方法

具象是指具体的、形象的。具象型设计方法是以具体的自然形态为构图原型，在此基础上进行概括、提炼、取舍、变通、组合，最后形成品牌标志设计所需的视觉图形。自然界的一切元素，包括人物、动物、植物、山水等都是具象型设计取之不尽的原型素材。对这些素材的使用主要从品牌核心价值和个性特征加以考量，经过提炼和加工，使之成为全新的、富有创意的视觉识别符号，并赋予其一定的表征意义。采用具象型设计方法设计的品牌标志，其优点是直接、明了，便于目标顾客对品牌核心价值与个性特征的识别、理解和记忆。如图 4–13 所示为宝骏汽车品牌标志。

图 4–13　宝骏汽车品牌标志

（资料来源：宝骏汽车官方网站）

4）抽象型设计方法

抽象型设计方法在构图上大胆地摆脱了具体自然形态的约束，善于归纳和提取事物和现象的基本特征与本质规律，将复杂的形态简单化，运用抽象的几何图形或其组合，画龙点睛地向目标顾客传达品牌的核心价值和个性，其主要特征是“形有限而意无穷”。相对于具象设计，抽象型设计方法虽然也借助“形”来表现品牌内涵，但这个“形”远远超越了具体实体的外形，显示了一种在思维方式上的意向转换。

抽象型设计的构图元素主要是几何图形，也可以直接利用现成的文字符号，使图形高度夸张、概括、简洁，从而使品牌标志传达出一种感性意向。使用抽象型设计的品牌标志更具有未来感、信息感和科幻感。如图 4–14 所示为中国邮政的品牌标志。

图 4–14　中国邮政品牌标志

（资料来源：中国邮政官方网站）

品牌标志设计的首要目的是将品牌名称形象化和图示化，以便于目标顾客对品牌内涵的理解。因此，品牌标志的设计应以鲜明、易懂为基础，无论运用何种方式进行设计，都要以简洁、大气、易于传播为主。设计时还要充分考虑可行性，针对其应用形式、材料和制作条件采取相应的设计手段，同时，还要顾及不同的视觉传播方式（如印刷、广告、映象等）放大或缩小时的视觉效果。

4.2.3　附加识别要素

企业在策划品牌识别要素时不需要设计所有类型的附加识别要素，可以根据品牌传播需要有所取舍。品牌附加识别要素相对于品牌名称、品牌标志，在稳定性方面要弱一些。正是因为品牌名称、品牌标志不能轻易更换，企业才需要根据社会文化、消费观念等因素的变化及时更新品牌附加识别要素，以此加强品牌的时代适应性。

1. 品牌口号

1）品牌口号的概念

品牌口号是指能够体现品牌个性、品牌核心价值等信息的宣传短语。在营销活动中，品牌口号常伴随品牌名称、品牌标志一起出现。品牌口号的主要目的在于支持由品牌名称和品牌标志塑造出来的品牌形象，并与品牌名称、品牌标志共同组成品牌的三要素。值得注意的是，品牌口号与广告宣传语是一对容易混淆但又有很大差别的概念，二者的区别如表 4-1 所示。在一段时间内，品牌口号会在企业的不同品牌广告中反复出现，但是不同广告中出现的广告宣传语往往是不同的。大部分情况下，品牌口号是通过广告传播的，此时品牌口号也就成为广告宣传语的一部分。

表 4-1　品牌口号与广告宣传语的区别

项目	品牌口号	广告宣传语
包容性	宣传品牌的核心价值、个性特征	关注于产品及相关利益
核心特征	具有深刻的内涵	强调产品功能和促销所达到的效果
时效	长期的	短期的

2）品牌口号的设计

在设计品牌口号时，应注意以下几点。

（1）深刻理解和把握品牌价值。

（2）赋予品牌口号鲜明深刻的内涵。

（3）力求能够帮助品牌进行清晰和成功的定位。

3）更新品牌口号

品牌口号不是一成不变的，随着企业的发展，品牌口号将不断演变，以适应品牌塑造的需要。在进行品牌口号更新时，需要注意以下几点。

（1）要分析品牌口号如何通过加强品牌认知和品牌形象来帮助企业创建品牌价值。

（2）确定还需要在多大程度上加强这种品牌价值。

（3）尽可能多地保留原品牌口号中尚有价值的部分，同时注入所需要的新含义，从新的途径增加品牌价值。

2. 品牌广告曲

品牌广告曲是用音乐或视频的形式描述品牌，是一种被延伸的品牌口号。通常，它以广告的形式进行传播，如中国移动“动感地带”的广告曲《我的地盘》。但有时广告曲可以镶嵌在产品中，直接和使用者接触。如某品牌手机的铃声、每次电影放映时开始部分出现的国家广播电影电视总局龙标片头影像（见图 4-15）等。

图 4-15　国家广电总局的龙标片头影像

（资料来源：国家广播电视总局官方网站）

即使是处于不同文化背景、不同地理区域，人们对音乐也会有着共同的天然偏好，因此品牌广告曲的适应性高。同时，广告曲作为一种被延伸的品牌口号，它朗朗上口，易于识记，因此在提高品牌知名度、增加品牌联想等方面也很有优势。但广告曲也有一些不足，比如它较为抽象，和产品关联较弱，也易于淡化品牌名称等。因此，建议品牌管理人员在制作广告曲时将品牌名称包含在其中，避免顾客“只知其曲，不知其名”。

3. 网络域名

网络域名，简称域名，是指互联网上标识和定位计算机或网络服务的字符序列，它是一种便于人们记忆和使用的网站地址。随着互联网的普及，几乎每个知名的品牌都会注册专门的网址，并在网站上公布关于公司历史、文化、最新动态、产品研发等信息。因此，网络域名相当于一个窗口，能够激发顾客点击网站的好奇心、强化品牌认知。在设计网络域名时有三点值得注意。

1）网络域名要独特

由于大量简单易记的网络域名已经被注册，因此，品牌管理人员有时需要另辟蹊径，自造单词以便与已有的网络域名相区分。

2）防止非法使用

企业要时刻严密监视公司网络域名是否被非法使用，一旦发现非法使用者，要诉诸法律以维护企业利益。

3）不轻易改动

网络域名的作用如同品牌名称，一旦更改就会切断顾客与品牌之间的桥梁。但是网站上的颜色、图片、线条等元素可以进行必要的改动，以避免引起顾客视觉疲劳和厌倦。

4. 品牌标准色

品牌标准色指品牌外观中特殊、专用的颜色或颜色组合，以富有个性的色彩来反映品牌特征。标准色是设计品牌识别要素时应用的主要颜色，这个颜色也代表了品牌视觉系统的主色调。标准色一般选择区别于同行的颜色，而且颜色要符合品牌个性、醒目，方便传播与应用。不同的品牌有不同的色彩，可以给顾客不同的情绪联想。标准色设计就是要在品牌形象和顾客联想之间找到一条有效的直通管道，在两者之间建立起某种意义上的必然联系。企业品牌选择什么样的标准色，应该根据品牌的文化传统、历史、形象、个性特征、价值理念等因素来确定。基本原则是：突出品牌个性，体现品牌的价值理念、宗旨和经营方针；通过制造差别，展示品牌的独特个性；与顾客心理相吻合；迎合当前的市场潮流。例如，王老吉品牌的标准色是非常醒目的红色和黄色，具有很强的视觉冲击力，如图 4–16 所示。

王老吉品牌标志

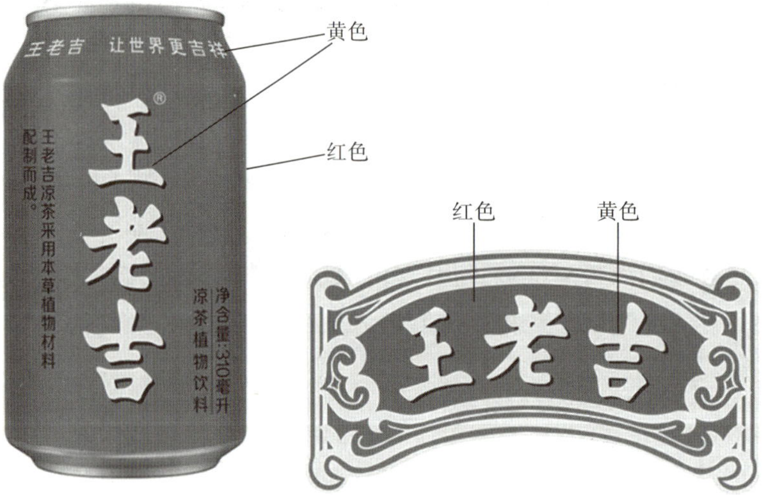

图 4–16　王老吉品牌标志

（资料来源：王老吉官方网站）

5. 产品包装

产品包装设计，即选择恰当的材料，利用科学先进的技术制作装置产品的容器，以此实现强化美感、保护产品的作用。产品包装兼具艺术性和商业性。产品包装分为两大类：其一是工业包装，这类包装主要是利用外部包装对产品增加保护，便于产品运输；其二是商业包装，这类包装更加重视提高外部包装的美感，以此调动顾客的购买欲望，从而促进产品销售。商业包装是提高产品附加值的重要方式。但是有些产品出现过度包装的现象，影响顾客的体验，导致顾客的购买欲望下降，并且造成资源浪费，与生态环保的理念也不相符。

1）产品包装设计现状

我国在产品包装设计方面有了很大的发展，但是仍然存在一些问题。

（1）科技性不足。当前，许多企业仍然没有充分认识到产品包装设计的重要意义，设计观念还停留于包装是产品容器的层面，所以包装形式也还是以盒装和袋装为主，同时在选用包装材料时主要重视经济性，所选材料比较初级。

（2）商业性显著。市场中流通的商品琳琅满目，这些商品的包装有一个普遍性的问题，即商业性过重，期望可以利用包装设计来提高产品的市场价值，从而提升产品的经济收益。比如某食品的包装，在使用保鲜膜的基础上，还在外部包装上了十分华丽的塑料，虽然外观是美丽的，但是忽视了顾客需要的只是包装中的食品。顾客为了获取食物，不得不为华丽的塑料包装买单。

（3）实用性匮乏。产品包装最开始的目的是保护产品不被外力所损坏，但如今，在经济利益的影响下，其慢慢失去了初始的意义。如茶叶、月饼等产品的包装，通常会在内包装的基础上，增加一个华丽的外部礼盒，而在内部产品被使用后，礼盒就丧失了其存在的价值。

2）包装设计策略

随着社会环保意识的提高，企业应该从生态美学的视角重新思考产品包装设计，确保产品包装在实现保护产品、宣传品牌作用的基础上更加符合环保要求。

（1）选择环保包装材料。环保材料主要有以下几种。

①可回收包装材料。回收使用是一种对待废弃物的积极、有效的处理方式，也是实现产品包装设计生态化发展的关键环节。设计产品包装时应综合考虑包装材料循环使用的科学性、可行性问题，从而实现包装材料的最大化利用。目前，许多国家在推广金属、玻璃等包装容器的回炉重铸技术，以实现废弃包装的循环利用。可回收包装材料可以切实降低环境污染，节省能源消耗。

②原生态包装材料。原生态材料主要是木、竹等天然材料。原生态材料不但资源丰富，而且具有很好的可再生性，如稻草、麦秆、谷壳等。随着社会的进步，顾客的精神需求日益增长，更加向往生态自然的美好生活，生态包装逐渐成为主流。原生态材料具备天然纹理，使顾客可以直观地感受自然的气息，给顾客一种亲和、淳朴的感受。另外，原生态材料具有大自然的独特色彩，如植物的绿色、木材的褐色等，这些天然色彩无时无刻不在散发着自然生机，如图 4-17 所示。

绿色环保包装

图 4-17　绿色环保包装

③可食用包装材料。可食用包装在起到包装作用的同时，还可以被人或动物食用，实现包装功能转型。可食用包装材料对顾客没有任何伤害，还可以带来额外利益，深受顾客喜爱，这类包装在近几

年发展十分快速。可食用包装材料主要包含植物纤维、淀粉以及蛋白质等，是目前为止使用价值最高的包装材料。形式主要包括糖果的外衣，食品的包装袋，一次性水杯或餐盒等。

（2）延长包装生命周期。在设计产品包装时综合考虑：一方面尽量减少包装的制造、使用、回收等整个生命周期对自然环境的影响；另一方面尽量延长产品包装的生命周期，使产品包装能够循环使用或转作其他用途，从而减少对环境的危害。图 4–18 所示即为一种可用作水杯实现重复使用的饮料包装。

图 4–18　可重复使用的饮料包装

（3）增加包装的交互体验。产品包装设计需要以顾客为重心，深入探究顾客的内心需求，综合考虑顾客接触产品包装时的行为和情景，设计有关“人和物互动”的环节，促使顾客与产品包装产生积极互动。调查目标顾客的认知基础，调动顾客参与互动的好奇心理，给顾客设计出独特的视觉、触觉、听觉等层面的交互体验。如设计更有乐趣的包装，激发顾客打开包装时的心理快感。

（4）融入情感化元素。在实现包装基础功能的前提下，积极引入情感化元素，给顾客提供情感层面的满足。产品包装情感化设计可以从外观结构、创意和色彩等方面入手，提升包装的感染力，使包装和顾客之间产生情感共鸣和心理交流，从而满足顾客的情感需求，促使产品包装的价值升华。例如：学校给每位毕业的学生发放一瓶饮料，在饮料包装上印有学校对每个学生的祝福，而且还印上了每个学生的名字，这个饮料包装就可能成为学生人生当中重要场景的纪念而被珍藏。

（5）包装设计简洁化。设计产品包装时，一方面要尽量减少包装材料的使用，从而降低材料及能源的消耗；另一方面要尽量去除包装上的无用部分，通过最少的视觉语言产生最强的视觉效果，突出产品特点。在设计产品包装时，还需要最大程度地减轻包装重量，以此降低产品运输期间的资源浪费。

面对严峻的生态危机，有机、低碳等环保理念获得越来越多的重视。品牌管理人员在设计产品包装时，既要重视包装对品牌宣传的作用，也要重视包装的环保要求。这既是社会可持续发展的要求，也是适应顾客追求环保的消费理念的要求。

视域拓展

绿水青山就是金山银山

企业在追求经济效益的同时还需要承担社会责任，其中环保就是企业义不容辞的责任之一。人们生活水平不断提高的同时，对环境保护的意识也逐渐增强。习近平主席在 2019 年中国北京世界园艺博览会开幕式上的讲话中提出“绿水青山就是金山银山，改善生态环境就是发展生产力。良好生态本身蕴含着无穷的经济价值，能够源源不断创造综合效益，实现经济社会可持续发展。”

“绿水青山就是金山银山”，这句富含哲理的话如今已广为人知、深入人心，更在实践中开花结果、惠及民生。“绿水青山”指的是生态环境，“金山银山”说的是经济发展。两者之间有何关系？这句话给出了答案：生态环境是人类生存发展的根基，保护好生态环境，走绿色发展之路，人类社会发展才能高效、永续。也就是说，新时代中国发展追求的是人与自然和谐共生，而企业在其中扮演着重要角色。

4.3 品牌感官识别

感官营销是指利用顾客的感官感受，影响顾客购买行为的营销活动。本书将品牌感官识别描述为这样一类品牌营销活动，即企业在品牌识别要素的设计和营销活动中充分利用顾客的感官感受，激发和满足顾客的欲望和诉求，最终提升品牌形象。因此，企业在策划品牌识别要素时，不仅要从企业角度设计具体的识别要素，还要从顾客的角度设计感官体验。

4.3.1 感官识别的重要性

感官有助于人类躲避危险、寻找食物、探索未知世界、品尝山珍海味等。同样，顾客的感官感受也能延伸到企业的品牌识别上，因此建立品牌的感官识别对于企业的品牌宣传非常重要。

1. 顾客的感官需求强烈

随着人们生活水平的日益提高，以及信息时代人与人、人与物之间接触的减少，顾客购买产品时可能会违背“理性经济人”假设，为一些能提供感官体验的品牌支付溢价。通过这些感官接触，顾客会体验到更多的真实感和存在感。

2. 感官是形成资产的窗口

五种感官是顾客形成品牌资产的窗口。根据 CBBE 模型假定，品牌资产存在于顾客心智中。然而顾客心智并非无中生有，顾客只有在日常生活中通过五种感官加工品牌信息才能形成心智中的品牌资产。

4.3.2 品牌感官识别设计

1. 品牌视觉感设计

品牌标志、包装属于品牌重要的视觉感知元素，品牌管理人员在开展品牌标志和包装的设计时还需要考虑顾客的感官感受。

1）品牌标志的视觉感设计

顾客对品牌标志的视觉感受主要集中于品牌标志的色彩选用，以及品牌标志的大小设计。品牌管理人员可以采取以下策略。

（1）标志色彩要与产品特征相匹配。功能性产品，如汽车轮胎、电动工具、厨房用的卷纸等产品的品牌标志比较适宜选用功能性颜色，如灰色、黑色、蓝色和绿色；社交性产品，如香水、巧克力、冰激凌等产品的品牌标志则比较适宜选用社交性颜色，如红色、黄色、粉色、紫罗兰色。图 4-19 所示为选用了红色的五羊冰激凌品牌标志。

五羊冰激凌品牌标志

红色

五羊牌®

图 4-19　五羊冰激凌品牌标志

（资料来源：广州轻工集团官网）

（2）怀旧品牌适宜选用黑白色。黑白影像作为触发怀旧情绪的重要手段，具有减少个体失落感的作用。随着彩色的盛行，黑白色正逐渐淡出人们视野。因此，一些历史悠久的老品牌采用黑白标志不仅可以唤醒顾客对某一特殊时代的记忆，同时也可以使品牌具有区别于新品牌的优势。

（3）标志加边框可以增强控制感。研究发现，控制感缺失时，顾客倾向于寻求高度结构化、有边框的品牌标志的产品。这是因为当时社会的现实情况等打击使顾客对环境的控制感降低。控制感受到威胁的顾客对用圆圈或正方形包围的品牌标志显示出更强的偏好。顾客在选择产品时，也会更偏爱提供边框的书架和餐盘。因此，当顾客缺乏控制感时，相对于无边框的品牌标志，顾客会更喜爱有边框的品牌标志。

（4）标志大小要符合顾客个性。国内学者王海忠教授研究发现，不同个性的顾客对品牌标志的大小会产生不同的反应。其一，自我情绪控制力比较强的顾客比较喜欢较为隐匿的小品牌标志；其二，自我情绪控制力比较弱的顾客比较喜欢醒目的大品牌标志。因此，设计品牌标志时要考虑顾客的个性差异，品牌标志的大小便能反映出顾客的不同个性追求。

2）包装的视觉感设计

包装的大小、图片的位置都会影响顾客的视觉感知，品牌管理人员可以采取以下策略设计产品包装，提高顾客对品牌的视觉感知质量。

（1）小包装食品更受顾客喜爱。研究发现，小包装会增加顾客的消费量。小包装，尤其是食品类产品，能降低顾客的自我控制，以及对摄取能量的预估。自我控制能力较弱的顾客更加偏爱小包装的产品。这也说明了为何采取小包装的公仔面更受欢迎。

（2）大包装会模糊顾客感知。大包装可以增加顾客对内部实物数量的感知，增加顾客支付溢价的可能性。因此在一些特殊场合，如电影院售卖的糖果、爆米花的容器往往很大，同样餐厅会使用大型食品器皿，这些大包装都会给顾客“分量足”的感觉。企业正是利用大包装模糊顾客对包装内产品数量的感知，让顾客自愿支付溢价。大包装还是一种传递身份地位的信号。研究发现，当顾客处于无力感、低权利处境时，会选择较大包装的食物和饮料，以此显示自己的身份，从而帮助自己恢复权利感知。

（3）图片位置影响重量感知。研究发现，在二维空间中，顾客一般认为包装的底部和包装正面右侧是较重要的位置，当产品图片被放置在这些位置上时，顾客认为产品较重；相反，包装的顶部和包装正面左侧被认为是较轻的位置，当产品图片被放置于该区域时，产品会被认为较轻。因此，品牌管理人员可以将美味食物的图片放置在包装的右侧底部，以此吸引顾客的食欲，并增加购买的可能性；相反，强调便携性的产品，可以将产品图片放置于包装的左侧顶部，以此减少重量感知。

（4）包装的形状会模糊顾客感知。研究发现，又矮又胖的容器会让顾客感觉里面盛放的饮料较少，因此顾客会继续往里面添加饮品；相反，又高又瘦的容器会让顾客感觉里面盛放的饮料已经较多，继续往里面添加饮品的可能性则较低。也就是说，当产品采用又高又瘦的包装容器时，顾客会认为里面盛放着足够多的产品，感觉物超所值。

2. 品牌听觉感设计

品牌管理人员可以利用辅助性声音、背景音乐影响顾客对品牌的听觉感知。

1）辅助性声音

辅助性声音是指暗示产品某些属性的状态、发挥辅助性作用的声音。在日常生活中，有经验的车主会通过关车门时“砰”的声音来辨别车门质量的好坏；汽车司机会通过汽车的喇叭声来判断汽车的尺寸。可见，辅助性声音是顾客了解产品物理属性和功能的一个窗口。

2）背景声音

除辅助性声音外，背景声音（或称环境声音）也可以影响顾客对企业品牌的听觉感知，尤其是该背景声音被品牌专有时。广州地铁播放的背景音乐是班得瑞的《安妮的仙境》，该背景音乐可以起到舒缓身心的功效。目前，国内品牌对背景声音的重视程度仍显不足，这是品牌管理人员需要在未来努力的方向之一。

3. 品牌触觉感设计

触觉是人体最重要，但最容易被忽视的感官，它的重要性体现在三个方面。第一，它是连接心灵与外界的工具，尤其是当其他感官丧失功能时。第二，触觉能提供质量信号、增加个体的探索欲望。第三，对触摸的需求是个体的一种本能。

鉴于触觉的上述重要性，增强品牌触觉感知时要注意以下事项。

1）不同品类产品对触觉的要求不同

服饰类产品在质地（即柔软度）和重量等材料属性上存在差异，因此顾客在购买前对该类产品的触摸欲望很强；相反，压缩盘和书籍等品类在质地和重量属性上差异不大，该类产品被顾客认为购买前触摸的必要性很低。研究发现，有时曲线和褶皱感的存在也可以帮助产品赢得市场。如图 4-20 所示，怡宝和三佳园泉均提供相同重量的矿泉水，前者的包装瓶因为具有曲线，不仅美观还能防漏，因此备受欢迎，后者的包装瓶则过于光滑不便于抓握，顾客购买欲望也会减小。

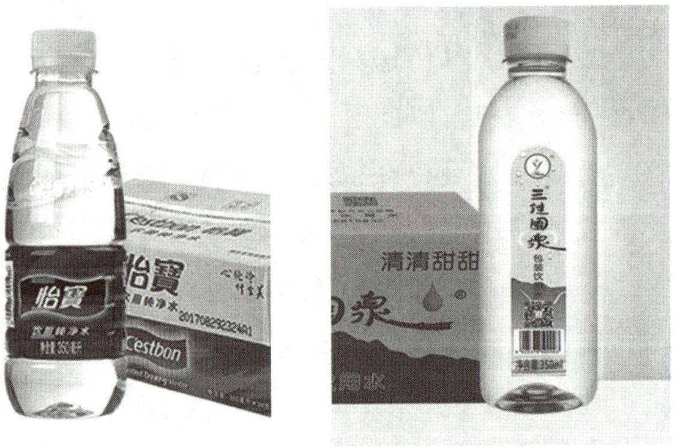

图 4-20　怡宝与三佳园泉矿泉水

（资料来源：华润怡宝官方网站及东莞市三佳园泉饮用水有限公司官方网站）

2）触摸会影响顾客的购物决策

现实生活中的常见情形是提供样品或允许打开的产品会吸引更多的试用者和触摸者，这些触摸者在店内逗留的时间会较长，购买可能性也比较高。然而，与此相应的另一奇怪现象是，顾客往往喜欢购买前触摸产品，但真正放进购物车的却是未被触摸过，放在货架里面，且包装严实的产品。这是因为被他人接触过的产品会引起顾客的厌恶情绪，然而当预先触摸者是顾客爱戴或欣赏的人物时，这种厌恶情绪会消失。因此，在零售渠道（如超市、便利店等），企业可以采取以下两种措施增加顾客购买的可能性。

（1）提供适量的样品或包装松散的产品以鼓励顾客触摸。与此同时要确保货架里面的产品是包装严实、未被打开过的。

（2）在产品包装上标明该类产品被某当红明星或专家使用过，这样做除了可以提高产品的可信度，还可以增加顾客触摸的好奇心。

3）情绪会影响顾客的触摸需求

研究发现，当顾客处于负面情绪（如失望、悲伤、生气）时，更愿意触摸具有高触觉感的产品，以此获得刺激反应；相反，当顾客处于正面情绪（如开心、兴奋）时，更愿意购买能提供高视觉感的产品，且更愿意探索购物环境。因此，播放伤感或怀旧的背景音乐可以诱发顾客负面的情绪体验，进而增加对产品的触摸需要。

综上，触觉信息与顾客的情感密切相连。随着互联网的兴起，网上店铺的数量剧增让传统实体店面临生存威胁。实体店铺可以通过优化顾客的触觉感知，以获得生存机遇。

4. 品牌嗅觉感设计

随着市场竞争的加剧，企业已经认识到“气味（香味）营销”的重要性。气味（香味）营销是指利用气味影响顾客的情绪，从而促进产品销售的营销活动。企业利用气味营销开展品牌嗅觉感设计时，要综合考虑顾客的情绪、背景环境、品牌嗅觉感的独特性以及跨文化的差异性。

1）开发品牌专有气味

由于人类对气味的处理不像视觉信息的处理那样迅速，气味信息诱发回忆的时间较长，但一经形成，个体便会回忆出曾经熟识的气味。这说明气味会引发顾客的怀旧情绪，尤其是当该气味被某品牌所专有时。例如，老虎油又称清凉油、万金油，内含樟脑、薄荷油、桉叶油和桂皮等成分，气味浓郁，有复合中药味道，顾客往往通过气味来判断所买万金油的真假。因此，一些老品牌在维护顾客的嗅觉感知时也要确保气味的独特性和专属性，不要随意更换气味；同时，新品牌在创建嗅觉识别信息时也要注意培养顾客对该气味的独特偏好。

2）结合使用环境气味和音乐

研究发现，当令人愉悦的环境气味与店内背景音乐相协调时，会提高顾客对产品的评价，此时顾客会将愉悦的环境气味归功于被评估的产品。例如，当服装店的背景音乐与衣柜中散发的气味相协调时，顾客会增加在店内的逗留时间和购买欲望。

3）注意个体差异和文化差异

从个体差异角度来看，环境中的香味对冲动型购物者作用不大，而令人舒心的背景音乐则会使他们有更多的消费欲望。相反，对于深思熟虑、购物不盲目的顾客而言，环境中的气味会增加他们的购买数量。从文化角度而言，由于气味偏好是顾客后天获得的，因而不同文化背景的个体对相同的气味会表现出不同的反应。例如，奶酪气味在一些国家普遍被顾客喜欢，但在其他国家可能会引起顾客的厌恶情绪。因而，品牌管理人员在打造顾客的嗅觉感知时要做好充分的市场调查，不能盲目地将同一气味推向所有市场。

5. 品牌味觉感设计

企业通过提高顾客的品牌味觉感知，有时能起到意想不到的品牌推广效果。企业在开展品牌味觉感设计时需要注意以下几点。

1）味觉感知受其他感官影响

顾客对味觉的感知不仅仅来源于味觉器官，很多时候顾客会联合其他感官来判断产品的味觉信息。顾客可以凭借嗅觉（气味）、触觉（温度）、视觉（外形）、听觉（咀嚼声）辨别甜、酸、苦、咸等味道。缺少任一感官都会使顾客对味觉的判断能力大大降低。研究发现，当不让顾客看到水果味饮料的颜色时，顾客准确辨别饮料味道的概率下降至20%，而让顾客看到饮料颜色后，该概率则升至近乎100%。比如，当改变咀嚼薯条发出的音量时，顾客会改变对薯条新鲜程度的感知。一般来说，声音越大，薯条越新鲜。因此，很多薯条品牌都会在产品宣传时印上“清脆”等字眼。玻璃杯的触感会影响顾客对里面饮品的味觉感知，顾客往往认为牢固玻璃杯里面的饮品比不牢固玻璃杯里面的更好喝。

2）味觉感知不只影响食品品牌

提起味觉，人们会普遍陷入一个误区：味觉仅限于食物，因此仅对食物类产品而言，才有增加味觉感知的必要。然而真实情况是，很多非食物类产品都有打造味觉感知的潜力。例如，杭州某品牌牙膏将其独特的海洋蓝风铃口味申请专利，并将该味道作为品牌的重要识别要素；汕头某日化公司将其男士香水采用“巧克力”命名，让顾客对该款香水产生巧克力味道的联想。使用味觉词汇宣传品牌增加非食物类品牌的味觉联想是给品牌管理人员带来的一个重要启示。

可见，增强品牌味觉感知的过程需要发挥其他几种感官的协同作用，而且味觉感知并不仅仅局限于食物类产品。品牌之间的竞争已经不再只是质量、价格等功能属性的竞争，无形的感官识别变得越来越重要。善于设计感官识别的品牌能更好地满足顾客的情感和认知需求。

4.4 品牌感知质量

很多品牌管理人员在策划品牌识别时往往只停留在品牌名称、品牌标志等方面的表面工作，没有深入思考如何影响顾客的心理活动。品牌管理人员要由表及里地思考和策划如何影响品牌在顾客内心深处的感受，了解顾客是如何看待企业的品牌，顾客对品牌的态度是不是企业所期望的。因此，品牌管理人员需要从顾客的视角策划顾客对品牌的感知质量。

4.4.1 顾客的质量观

如果从企业角度界定产品质量，可以从产品的材料、生产工艺、功能等方面进行解读。但是这个解读不同于顾客对企业产品质量的判断，更不是最终决定顾客购买的原因，因为顾客对产品质量的判断与企业的宣传可能不一致，因为顾客有自己的认知方法和判断标准。顾客对产品质量的判断很大程度上来源于对企业品牌的认知过程。因此，品牌策划者需要从顾客的视角去理解产品质量，并思考如何引导他们的判断。

1. 感知质量的内涵

感知质量是指顾客根据特定目的，对产品的全面质量或优越程度的感知。因此，感知质量是顾客对产品或服务优越性的感知。这个观点与企业通常宣传的产品质量概念有区别，实际质量或客观质量是指产品或服务实际提供的质量是否优越。感知质量是无形的，是顾客心中对质量的感知。实际质量和感知质量间往往存在差值，表现为如下三种情况。

（1）当差值为正时，说明产品的实际质量大于感知质量。这一结果并不是企业所期望的而且会稀释品牌资产。导致这一结果的原因可能是企业在营销、公关、品牌宣传、服务等方面没有做好。此时，企业需要在品牌传播和推广方面投入更多的物力与财力，帮助顾客了解企业品牌，提升顾客对产品品质的感知。

（2）当差值为零时，说明品牌的实际质量完全被顾客感知。现实生活中，品牌往往可以通过旗舰店展示产品这一方式达到这种效果。

（3）当差值为负时，说明顾客对产品的感知质量超过了其实际质量。奢侈品牌往往属于这类情况。奢侈品牌通过良好的品牌传播和推广让顾客高估品牌价值，并以高出产品实际价值的价格进行购买。

2. 顾客感知产品质量的元素

感知质量是顾客对产品质量的感知，那顾客具体通过哪些元素感知产品的质量呢？由于顾客对有形产品和无形服务的感知元素不同，因此本书对两者分开讲述。

1）有形产品的感知元素

顾客主要通过以下七个方面感知产品的质量。

（1）产品性能。产品性能指产品主要属性的功能水平。例如，洗衣粉的主要属性是祛除衣服污渍，因此顾客会根据洗衣粉的去污能力判断其性能。

（2）产品特色或特征。产品特色是指产品显著强于其他同行产品的方面。例如，某品牌洗衣粉和其竞争品牌相比有一个显著的特征，即快速溶于水，那么该特征便是该品牌洗衣粉的特色。

（3）产品性能是否与说明书一致。这一点反映产品的质量是否和说明书说的一样，并达到说明书标明的水平。

（4）性能的可靠性。产品性能的可靠性主要体现为在正常使用期限内产品性能的稳定性。顾客更喜欢购买性能可靠、稳定的产品，尤其是被频繁使用的产品。知名品牌必须具备性能的可靠和稳定，否则顾客会非常失望。

（5）产品的耐用性。产品的耐用性主要体现为产品在正常使用情况下的使用寿命。对于价格昂贵的产品（如汽车、挖掘机等），顾客特别强调耐用性。越耐用的产品，顾客认为质量越高。

（6）产品的适用性。产品的适用性体现了产品在使用过程中的方便程度。当产品的适用性高时，说明产品在不同场景使用起来都很方便。使用方便的产品会被顾客认为质量高。

（7）产品的造型。产品造型主要指产品整体呈现出来的设计风格。产品的外观风格独特、造型优美会让顾客体验到美感和精神愉悦，从而会提升顾客对产品质量的评价。需要注意的是，在新产品研发与设计时，很多设计师总是喜欢设计出全新的、完全超出顾客想象的新产品，但是这种情况常常以失败告终，原因是顾客无法理解这些新产品，并且会怀疑产品的性能是否可靠。因此，企业在设计产品外观时，产品的独特程度不要过于超出顾客的认知基础。

2）无形服务的感知元素

顾客主要通过以下五个方面感知服务的质量。

（1）服务场所的品质。服务是无形，但是服务场所是有形的，因此顾客会通过观察服务场所的设施、设备以及服务人员的言行是否表现出高品质，从而判断服务的质量。例如，很多银行都会在贵宾室摆放鲜花、绿植、沙发、书柜，以此营造温馨的室内氛围，这些有形的设备和装饰会显著提升顾客对无形服务的评价。

（2）服务的可靠性。服务的可靠性主要体现为企业在履行服务过程中表现出的精确程度。例如，飞机的准时起飞和到达，会计人员对账本的准确合计，等等，都表现出这次服务是可靠的。

（3）服务人员的专业能力。服务人员的专业能力会影响顾客对服务质量的感知。服务人员的专业能力主要体现为服务人员的专业技能水平，以及服务人员的自信程度。

（4）服务人员的响应速度。响应速度主要表现为服务人员对顾客需求的回应速度，以及解决顾客问题的效率。响应速度对于电话、咨询等行业非常重要，对顾客的疑问与求助进行快速的响应与解答会给顾客留下好印象，进而提升感知质量。

（5）服务人员的移情能力。服务人员的移情能力是指服务提供者是否能够设身处地想顾客之所想。一个卓越的服务人员会站在顾客的角度去感受其所经历的快乐与忧伤。每个人都希望自己能够被他人理解，顾客更是希望服务人员能够理解自己。因此，服务人员表现出来的高超移情能力会让顾客在接受服务的过程获得极大的心理满足。

3. 感知质量的作用

感知质量无论是对企业品牌，还是对顾客都具有非常重要的作用。

1）感知质量对顾客的作用

感知质量对顾客的作用表现在有助于其作出购买决策和自我评价。具体而言，这一作用体现在如下几个方面。

（1）为顾客的购买决策提供理由。很多时候顾客站在琳琅满目的产品前，往往感到眼花缭乱，无从选择。感知质量作为一种启发式捷径，能够帮助顾客简化选择集，只购买高感知质量的产品。

（2）让顾客体验到自信和自我效能。关于品牌关系的最新研究发现，如果顾客钟爱的品牌在使用过程中出现故障，顾客的自信心会下降。由于感知质量源于对产品可靠性、耐用性的感知，因此，顾客为了维持自信、提升自我效能，会选择性能可靠、耐用的产品。

（3）让顾客赢得他人的赞赏和夸奖。每个人都希望赢得周围人对自己的认可，这种认可很多时候源自所使用的产品或接受过的服务。例如，你刚从理发店出来迎面碰到一位好友或熟人，他对你的发型大赞一番，此时你的感受是什么？又如，当你邀请朋友来你家参加聚会，你用新买的榨汁机给他们榨出新鲜的果汁，朋友对你的榨汁机大加赞赏，此时你的感受又是怎样？想必你会体验到愉悦与自豪。

2）感知质量对品牌的作用

感知质量对品牌的影响力是其他任何因素无法比拟的，主要体现在下述几点。

（1）感知质量是品牌市场定位的首要考虑因素。品牌制造差异化的营销策略的关键依据就是感知质量。高感知质量的品牌往往会被投放到高端零售终端（如专卖店），而中等感知质量的品牌会被投放到中小型百货市场，低感知质量的产品则被投放到折扣店和小商店。

（2）品牌延伸的基础。品牌延伸作为一种品牌发展战略，极为常见。感知质量对于品牌延伸的作用表现在两个方面。第一，母品牌在顾客心中的感知质量决定了其延伸能走多远。感知质量越高的品牌，其延伸的品类越多。第二，母品牌的高感知质量还为子品牌提供背书和担保作用。因而，母品牌的感知质量有助于顾客更快地接受子品牌。相反，如果低感知质量的母品牌过度延伸，顾客不但会降低对子品牌的评价，还会对母品牌产生负面态度，从而稀释母品牌资产。

（3）品牌联盟的重要考虑因素。如果说品牌延伸是借助品牌自身力量来自我发展壮大的话，那么品牌联盟则是借助外力来取得自我发展。不管是联盟品牌还是被联盟品牌，都希望对方在顾客心中具有高感知质量，因为高感知质量本身就是提升品牌认知度和品牌形象的免费广告。例如，在并购沃尔沃之前，吉利汽车的国际知名度较低。并购高感知质量的沃尔沃品牌后，吉利汽车并没有投入更多预算在广告上，但吉利汽车的国际知名度和美誉度却显著上升。可见，企业能够从与高质量品牌联盟中获益。

4.4.2 感知质量提升策略

感知质量能帮助企业获得市场竞争优势。但是，提升产品的感知质量并不是一件容易的事，这需要企业上下共同努力，也需要顾客和其他利益相关者共同参与。

1. 严格把关质量传递

产品在到达顾客之前要经过设计、生产、销售、配送以及支持性服务等中间环节，这些环节组成了感知质量的传递系统。每个环节都对感知质量的传递起着不可替代的作用。只有各个环节对质量严格把关，并全力合作才能确保产品的感知质量大于或至少等于实际质量。

如果设计部门不了解顾客的需求，那么设计出来的产品就不能赢得顾客的青睐，感知质量自然会很低。如果一线生产员工为了完成定额目标注重数量而忽视质量，那么顾客购买到次品时不仅会对产品给予差评，而且还会对整个企业给予差评。同样，如果销售人员将优质产品陈列在装修简陋、光线昏暗、凌乱不堪的环境中，那么即使产品的实际质量再高，顾客也会觉得这件产品是劣质品。如果配送人员在配送产品时没有穿印有品牌标志的统一服装，运货车辆也没有显示品牌标志，那么顾客会认为该企业的专业能力不足，这些外围线索会进一步影响顾客对产品质量的评价。如果在支持性服务（如维修）环节中，企业对顾客的问题不能及时响应，这会影响顾客对企业服务能力和服务感知质量的判断。

2. 善用体现高质量的信号

企业要善于使用一些显眼的、可视的信号，向顾客展示产品的高质量属性。比如：雕牌肥皂通过泡沫多暗示洗得干净。虽然这些信号可能是微小的、不显眼的，但是这些可视的微小属性往往能够增加顾客对品牌的评价和喜爱。例如，笑脸快门对相机而言是一个相对而言不重要、不易觉察的属性，但是添加这一属性后顾客会对相机的评价更高。

3. 培育注重质量的企业文化

对质量的负责不仅要体现在执行层面，还需体现在公司的文化与理念层面。为了维持和增加绩效而忽视质量是一种短视思维，因为在这种外在动力的驱动下生产人员和产品经理只会将注意力放在维持现有的质量水平上。但是，如果公司能将注重质量作为一种企业文化和理念向员工灌输，那么员工就会有内在动机去提升产品质量，并将提升质量作为自己的一种行为规范。文化对一个组织、一个团体甚至一个国家的影响高于外在物质层面的激励，当将追求高质量作为一种企业文化时，企业才能走得更长久。

4. 实施后营销策略

后营销是指在顾客购买之后才开展的营销活动。后营销策略旨在加深顾客对品牌的体验，以促使顾客重复购买，因为顾客购买之后的使用体验对顾客的质量感知影响很大。品牌管理人员可以采取以下后营销策略提升顾客的产品使用体验。

1）制定用户手册

许多产品的操作手册是由工程师们编写出来的，而且用的是专业词汇，这就使顾客在初次使用产品时可能会体验到受挫感。同时，即使顾客通过操作手册掌握了产品基本操作技能，但对于产品的性能与特色，顾客可能并不完全理解如何操作，而这些特色与性能恰恰是产品相对于竞争者的最大优势。因此，制作简单明了、易于掌握和操作的用户手册则显得极为必要。

在全球化的今天，很多品牌会在多国销售，因此厂商需要在语言翻译上多花工夫，以减少文字表述上的歧义。同时，借助多媒体来制作用户手册的方式也非常可取。将用户手册的内容以数字影像的方式呈现，顾客只需扫描说明书上的二维码就可以获取这些影像，这样可以帮助顾客根据提示逐步掌握产品的每个功能。

2）培养顾客对品牌的情感

即使一件产品尚能使用，很多顾客还是喜欢去购买配置更新、功能更全、外观更美观的替代品。如何减少品牌转换和维持品牌忠诚是品牌管理人员与分销商共同关心的话题。品牌拟人化方面的研究发现，通过强化顾客与旧品牌间的关联可以增加品牌忠诚。例如，让顾客将一辆使用了数年的旧车联想成自己的一位亲密伙伴，便可以增加顾客与旧车间的情感联结，进而减少顾客转换品牌的可能性，顾客即使购买新车，也会选择原来的品牌。

3）销售互补性产品

很多时候，顾客喜欢购买同品牌的配套产品以减少挑选产品的思考成本。小米打印机就意识到了这一点，并因此使得小米打印的大部分收入并非源于打印机本身的销售，而是互补性产品的销售，如喷墨盒、激光打印机的硒鼓，以及打印机专用的纸张等。销售互补性的产品除了提升利润，还有另一好处是加深顾客对产品提供者的印象和好评。相比没有提供配套耳机的手机生产商，顾客对提供配套耳机的生产商评价更高。

5. 重建顾客对品牌的信任

很多企业会为了追求短期绩效与利润而削减质量方面的开支，导致产品质量缩水。此时，企业如何重塑顾客对品牌的信任和认同呢？除了实质性地改进产品质量之外，公司还要想办法修复顾客信任，取得顾客质量认同。通过提质提价强化产品的高质量感知，直接告知顾客产品的高品质，少做质量方面的口头承诺而多付诸行动，采取第三方认证和背书等方式也可以重建顾客对品牌的信任。

温故知新

1. 品牌识别指的是那些用以识别和区分品牌的商标设计。

2. 常见品牌识别的整体风格有传统风格、当代风格、未来风格、复古风格、叛逆风格、经典风格。

3. 品牌识别的要素包括符号识别和附加识别两大类。品牌符号识别要素主要包括品牌名称和品牌标志；品牌附加识别要素包括品牌口号、品牌广告语 / 曲、品牌包装和品牌网络域名等。

4. 品牌名称是品牌的语言和文字符号，是最基本的品牌设计要素。

5. 品牌标志是指品牌识别要素中可以被识别，但不能用语言表达的部分。

6. 品牌口号是指能够体现品牌理念、品牌个性或品牌承诺等方面信息的宣传短语。

7. 品牌广告曲是用音乐的形式描述品牌，是一种被延伸的品牌口号。

8. 品牌标准色指品牌外观中特殊、专用的颜色或颜色组合，以富有个性的色彩来反映品牌特征。

9. 品牌感官识别描述为这样一类品牌营销活动，公司在品牌识别要素的设计和营销中充分利用顾客的感官感受，激发和满足顾客的欲望和诉求，最终提升品牌品质。

10. 感知质量指的是顾客根据特定目的，对产品或服务的质量或优越程度的全面感知状况。

复习思考题

1. 品牌识别是什么？
2. 常用的品牌识别风格有哪些？
3. 品牌名称的命名原则有哪些？
4. 品牌标志的设计原则有哪些？
5. 品牌感官识别是什么？
6. 品牌感知质量是什么？

7. 品牌感知质量与产品实际质量是什么关系？

8. 如何才能提高顾客对品牌的感知质量？

实训练兵场

承袭上一章的策划方案，选择身边熟悉的某个企业或组织，对其品牌识别进行分析，并根据分析结果，对该企业开展品牌识别策划，重点思考品牌感官识别和品牌感知质量方面的设计，最终提交品牌识别策划方案并开展汇报。

1. 实训目的

（1）通过分析熟悉企业的品牌识别，增进对品牌识别概念的理解。

（2）通过搜集材料、整理材料、分析材料，提高发现问题、分析问题、解决问题的能力。

（3）通过撰写品牌识别策划方案，掌握品牌识别的设计方法。

2. 实训内容与要求

（1）自愿组成学习小组，每组 4 ～ 5 人，各组自主收集资料。

（2）学习小组组长组织本组同学讨论，并分配工作。

（3）各小组撰写一份企业品牌识别策划方案。

（4）各小组制作 PPT，并在班级内讲解展示。

3. 成果与检测

（1）每个小组提交品牌识别策划方案一份。

（2）PPT 汇报展示。

（3）其他小组同学提出问题，汇报人解答。

4. 现场点评与总结

请根据自己的学习情况填涂下表。

评价标准	自我评价	同伴评价	教师评价
语言表达清晰流畅	☆☆☆☆☆	☆☆☆☆☆	☆☆☆☆☆
专业知识掌握良好	☆☆☆☆☆	☆☆☆☆☆	☆☆☆☆☆
方案具有良好的创新性	☆☆☆☆☆	☆☆☆☆☆	☆☆☆☆☆
方案具有良好的可行性	☆☆☆☆☆	☆☆☆☆☆	☆☆☆☆☆
我的收获			

第 5 章 品牌组合

学习目标

知识目标

1. 理解品牌组合的内涵。
2. 理解品牌层次理论。
3. 掌握单一品牌策略。
4. 理解多品牌策略。
5. 掌握品牌数量管理方法。

能力目标

1. 能够根据企业发展战略规划品牌组合结构。
2. 能够根据企业发展需要制定单一品牌策略。
3. 能够根据企业发展需要制定多品牌策略。

素质目标

通过学习品牌组合，提高品牌策划职业素养。

思维导图

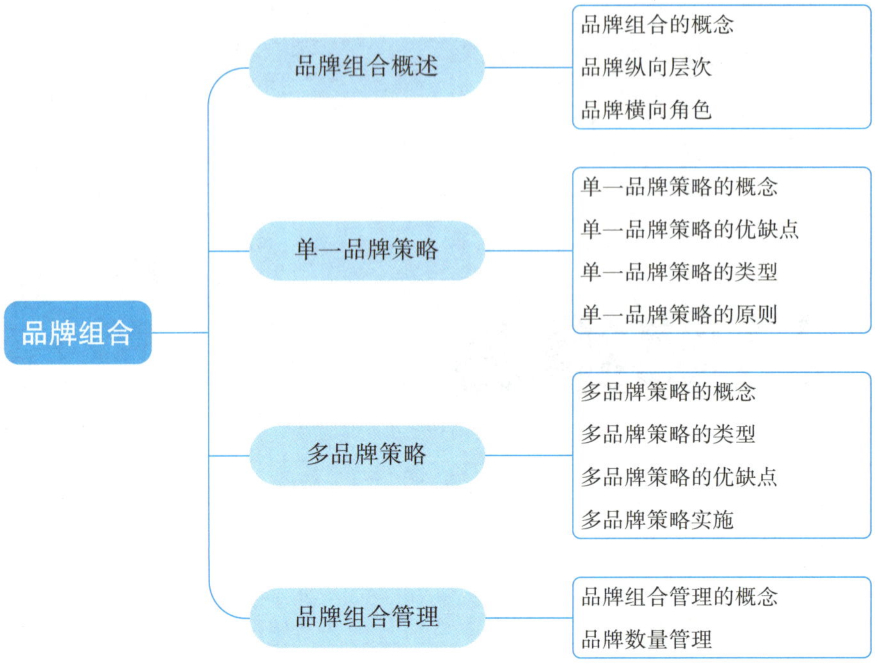

案例导入

海尔集团的多品牌策略①

海尔从冰箱做起，良好的品牌形象使海尔集团的新产品更容易被顾客接受。海尔在面对新市场时，坚持先以原有技术、特长和经验为基础开发新产品，再慢慢向外扩大自己的业务范围。从白色家电到黑色家电，从洗衣机、热水器到电脑、手机，海尔集团旗下的品牌越来越多，顾客在不知不觉中也逐渐接受了这些品牌。随后，海尔逐渐向其他行业发展，于2002年创立了一个属于自己旗下的综合服务品牌——日日顺（旗下有日日顺物流、日日顺健康、日日顺乐家等产业平台）。实施多品牌战略时不可急于求成，要以一定的品牌优势为基础。这必须归功于科学的品牌开发策略，并且在多品牌策略的实施中要注意规避风险。

讨论：

你如何看待海尔集团多品牌策略？

随着企业的不断发展壮大，为了满足不同细分市场顾客的个性化需求，企业会逐步开发新品牌。但是企业拥有的品牌数量越多，品牌之间的关系就会变得越复杂，这时，企业将面临品牌组合的管理问题。本部分内容旨在探索企业如何处理好多品牌之间的关系，使企业的众多品牌形成一个高效的组合。

① 资料来源：管理会计汇，2021-04-23，有删改。

5.1 品牌组合概述

5.1.1 品牌组合的概念

顾客需求逐渐向个性化方向发展，企业为了能够更好地满足顾客的不同需求，会推出具有不同个性的品牌，并逐渐进入拥有多个品牌的时代。多品牌时代的到来让品牌组合战略应运而生。如何科学地处理企业旗下众多品牌的关系，成为品牌组合管理的重中之重。

品牌组合是指企业出售的每一特定品类所包含的品牌和品牌线的集合。品牌组合策略是指企业运用一套系统方法，对多个品牌进行系统化和精细化管理的过程，它便于企业解决现有的品牌问题。品牌组合策略是品牌策划的核心内容之一，其目的是对有限资源进行合理分配，使品牌组合价值最大化。

5.1.2 品牌纵向层次

凯勒对企业各种形式的品牌进行分析之后，提出了品牌层次理论，将企业品牌从纵向划分为四个层次，自下往上分别是公司品牌、家族品牌、产品品牌和修饰品牌，如图 5-1 所示。越往下的层次外延越宽，覆盖的产品类别越广；越往上的层次外延越窄，往往只用于特定的一种产品。品牌层次理论解释了企业品牌组合的纵向层次结构。企业往往会选择两个及以上层次的品牌共同构成某一具体产品的名称，如比亚迪汉 EV，这个产品名称就包含了三个层次的品牌，其中比亚迪是公司品牌，汉是产品品牌，EV 是修饰品牌。

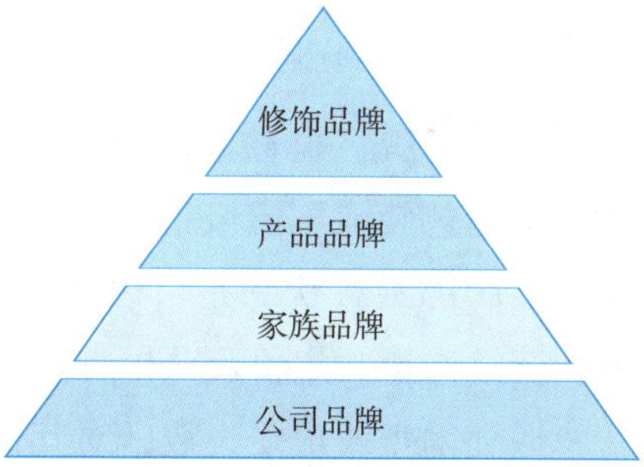

图 5-1 品牌纵向层次结构

1. 公司品牌

公司品牌，也称集团品牌，是指以企业名称作为品牌名称的品牌。公司品牌传达的是企业的经营理念、文化、价值观念及对顾客的态度等。该品牌的资产主要来自企业形象，是顾客对企业进行认知、理解与联想的综合体。当集团公司旗下拥有众多子公司或事业部时，公司品牌就是指集团品牌。但在品牌理论文献中，常用公司品牌这一称呼。因此，在未特别说明的情况下，集团品牌和公司品牌交替使用，属于企业品牌架构中的最高层级。公司品牌的下一层往往会有多个家族品牌。公司品牌是企业其他品牌资产的集合体，拥有很多产品品牌无法比拟的优势。

（1）在不同产品和市场中使用公司品牌将使品牌管理更加容易和高效。

（2）公司品牌能为旗下的产品品牌提供更为丰富的品牌联想。

（3）公司品牌能够支持产品品牌与利益相关者之间的沟通。

（4）在进行国际扩张时，公司品牌可以为产品品牌提供背书，产品可信度会因公司品牌的强大而提升，产品品牌会被顾客认同。

但并非所有的企业或业务都可以用公司品牌开展营销活动。在以下三种情况下，要弱化与公司品牌的关联。

（1）如果公司品牌仅能使顾客联想到某些特定产品类别，那么使用公司品牌的产品品牌范围就会过于狭窄，公司品牌的作用就不大。

（2）如果公司品牌缺乏相关的价值主张，就需要一个新品牌来阐明更细致的定位和顾客需求，而不能盲目地使用公司品牌。

（3）当公司品牌具有负面联想时，不要使用公司品牌，以免造成更大的风险。

2. 家族品牌

家族品牌是多类产品共用名称的品牌。家族品牌与企业名称不同，基本没有企业这一层的联想。家族品牌产生的情况一般有两种：一种情况是企业为某款产品开发了一个区别于企业名称的新品牌，之后又将该品牌名称用于其他新产品，这样就诞生了家族品牌；另一种情况是企业通过兼并、收购获得家族品牌，如吉利汽车通过收购和重组获得了沃尔沃、宝腾、路特斯等家族品牌。

设置家族品牌是为多种相互独立的产品建立共同联想的有效手段。该手段有两面性：一方面，采用家族品牌作为新产品的名称，可以降低新产品的市场导入成本，提高市场接受的可能性；另一方面，家族品牌也容易受到失败产品的牵连。

3. 产品品牌

产品品牌，也称为单个品牌，是指只用于一个产品系列的品牌名称。产品品牌可以用于不同型号、不同包装或不同风格的同一产品，如 350mL、1.5L、4.5L 的矿泉水都可以使用同一个品牌名称。产品品牌的最大优势是可以针对特定的目标市场制定一套独立的营销方案，对于品牌标识、产品构想、营销沟通、定价及分销等可以专门进行设计，而不受其他品牌的影响和约束。而且一旦这个产品品牌遇到困难或遭受失败，对其他品牌的影响不大。其实，很多知名品牌都是由单个品牌起家，由于品牌获得巨大成功，单个品牌又推出新产品，进而转化成家族品牌。

4. 修饰品牌

修饰品牌是对产品的某个款式、型号或特殊版本进行标识的品牌名称。不管产品是否已经使用了公司、家族或产品品牌，都有必要根据产品款式或型号的不同，使用修饰品牌进一步对产品进行区分。例如，红米手机在 Redmi 后面加的 K40、K50、K60 等，这些修饰品牌能够帮助顾客区分不同型号的红米手机。修饰品牌可以帮助顾客区分产品之间微小但确实存在的差异，但一般不进行单独宣传，仅作为不同型号产品之间区别的标识。因此，修饰品牌往往附加在公司、家族或产品品牌之后，共同构成某款产品的全称。

企业品牌层次策划是品牌组合纵向结构的重要决策。很多企业在成立之初没有对此进行过多的思考，常常随着企业规模的扩大不断增加新品牌，导致不同品牌之间组合混乱。因此，企业在成立之初就需要规划好品牌组合的纵向结构由哪几个层级构成。公司、家族、产品品牌都可以进行单独宣传，以此累积品牌资产，但是修饰品牌只作为不同型号产品的区分标识，不单独宣传。

5.1.3 品牌横向角色

随着顾客需求的个性化发展，企业会推出越来越多的品牌来满足不同细分市场的顾客需求。这些为满足不同细分市场而产生的品牌，在企业的品牌层级结构中可能处于同一个层次。例如，比亚迪公司的汉、秦、宋品牌都属于产品品牌。这些品牌在企业担任不同的市场角色，并构成了企业品牌组合的横向结构。品牌横向组合指的是在同一品牌层级上的不同品牌形成的集合。从市场竞争的角度来讲，同属一个层级的品牌在品牌横向组合中可能担任以下品牌角色。

1. 旗舰品牌

旗舰品牌一般称为主品牌，其市场份额和市场增长率高，是产品和企业长期发展的核心支撑。旗舰品牌在每一个品牌层级并非只有一个，有些企业会出现“多辆马车并驾齐驱”的品牌现象。每个旗舰品牌的定位一般不同，可以是定位的行业不同，也可以是同一行业定位的细分市场不同。

2. 侧翼品牌

侧翼品牌，也称为副品牌，通常为旗舰品牌保驾护航，常常具有与竞争品牌较多的相似之处，维护旗舰品牌的市场地位。当侧翼品牌被定位为低价位品牌时，它就能够通过低价吸引新顾客；如果将侧翼品牌定位为高端品牌，它就能提高企业的整体信誉，更有利于开发旗舰品牌的宣传点。例如，小米公司推出专注于中低端市场的红米品牌，在市场上具有一定消费群体，同时其市场责任还包括保护主品牌“小米”。当竞争对手以低价格进行市场渗透时，红米品牌手机可以通过价格调整与对手在中低端市场周旋，从而从侧面为小米品牌手机做掩护，稳住主品牌的市场地位。

企业策划品牌组合时需要综合考虑品牌组合的纵向结构和横向结构。在纵向结构上，考虑品牌层次的数量，即公司品牌、家族品牌、产品品牌和修饰品牌的选择；横向结构考虑品牌角色的数量，即旗舰品牌和侧翼品牌的数量设计。最终企业的品牌组合会形成一个纵横交织的矩阵，具体如图 5-2 所示。

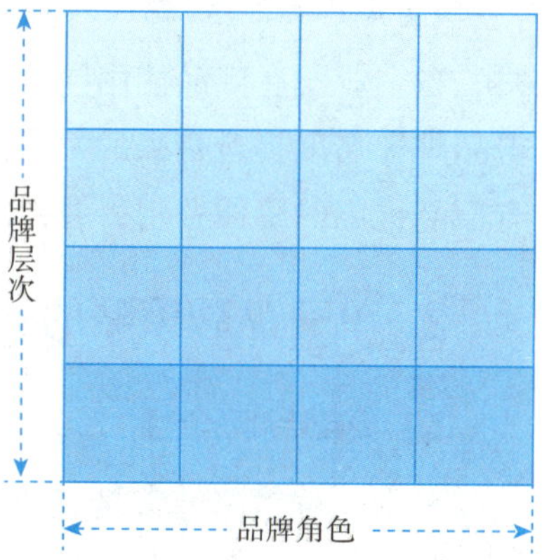

图 5-2 品牌组合结构矩阵

5.2 单一品牌策略

虽然不同的企业根据自身实际情况，会采取不同的品牌组合策略，但常见的品牌组合策略主要有两类：单一品牌策略和多品牌策略，接下来的内容也是主要讨论这两种品牌组合策略。

5.2.1 单一品牌策略的概念

单一品牌策略，又称统一品牌策略或同一品牌策略，指企业成功推出一个品牌后，将该品牌延伸至其他产品，最终形成多种产品使用同一品牌的情况。单一品牌策略典型的特征就是企业所有的产品都共用一个品牌名称、一种核心价值、一套品牌识别。

5.2.2 单一品牌策略的优缺点

1. 单一品牌策略的优点

1）有助于丰富品牌形象

不同的产品使用同一个品牌可以增加品牌内涵，丰富品牌在顾客心中的形象，提高顾客对品牌的认可度。例如，以羊绒衫起家的某品牌，有着“温暖全世界”的品牌理念，把该企业的品牌延伸至羊毛衫、内衣和羽绒服等不同产品线上，就丰富了该品牌在顾客心中的形象。

2）提高新产品的成功率

推出与原有品牌功能相同或相似的新产品并使用原品牌名称时，若顾客对原有品牌很信任，那么顾客在购买新产品时，会认为购买自己熟悉品牌的产品能大大降低购买风险，并因此愿意试用或购买新产品，这能增加新产品进入市场的机会，提高新产品的成功率。

3）提高品牌的宣传效率

当企业所有产品使用同一个品牌时，只需要投资一个品牌的宣传费用，就可以让所有的产品都获得品牌知名度提升带来的好处。这样一方面可以降低企业的品牌建设成本，另一方面可以降低企业所有产品推广的整体费用，并提高宣传效率。

2. 单一品牌策略的缺点

1）模糊品牌个性

单一品牌策略通常是成功推出一种产品后，继续向市场推广其他新产品，但是新产品继续采用原有品牌名称。然而不断推出的新产品可能具有不同于原有产品的新特征，当新产品的特征与原有品牌的核心价值不符时，会导致品牌的个性特征变得多而杂，从而模糊品牌原有的个性特征，甚至导致顾客对原有品牌的认识产生变化。

2）不利于产品垂直延伸

在使用单一品牌策略时，所有产品只能处于同一价格水平，无法满足不同消费水平的顾客需求。因为当企业推出更高价格的产品时，顾客受原有品牌形象的影响会认为该产品不值该价格，从而拒绝购买；同样的，当企业推出更低价格的产品时，虽然这会让顾客认为使用原品牌的低价格产品物超所值，但是这也会破坏原有品牌的形象，导致顾客认为该品牌的价值在降低，从而拒绝购买原有的产品。例如，派克品牌原本是定位高端市场的品牌，产品的价格普遍高于市场同类产品，但是后来企业为了争夺低档笔市场，推出了低价的大众化钢笔，但是低档产品沿用了原来的派克品牌，导致原有高档笔的销量下降严重。

3）抑制新品类的开发

企业采用单一品牌策略时，受品牌个性特征的影响，会抑制企业新品类产品的开发。因为品牌越是成功，其在顾客心中的品牌形象就越具体，品牌个性也越突出，从而令顾客形成该品牌擅长经营某类产品的印象。如果企业开发新品类的产品，由于新产品超出原有产品品牌的品类范围，常常不会被顾客接受。例如，某洗发水品牌在顾客心中建立了清晰的中草药防脱发洗发水的品牌形象，那么该品牌将很难使用到头发护理品类之外的新产品上，假如该品牌推出一款果汁产品，顾客可能将很难接受。

4）负面影响相互牵连

单一品牌策略有一个非常严重的品牌经营风险，就是负面影响会牵连不同产品。当使用单一品牌策略的企业有一款产品出现严重的质量问题时，顾客不会认为只有这款产品有质量问题，而是认为所有该品牌下的产品都有质量问题，从而产生非常严重的连锁反应。这样给企业造成的损失将是巨大的，甚至是不可控的。因此，使用单一品牌策略的企业需要严把产品质量关，不能允许任何一款产品出现严重的质量问题。这对企业的经营管理将是一个非常大的挑战。

5.2.3 单一品牌策略的类型

按照品牌单一化程度和范围的不同，可将单一品牌策略分为以下三种类型。

1. 线内单一品牌策略

线内单一品牌策略，指企业内同属一个品类的产品使用相同的品牌名称。例如，同类产品的不同口味、不同成分、不同型号、不同尺寸的新食品，具有功能互补、目标市场相同等特征，都使用同一品牌。线内单一品牌策略是使用产品品牌进行品牌名称单一化的。

2. 跨类单一品牌策略

跨类单一品牌策略，又称范围品牌策略，指企业内具有相同质量、不同品类的产品使用同一品牌名称。跨类单一品牌策略涵盖的产品范围要比线内单一品牌策略大些，因此跨类单一品牌策略是使用家族品牌进行品牌名称单一化的。

3. 完全单一品牌策略

完全单一品牌策略，又称伞形品牌策略，指企业生产的所有产品都使用同一品牌名称，而且该品牌名称就是企业名称。实行该品牌策略较为典型的例子是美的公司。该公司生产的冰箱、空调、油烟机、电风扇，以及电水壶等家电产品，都被冠以同一品牌：美的。完全单一品牌策略的最大特点是企业品牌的高度统一。

课堂讨论：海王集团的一牌多品

5.2.4 单一品牌策略的原则

1. 体现核心价值

一方面，所有成功的品牌都有其独特的核心价值，实施单一品牌策略时，延伸的新产品都应遵循原有品牌的核心价值；另一方面，品牌的核心价值还需要具有较强的包容性，只有这样才可以成功进行不同产品的延伸。

2. 积累品牌资产

企业进行单一品牌策略的前提是该品牌有一定的资产积累，只有这样才能把新产品放进同一品牌，并借助该品牌的影响力迅速推向市场。因此，企业一方面要积极创建强势品牌，积累品牌资产，如此才能充分发挥单一品牌策略的优势；另一方面延伸的新产品要有助于原有品牌资产的积累，因此要求新产品要维护原有品牌形象，严控产品质量。

3. 具有关联性

企业实施单一品牌策略除注意积累品牌资产外，还需要注重延伸产品与核心产品的关联性，即产品功能、特征等关联性较高的产品可以使用同一品牌。例如，小米以“让每个人都能享受科技的乐趣”为公司的愿景，企业以“小米”为品牌名称成功推出关联性产品，如手机、平板电脑、打印机、传真机、扫描仪、投影仪等，强调延伸产品与核心产品之间的关联性，其目的是维护品牌在顾客心中的统一形象。

5.3 多品牌策略

多个品牌能较好地定位不同利益的细分市场，强调各品牌的特点，吸引不同的顾客群体，从而占有较多的细分市场。

5.3.1 多品牌策略的概念

多品牌策略是指企业针对不同的目标市场开发不同品牌的策略。在个性化与多样化的消费潮流里，企业若能在深入、科学的市场调查基础上，发展出多个品牌，每个品牌都针对某一细分群体进行产品设计、形象定位、分销规划和广告活动，那么各品牌的个性和产品利益点便更能吻合目标顾客的特殊需要，从而获取目标顾客的信赖和品牌忠诚。

5.3.2 多品牌策略的类型

多品牌策略在具体实施过程中可以分为个别品牌策略和多重品牌策略。

1. 个别品牌策略

个别品牌是指企业不同类别的产品分别采用不同的品牌。企业同时经营不同类别的产品时，可以通过分别建设不同的品牌在顾客心中的形象，形成相互区别的认知区隔，避免某种产品声誉不佳时对其他同企业产品的影响；企业还可以通过个别品牌策略为不同类别的产品建设不同定位的品牌，从而确保每个品牌的核心价值和个性特征都可以与产品的特点相吻合。

2. 多重品牌策略

多重品牌策略是指在相同类别的产品中设立两个或两个以上相互竞争的品牌。这种做法可能会使原有品牌的销量略减，但由于几个品牌加起来的总销量比原来一个品牌更多，因而这种策略又被企业界称为“1+1 > 1.5”策略。目前这种方法在美容用品、洗涤用品等行业中运用得较为普遍。多重品牌策略之所以对企业有如此大的吸引力，主要是因为该策略具有以下几个作用。

（1）零售商的商品陈列位置有限，企业的多种不同品牌只要被零售商店接受，就可占用较多的货架面积，而竞争者所占用的货架面积自然会相应减少。

（2）许多顾客属于品牌转换者，具有求奇、求新心理，喜欢试用新产品，抓住这类顾客、提高产品市场占有率的最佳途径就是推出多个品牌。

（3）发展多种不同的品牌有助于企业内部各个部门之间、产品经理之间开展竞争，提高效率。

（4）不同的品牌可以通过宣传不同的广告诉求点、利益点满足不同顾客更为个性化的利益诉求。

5.3.3 多品牌策略的优缺点

1. 多品牌策略的优点

1）有利于提高市场占有率

大规模的市场往往包含着不同层次、不同种类的顾客需求，靠单一品牌难以统领企业所有产品去占领市场。企业可以根据顾客不同种类、性质的需求，设计、生产不同的产品，并对应建设拥有不同个性特征的品牌，以此满足不同市场的需求，从而提高市场占有率。

2）有利于强化品牌个性

实施多品牌策略可以为每个品牌赋予鲜明的品牌个性，从而形成显著的品牌差异，以满足不同顾客的品牌偏好，从而更好地迎合消费需求。

3）有利于满足品牌转换者需求

大多数顾客有猎奇性、尝试性的消费冲动，会在不同品牌之间转换。如果企业同时提供几种乃至几十种品牌，就有可能锁住大部分品牌转换者，让他们继续使用本企业其他品牌的产品。多品牌策略是满足品牌转换者需求的主要手段。

4）有利于挖掘内部潜能

在实施多品牌策略的时候，企业通常会为每类产品设置一个品牌，并且实行品牌经理制。每位品牌经理负责一个品牌的营销活动，来自企业内部的激励与压力会促使品牌经理们努力搞好品牌营销工作。良好有序的内部竞争可以促使企业经营效率的提高。

2. 多品牌策略的缺点

1）挑战企业的品牌管理能力

对企业来说，多品牌比单一品牌的管理难度要高得多。因为各品牌之间要实施严格的市场区分，各品牌要具有鲜明的个性，只有这样才能既吸引顾客，又能联手对外夺取竞争者的市场。如果引入的新品牌与原有品牌没有明显的差异，一方面在市场上会出现同一企业不同品牌争夺相同顾客的情况，另一方面也会出现不同品牌在企业内部恶意争夺资源，导致企业管理混乱的情况。

2）增加企业的经营成本

为不同的产品建设不同的品牌，意味着每个品牌都需要投入大量的资金并进行相关的品牌建设工作，这将导致企业会出现很多组织结构、人员岗位的重复设置，以及品牌建设工作的重复开展，这些必然会增加企业的经营成本。过多的品牌还可能降低企业与零售商的议价能力，像一些连锁便利店，往往只会在每一类商品中挑选市场份额排名前二或前三的品牌在店中销售。如果公司想将所有商品放在终端货架上，就需要支付巨额的商品上架费，这将不利于自身成本的控制。

3）整个品牌组合效率低下

如果公司盲目追求对市场的全面覆盖，就会产生过多的小品牌，而其中的重要品牌又得不到有效管理，整个品牌组合就会效率低下。维持数量众多的小品牌比销售几个大品牌更费钱，因为在工厂中制造大量不同品牌的产品会产生高额的生产成本，同时在营销终端也需要使用更多的营销投入，营销力量就分散到了大部分效益较低的品牌上。

5.3.4 多品牌策略实施

企业采取多品牌策略时需要根据不同细分市场顾客的需求特点、企业自身实力，以及市场竞争情况，合理规划，谨慎决策。

1. 多品牌实施的原则

1）整合资源

企业采取多品牌策略时，要提前做好品牌组合策划，使不同品牌之间既各自独立，又能相互共享资源，形成合力，使企业有限的资源得到最优化的配置，从而实现企业整体经营效益的最大化。

2）创造差异

多品牌策略最大的优势是通过定位不同的品牌满足不同消费群体的需求，以达到占领更大市场份额的目的。因此，企业采取多品牌策略时，需要赋予新品牌与原有旗舰品牌不同的品牌定位，使新品牌与旗舰品牌相比有所区别。有差异的多种品牌才能达到广泛覆盖不同的细分市场、争取最大市场份额的目的，没有差异的多种品牌反而会增加企业的生产、营销成本，导致顾客的消费欲望降低。

2. 适合多品牌的行业

1）成长期的消费品行业

在一些正处于成长期、尚未被某些大品牌垄断的行业，推行多品牌策略的优势是十分明显的，诸如服装、化妆品、餐饮等行业。这些行业品牌众多、鱼龙混杂，各类品牌呈阶梯状分布，且尚无领导品牌。这些行业一方面市场总体容量巨大，另一方面由于空间、顾客个性需求的影响又分成了众多细分市场。在这种情况下，当一个品牌成长到一定高度后，不仅继续成长的空间不大，而且推广的难度也越来越高。因此实行多品牌策略，通过不同定位的品牌来满足不同顾客的需求，是比较明智的做法。

2）小众消费品行业

小众消费品行业因为通常消费需求较小，所以很少被大众顾客和媒体关注，其具有价格透明度低、利润相对丰厚、品牌知名度不高、品牌推广成本相对较低等特点。这种行业环境为新品牌的成长创造了机会，同时也造就了多品牌运作的温床。如音响、在线学习软件等消费品行业。

以上两个行业只是作为企业实施多品牌策略的参考，企业是否采取多品牌策略还需根据自身和市场的实际情况决定。因此，处于上述行业的企业不一定要采取多品牌策略，其他行业的企业也不是不能采取多品牌策略。

案例

格力集团的多品牌策略①

格力努力为自己打造了一个专业制造空调的企业形象，“格力＝空调”这一概念深入人心。2012 年，格力实施多品牌战略，首先进军制冷家电行业，以“晶弘冰箱，质量为王”为口号将旗下第一个家电品牌推入市场。然而，在晶弘冰箱还未被顾客接受的时候，格力在 2013 年又推出了格力智能小家电。急于问世的小家电销量并不乐观，2016 年的企业年报显示，格力旗下的小家电销售额仅占总销售额的 1.9%。

在家用电器品牌发展方向尚不明朗的时候，格力又将目光聚焦在通信领域上，2015 年格力手机引起了轩然大波。在格力手机推出时，格力集团对它的定位是发挥遥控器的作用，这根本无法满足智能手机顾客的需求。通常顾客使用手机的核心功能在于娱乐和通信，用手机遥控家居并不能满足多数顾客的需求。并且家电和智能手机存在着较大的区别，软硬件设施与更新速

① 资料来源：管理会计汇，2021-04-23，有删改。

度上的差异使两者之间难以互联互通。虽然格力在短短的五年时间中，分别在不同领域相继推出数十个产品，但格力多品牌策略无疑是失败的，这也影响了格力的品牌核心价值。

讨论：

你如何看待格力集团的多品牌策略？

5.4 品牌组合管理

企业品牌的组合形式多种多样，不同的品牌组合实际上代表着不同的市场组合和企业内外部资源的组合。品牌组合管理就是要整合企业内外部资源，达到“1+1 ＞ 2”的系统效应。

5.4.1 品牌组合管理的概念

企业不同的品牌各自拥有不同的地位，对企业整体市场的表现起到不同的作用，如有的品牌作为侧翼品牌起到建立声誉的目的，有的品牌是为了抵御竞争对手，有的品牌是用于进入新市场，有的品牌是用于盈利，等等，多个品牌按照一定的关系组合起来共同发挥作用。企业的品牌组合管理就是要取长补短，共同发挥各种品牌的作用，提升企业的整体市场竞争力。

品牌组合管理，是指根据企业发展目标和内外部的条件与资源现状，评估品牌在市场上的影响力，对品牌组合进行优化整合，从而实现品牌资源的最优配置和企业竞争力提升的过程。品牌组合管理是一种动态的管理过程，它集中体现在对品牌组合中品牌数量和质量（品牌间关系）的管理上，主要对以下几种情况进行动态管理。

（1）企业现有不同品牌在市场覆盖方面是否存在重叠或空白？

（2）出于成本优化的考虑，是否能够在不影响利润的情况下剔除一个品牌？

（3）出于市场开拓的考虑，是否至少有一个优势品牌能够带动某一市场的开发？

（4）出于竞争防御的考虑，是否至少有一个品牌可以作为其他品牌的后盾（防御品牌）？

（5）跨区域经营时，是否至少有一个区域品牌和全球品牌的最佳组合？

5.4.2 品牌数量管理

品牌组合实质上是市场的组合，一个企业需要多少个品牌，取决于企业拥有多少资源，希望占据多少个细分市场，以及这些市场的差异性大小。具体表现在：品牌组合也是一个盈利组合，它的数量多少取决于这些品牌在市场上的表现和盈利能力；品牌组合还是一个资源组合，拥有品牌数量的多少主要取决于企业资源的丰富程度。企业需要对品牌组合进行管理，使品牌在数量上的组合不超出企业的资源状况，实现企业预期的市场目标。品牌组合在“量”上的管理主要包括以下几个方面。

1. 品牌组合增量管理

品牌组合的增量管理是指企业为了区别新产品或进入新市场，通过一定的途径增加品牌数量，以提高品牌组合的效益和效率的过程。企业的品牌可以有三个来源：自创品牌、并购品牌、联合品牌。荷兰里克·莱兹博斯等学者对三者进行了对比，如表 5-1 所示。

表 5-1 建立品牌组合的三种途径

项目	评价标准		
途径	速度	控制	投资
自创品牌	慢	高	中
并购品牌	快	中	高
联合品牌	中	低	低

1）自创品牌

自创品牌是企业为新产品启用的新的品牌名称，塑造的新的品牌形象。如华龙集团自创“今麦郎”进入方便面的高端市场，以区别“华龙”的中端市场。创建新品牌是增量管理中使用频率最高的一种方式。新品牌的优势是可塑性强，品牌定位、品牌个性、产品价格等方面的制定比较灵活，不受历史因素限制；劣势是品牌知名度低，品牌推广成本较高，品牌成长过程漫长。

2）并购品牌

并购品牌是企业为了迅速进入某个市场而并购该市场已有品牌的做法。如吉利汽车公司通过收购“沃尔沃”品牌进入高端汽车市场。有些曾经在行业内举足轻重的品牌，会因观念、产品、市场、渠道等方面的失误或者反应速度太慢而没落下去，但这些品牌在顾客心中还是有着一定的品牌知名度。如果自身优势恰恰是这些品牌所欠缺的，并且有足够的信心让这些品牌东山再起，那么企业可以考虑将这些品牌收购，然后赋予其新的血液和新的生命力，让其重新创造价值。

3）联合品牌

联合品牌是企业为了利用他人的资源打开某个市场，通过合资或合作的形式，共同建立一个混合品牌或联盟品牌，通过企业品牌与合作品牌之间的优势互补，同时提高双方的品牌竞争力，然后以新的品牌组合向竞争对手发力。

无论是自创品牌、并购品牌还是联合品牌，在速度、控制和投资上都各有优势和劣势。企业品牌组合增量的理想状态应是能够快速地进入和占领市场、严格地控制品牌形象（确保品牌形象不受损害）和最低的投资。企业应该根据这三种方式的不同特点，再结合自身经济状况和经营能力、产品和市场需求特点及企业要达到的目标，选择不同的增量途径。

2. 品牌组合减量管理

当品牌组合中的品牌成员已经多到影响企业资源利用、绩效产出，超出其管理能力时，适当进行品牌减法也是势在必行的。精简品牌组合，即品牌减法，有时又称为砍掉品牌或者清理品牌，是一种“以守为攻”的品牌战略，包括减少现有品牌数量、业务领域、品牌层级，也包括品牌元素的优化。从品牌组合的架构看，品牌的减法同时适用于品牌组合纵向和品牌组合横向。品牌组合纵向的减法指减少品牌的层级，品牌组合横向的减法指减少某一层级上品牌的数量。企业的品牌组合什么时候需要做减法呢？以下列举了企业品牌组合需要做减法的八大信号。

（1）有潜力的品牌缺乏资源，老而过时的品牌却占有太多资源。

（2）品牌之间难以显示差异，利润空间变小。

（3）关键品牌平淡无奇、老化，急需改变形象。

（4）一些品牌资产没有得到充分利用。

（5）产品混乱，顾客甚至员工也分不清楚其品牌归属。

（6）过多的品牌和产品分散了本已不足的资源。

（7）市场上出现了新的产品类别和子类别，本公司产品市场份额缩小。

（8）当核心市场正变得不利时出现极具营利性和生命力的子市场，但公司目前却没有品牌参与这个市场。

当企业需要对品牌组合进行优化时，可以采用波士顿矩阵（见图 5-3）进行分析。波士顿矩阵，又称四象限分析法，主要依据市场增长率和相对市场占有率两个指标对企业的各个品牌进行分析，并依据分析结果对品牌组合进行优化。波士顿矩阵的纵轴表示市场增长率，它是指某个品牌前后两年市场销售额增长的百分比。这一增长率表示品牌在市场的相对吸引力，通常用 10% 作为增长率高低的界限。横轴表示某个品牌在产业中的相对市场占有率，是指某个品牌的市场份额与这个市场上对标的竞争对手的市场份额之比。这一相对市场占有率反映出企业在市场上的竞争地位。相对市场占有率的分界线为 1.0（在该点某品牌的市场份额与市场上对标竞争对手的市场份额相同），该分界线将相对市场占有率划分为高低两个区域。横轴之所以采用相对市场占有率而不采用绝对市场占有率，是考虑到品牌所在产业的集中度差异，绝对市场占有率不能够准确反映品牌在所处产业中实际的竞争地位。

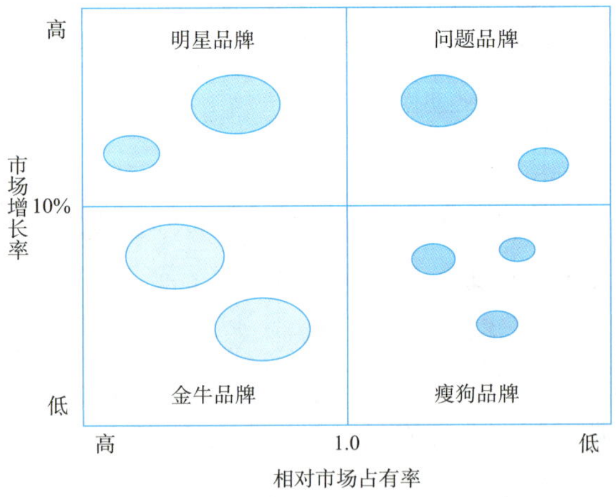

图 5-3 波士顿矩阵

四个象限的圆圈表示企业的某个品牌，而圆圈面积的大小表示该品牌的收益与企业全部收益之比。根据各个品牌的市场增长率和相对市场占有率的分析结果，波士顿矩阵将这些品牌分成四类。

1）明星品牌

明星品牌处于高增长、强竞争地位的状态。这类品牌处于迅速增长的市场，具有很大的市场份额。在企业的全部品牌中，明星品牌的增长和获利有着极好的长期机会，但它们是企业资源的主要消耗者，需要大量的投资。为了保护和扩展明星品牌在市场中的主导地位，企业应在短期内优先供给它们所需的资源，支持它们继续发展。

明星品牌适宜采用的战略是以提高相对市场占有率为目标，增加资金投入，甚至不惜放弃短期收益，从而积极扩大经济规模和市场机会，以长远利益为目标，提高市场占有率，加强竞争地位。明星品牌的管理组织最好采用事业部形式，由对生产技术和销售两方面都很在行的经营者负责。

2）问题品牌

问题品牌处于高增长、弱竞争地位的状态。这类品牌通常处于最差的现金流量情况：一方面，其所在产业的市场增长率高，需要企业大量投资以支持其生产经营活动；另一方面，其相对市场占有率低，能够生成的资金很少。因此，企业对是否继续投资问题品牌需要进一步分析，判断其成长为明星品牌的可能性、后期需要的投资量及未来的盈利水平，从而判断是否值得继续投资。如果问题品牌不值得继续投资，企业要果断止损。相反，如果问题品牌具有很好的成长性，企业就要做好后期的投资规划。

企业对问题品牌应采取选择性投资战略，即首先确定对该象限中那些经过改进可能快速成为明星品牌的品牌进行重点投资，提高市场占有率，使之转变成明星品牌；对其他将来有希望成为明星品牌的品牌则在一段时期内采取扶持的对策，对问题品牌的改进与扶持方案一般均列入企业长期计划中。对未来没有机会成长为明星品牌的问题品牌可以采取类似处理瘦狗品牌的方法。问题品牌的管理组织最好是采取智囊团或项目组等形式，选拔有规划能力、敢于冒风险的人负责。

3）金牛品牌

金牛品牌处于低增长、强竞争地位的状态。这类品牌处于成熟、低速增长的市场，但是市场地位非常有利，盈利率高，本身不需要过多投资，反而能为企业提供大量资金，用以支持其他品牌的发展。

金牛品牌企业可以采取维持战略，即维持现有投资水平，确保品牌现存的市场增长率和市场地位。对于金牛品牌，适合用事业部制进行管理，其经营者最好是市场营销型人才。

4）瘦狗品牌

瘦狗品牌处于低增长、弱竞争地位的状态。这类品牌往往处于顾客需求饱和的市场，竞争激烈，可获利润很低，不能成为企业资金的来源，未来没有成长的可能性。

对这类品牌应采用收割或放弃战略，目标在于清理和撤销这类品牌，减轻企业负担。对那些还能自我维持的瘦狗品牌，应逐渐减少产品生产批量，缩小经营范围，将剩余资源向其他品牌转移；对那些市场增长率和企业市场占有率均极低的品牌则应立即放弃，可以将该品牌及其他资产转卖其他企业，也可以立即停用该品牌，将该品牌的资产和人员并入其他品牌。

案例

美的收购四大公司[①]

本文通过剖析美的收购的四家公司（库卡、合康新能、菱王电梯、万东医疗），探究美的发展方向和新赛道。2020 年 12 月 31 日，美的集团发布文章《美的：重新出发》，宣告美的集

① 资料来源：《美的收购的四大金刚》，雪球网，2022-10-28，有删改。

团根据未来市场新方向，重新规划调整业务框架，重新定位五大业务板块（智能家居事业群、机电事业群、暖通与楼宇事业部、机器人与自动化事业部和数字化创新业务）。

1. 库卡集团

2016 年 5 月，美的发布《美的集团股份有限公司要约收购 KUKA 报告书》，宣布耗资 292 亿元人民币收购四大机器人家族之一的德国库卡公司股份，收购完成后，叠加过去持有的 13.51% 股份，美的通过其境外全资子公司 MECCA 合计持有库卡集团 94.55% 股份。2017 年美的完成对库卡的收购后，逐渐实现对库卡业务的整合。2018 年与库卡设立合资公司，合并库卡及其子公司瑞仕格的中国区业务，2019 年库卡成立中国事业部，涵盖多场景自动化业务。

美的收购库卡时，双方签订隔离防范协议，保障库卡独立性。但随着合作深入，双方加快整合步伐。2018 年 3 月，美的发布《与库卡集团设立合资公司并新建生产基地的提示性公告》，美的与库卡中国成立三家合资公司，拓展工业机器人、医疗、仓储自动化业务。在医疗和仓储自动化业务中，库卡整合其子公司瑞仕格的中国业务至合资公司，瑞仕格的加入提升了美的医疗和仓储自动化业务水平。

2. 合康新能

2020 年 3 月，美的集团发布《关于收购北京合康新能科技股份有限公司控股权的提示性公告》，通过子公司“美的暖通”耗资 7.43 亿元收购合康新能 2.09 亿股（约占总股本的 18.73%），收购完成后，公司合计持有合康新能 23.73% 股份，成为控股股东。5 月股份过户完毕，合康新能正式成为美的集团的子公司。

合康新能主营高压变频器、中低压变频器和工业伺服系统。经过多年累积，合康新能高压变频器市场占有率处于领先地位，根据工控网统计，公司的高压变频器市占率约为 14%。中低压变频器则用于电机拖动场合。而工业伺服系统从变频技术演变而来，其输出目标可以根据输入目标（或给定值）的任意变化调整位置、方向的自动控制系统，广泛应用于工业自动化生产领域。公司还从事新能源及节能环保的事业。新能源业务以整车控制器为核心，涵盖动力总成和充电桩制造业务。节能环保事业则包括提供垃圾填埋及处理、污水降解等技术服务。

3. 菱王电梯

2020 年 12 月，美的集团公众号发布《官宣！美的正式进军电梯业务！》公告，其旗下公司美的楼宇科技与菱王电梯达成合作并正式进军电梯业务。截至 2021 年 3 月，美的集团直接和间接持有菱王电梯股份达 80%。

菱王电梯成立于 2002 年佛山南海，专注于电梯制造，具备丰富的经验。菱王电梯产品涵盖乘客电梯、观光电梯、医用电梯、载货电梯、杂物电梯和自动扶梯等。菱王电梯拥有 210 项专利授权，是中国首批具备 18 000 kg 超大载重永磁同步节能型载货电梯制造资格的电梯企业，公司拥有通过了 CNAS 认证的质控实验中心，实验室能力达到国家级实验室水平，拥有丰富的电梯制造经验。

4. 万东医疗

根据万东医疗于 2021 年 2 月 3 日发布的《关于公司控股股东、实际控制人拟发生变更的提示性公告》，美的集团以 19.02 亿元收购万东医疗 1.3 亿股，交易完成后，美的集团将持有公司 29.09% 股权，成为公司的控股股东。

万东医疗是国产中很有实力的医学影像公司，软件硬件设备均有涉及。万东医疗是国内最早研发生产 X 光机的企业。据万东 2019 年年报，公司的主营业务为医疗影像设备的制造及销售和医学影像诊断服务，其影像设备主要包括医用 X 射线机（DR）、磁共振（MRI）成像系统、计算机断层成像（CT）系统。公司的 DR 系统（直接数字化 X 射线摄影系统）是其最大的产品线，其次是磁共振产品线，二者销售占比分别为 50% 和 30% 以上。随着 CT 产品线的研制，CT 将成长为公司的第三支柱产品线。

讨论：

美的是通过什么方式开展多品牌策略的？美的为什么会选择这种方式？

温故知新

1. 品牌组合是指企业营销的每一特定产品大类所包含的所有品牌和品牌线组合。广义上，品牌组合是指企业所拥有及所管理的所有品牌间的系统的结构性关系。

2. 凯勒将企业品牌划分为四个层次：公司品牌、家族品牌、产品品牌、修饰品牌。

3. 在品牌横向组合中，品牌角色一般分为旗舰品牌、侧翼品牌。

4. 单一品牌策略，又称统一品牌策略或同一品牌策略，指企业成功推出一种品牌后，延伸至其他产品，生产的多种产品都使用同一品牌。

5. 单一品牌策略原则：体现核心价值、积累品牌资产、具有关联性。

6. 多品牌策略是指企业根据不同的目标市场开发不同品牌的品牌决策策略。

7. 多品牌实施的原则：整合资源、创造差异。

8. 品牌组合管理是指根据企业发展目标和内外部条件与资源现状，评估品牌在市场的影响力，对品牌组合进行优化整合，从而实现品牌资源的最优配置和企业竞争力提升的过程。

9. 品牌组合的增量管理是指企业为了区别新市场或进入新市场，通过一定的途径增加品牌数量，以提高品牌组合的效益和效率的过程。

10. 精简品牌组合，又称为砍掉品牌或者清理品牌，是一种“以守为攻”的品牌战略，包括减少现有品牌数量、业务领域、品牌层级，也包括品牌元素的优化。

复习思考题

1. 品牌组合是什么？

2. 凯勒的品牌层次理论包含哪些品牌？

3. 常见的品牌角色有哪些？

4. 单一品牌策略是什么？
5. 单一品牌策略的优缺点有哪些？
6. 多品牌策略是什么？
7. 多品牌策略的优缺点有哪些？
8. 如何使用波士顿矩阵对品牌组合进行优化？

实训练兵场

承袭上一章的策划方案，选择熟悉的某个企业或组织，对其品牌组合进行分析，并根据分析结果，对该企业开展品牌组合优化策划，重点思考品牌层次设计、品牌角色分工是否合理，以及如何优化现有品牌数量，最终提交品牌组合优化方案开展汇报。

1. 实训目的

（1）通过分析熟悉企业的品牌组合，增进对品牌组合概念的理解。
（2）通过搜集材料、整理材料、分析材料，提高发现问题、分析问题、解决问题的能力。
（3）通过撰写品牌组合优化方案，掌握品牌组合的设计方法。

2. 实训内容与要求

（1）自愿组成学习小组，每组 4 ～ 5 人，各组自主收集资料。
（2）学习小组组长组织本组同学讨论，并分配工作。
（3）各小组撰写一份企业品牌组合优化方案。
（4）各小组制作 PPT，并在班级内讲解展示。

3. 成果与检测

（1）每个小组提交品牌组合策划方案一份。
（2）PPT 汇报展示。
（3）其他小组同学提出问题，汇报人解答。

4. 现场点评与总结

请根据自己的学习情况填涂下表。

评价标准	自我评价	同伴评价	教师评价
语言表达清晰流畅	☆☆☆☆☆	☆☆☆☆☆	☆☆☆☆☆
专业知识掌握良好	☆☆☆☆☆	☆☆☆☆☆	☆☆☆☆☆
方案具有良好的创新性	☆☆☆☆☆	☆☆☆☆☆	☆☆☆☆☆
方案具有良好的可行性	☆☆☆☆☆	☆☆☆☆☆	☆☆☆☆☆
我的收获			

第 6 章　品牌延伸

学习目标

知识目标

1. 理解品牌延伸的内涵。
2. 理解品牌延伸评价概念。
3. 理解垂直品牌延伸策略。
4. 理解横向品牌延伸策略。

能力目标

1. 能够根据品牌发展状态制定垂直品牌延伸策略。
2. 能够根据品牌发展状态制定横向品牌延伸策略。
3. 能够根据品牌延伸评价反馈改进品牌建设策略。
4. 掌握品牌延伸评价方法。

素质目标

1. 通过学习品牌延伸，提高品牌策划职业素养。
2. 通过本章的学习，增强精益求精的精神。

思维导图

- 品牌延伸
  - 品牌延伸概述
    - 品牌延伸的概念
    - 品牌延伸的积极作用
    - 不当延伸的消极作用
    - 品牌延伸的原则
  - 品牌延伸策略
    - 垂直品牌延伸
    - 横向品牌延伸
    - 品牌延伸的步骤
  - 品牌延伸评价
    - 品牌延伸评价的概念
    - 影响评价的因素
    - 品牌延伸评价的测量

案例导入

海尔的品牌延伸①

1. 品牌延伸阶段

（1）1984 年—1991 年，海尔只生产一种产品——电冰箱。1984 年，海尔前身——青岛电冰箱总厂开始引进德国利勃海尔的冰箱生产设备、学习其制造技术，进行生产和销售。而在此后的七年里，海尔一直专注生产电冰箱这一种产品，并不断改进管理方式、创业生产技术，使企业知名度和影响力不断扩大。截至 1991 年，“海尔”牌电冰箱不仅是中国家电的唯一驰名商标，还形成了全国性的销售网络和服务网络，品牌影响力可谓家喻户晓。

（2）1991 年底—1997 年，海尔的经营领域覆盖所有白色家电产品。利用全国性销售网络和服务网络的优势，海尔开始利用自身品牌的技术优势和市场资源，向与自身产品相关性大的家电行业进攻，进行多元化经营。在此六年的时间里，海尔经过了内部扩张、外部兼并之后，不仅扩大了电冰箱的生产销售规模，还将其品牌延伸到了所有的白色家电。至此，海尔不再是一个冰箱的品牌，而是所有白色家电的品牌。

（3）1997 年开始，海尔进入黑色家电领域。1997 年是海尔扩张规模最大的一年。借助原有的品牌优势与营销网络，海尔开始进攻黑色家电领域，不仅开始生产经营彩电、电脑、传真机等家电产品，还进入整体厨房等家具设备领域。截止到现在，海尔集团的产品几乎覆盖了所有的家电品类。

2. 品牌延伸策略

（1）垂直品牌延伸。海尔在品牌延伸的过程中，正是通过垂直延伸，塑造了良好的品牌形象。20 世纪 80 年代末，国内冰箱价格战打得如火如荼，海尔（当时的名字是“琴岛－利勃海尔”）却没有随波逐流，将全部产品提价 10% 以提高市场定位，不仅避免了与其他厂

① 资料来源：臧姗，《海尔的品牌延伸策略》，现代交际，2019，有删改。

家的“价格大战”，还将海尔冰箱提到了一个“高质量、高档次”的水平，形成了自己的顾客忠诚度。

（2）横向品牌延伸。这是海尔最具特色、最有成效的策略。纵观海尔几十年的发展历程，从单一的冰箱品牌到全方位的家电王国，只用一个单一的“海尔”品牌只能表现其产品的共性，但难以展现每种产品的个性。为了更好地展现产品特色，海尔开始采用副品牌策略。例如，对于冰箱系列产品，海尔推出了“海尔—小王子”“海尔—大王子”等一系列副品牌；对于洗衣机系列产品，海尔相继推出了“海尔—神童”“海尔—小小神童”等一系列产品。这些副品牌既能体现海尔家电的高品质，又能满足消费者的个性需求，扩大了海尔的市场影响力。

（3）服务流延伸。作为生产厂家和服务商家，海尔不但重视售后服务的质量，还特别重视销售前、销售中的服务效果。且到目前为止，海尔所有产品都已经达到了国际星级服务标准。在海尔的服务理念中，产品的服务不只包括维修、安装，还要提前征求消费者对产品的需要，并根据市场需求及时作出反馈，改进现有产品的特性、开发符合消费者需求的新产品。现在，海尔公司已经成立了很多灵活性的团队，每个团队都可以根据市场需要及时改进自身产品，提高市场竞争力。

讨论：

品牌延伸策略对海尔品牌成长有什么样的影响?

在企业决定是否进行品牌延伸之前，需要仔细评估自身优势是否能够在新的产品或业务领域发挥作用，以及品牌延伸是否会伤害已经建立起来的品牌资产。盲目的品牌延伸不仅难以使品牌在新产品领域获得成功，还可能使已有的品牌定位越来越模糊。本章将学习企业进行品牌延伸的相关内容，规避可能遇到的陷阱，帮助企业识别正确的品牌延伸机会，制订可行的延伸策略，利用好品牌延伸这把双刃剑。

6.1 品牌延伸概述

6.1.1 品牌延伸的概念

品牌延伸是指企业借助已有品牌的影响力将新产品推向市场的品牌活动。品牌延伸能够让企业以较低的成本推出新产品，因而它成为企业推出新产品的主要手段。在市场上，每年通过品牌延伸推出的新产品占市场上新产品总量的 90% 左右。越强势的品牌，越能够利用品牌延伸推出新产品。根据企业新产品的品牌名称和已有品牌名称的关系，企业一般采用三种策略。

（1）企业单独为新产品开发一个新的品牌名称，新品牌和已有品牌相互独立。

（2）新产品直接使用已有的品牌名称。

（3）新产品具有自己相对独立的品牌名称，但新品牌名称和企业已有品牌名称具有某种关联，如将已有的品牌名称作为家族品牌（或公司品牌），为新产品的品牌提供品牌背书。

企业通过上述第（2）种策略或第（3）种策略推出新产品时，都不同程度地利用了企业的已有品牌，这些活动都属于品牌延伸。例如，海尔公司当初推出高端品牌卡萨帝时，为了避免卡萨帝受已有海尔品牌的影响，在卡萨帝品牌的建设过程中，尽可能地减少卡萨帝与海尔之间的联系，避免顾客对两者产生关联性联想，此过程就属于是第（1）种策略，这不是品牌延伸。美的企业利用美的品牌推出厨房家电新产品的过程属于第（2）种策略。五菱汽车推出纯电动汽车缤果品牌，并在缤果汽车上继续使用五菱品牌标志，并且以“五菱缤果”的形式出现在汽车上，该过程属于第（3）种策略。从这三个例子可以看出，海尔公司希望卡萨帝品牌完全独立于已有的海尔品牌，而美的与五菱公司则不同程度地利用了已有品牌的影响力。企业采取第（2）、（3）种品牌延伸策略时，企业原有的品牌又称为母品牌，而企业为新产品设计的新品牌也称为子品牌，此时推出的新产品也称为延伸产品。因为在品牌延伸过程中，新产品的品牌不是完全独立的，与企业原有品牌之间存在着一定的联系。

6.1.2 品牌延伸的积极作用

品牌延伸可以对企业的品牌经营管理工作产生以下积极作用。

1. 对顾客的积极作用

1）降低顾客对新产品的感知风险

企业使用新的品牌名称推出新产品往往会让顾客感到风险和不确定感。相反，采用一个知名且形象正面的已有品牌推出新产品时则不会出现这样的问题。采用品牌延伸时，顾客会根据自己对已有品牌的了解和信任，快速形成对新产品的判断，从而接纳企业的新产品。此时，顾客对新产品的风险感知较低。

2）提高新产品的感知质量

知名品牌的明显优势是顾客对其品质有一个较高预期。对于新产品而言，顾客会根据自己对于母品牌的认知，以及新产品与母品牌的关联程度，形成对新产品质量的预期。例如，一个运动品牌推出一款新的徒步鞋，顾客就会根据自己对该品牌的了解，以及徒步鞋与该品牌的相关程度，推断该款徒步鞋的质量。显然，这款徒步鞋沿用该品牌名称比使用一个新品牌名称，得到的顾客反映会更好。

3）满足顾客的多样化需求

当顾客对已有品牌的产品系列感到厌倦时，往往希望更换它们。如果企业能够通过同一品牌提供多种具有差异化的产品供顾客选择，就可以使顾客不用寻求其他品牌也能解决多样化需求问题。品牌延伸能够丰富品牌名称下的产品线。例如，元气森林公司在饮料产品领域，就有元气森林气泡水、元气森林外星人电解质水、元气森林纤茶、元气森林燃茶、元气满满乳茶、元气森林冰茶、元气森林可乐等系列产品，它们共同丰富了元气森林品牌旗下的产品线，使元气森林品牌可以满足顾客的不同需求，以及不同顾客的需求。

2. 对企业的积极作用

品牌延伸可以为品牌及其所有者带来战略层面的积极结果，主要表现在以下几方面。

1）拓宽市场

品牌延伸可以使企业接触到新顾客，增加品牌的市场覆盖，从而使企业的收入增加。例如，某糕点品牌通过产品线延伸，不断推出各种款式、口味的面包，提高了品牌的市场占有份额。又如，一家护肤品公司通过品类延伸，快速扩大了企业的产品品类，先后推出皮肤护理、面膜、彩妆和洗发露等产品，极大地提高了企业的销售额。

2）深化市场

通过品牌延伸还可以将市场做深、做透，提高客户份额。也就是说，品牌延伸能够让同一个顾客购买相同品牌名称下更多的不同产品，从而占据该顾客更大的购物支出份额。例如，商业银行通过品牌延伸，从传统的零售银行业务拓展到个人理财、信用卡、住房信贷等业务，以交叉销售（向同一顾客销售多种业务）的方式提高品牌的客户份额。同样，互联网企业腾讯通过微信品牌粘住了用户，产生了巨大的用户流量，然后通过品牌延伸，向相同顾客群推出了腾讯的门户、搜索、电子商务等服务项目，起到了很好的深化市场作用，大大提高自己的客户份额。

3）提高企业营销效率

采用相同的品牌名称、包装、标签，在分销渠道和终端营销、各种传播媒体、事件营销、赞助或联合营销等活动中，企业可以更有效率地促进新产品推广。不仅如此，以相同的品牌名称推出系列延伸产品，也更容易说服渠道零售商接受延伸产品，知名品牌旗下的系列产品是公司增加与零售商议价能力的重要筹码。从营销传播的角度看，品牌延伸具有明显的优势。产品生命周期有导入期、成长期、成熟期、衰退期等。在导入阶段，如果新产品以知名品牌冠名推出，营销传播只需帮助顾客建立延伸产品与母品牌之间的联系就可以了。企业仅需要通过较少的广告支持就可以达到相同的效果。由于延伸产品与母品牌旗下的其他产品是一个整体，其广告传播效率会得到提高。如果企业选择创建新品牌名的方式来推出新产品，仅在市场调研和品牌名称、标识、包装等设计方面，就需要投入巨额费用。

3. 对母品牌的积极作用

品牌延伸的最佳效果是能够为母品牌带来反哺利益，包括丰富母品牌的含义、提升母品牌的形象、拓宽母品牌的消费情境等。

1）丰富母品牌的含义

品牌延伸得当，可以丰富母品牌的含义，进而强化母品牌的鲜明特色和母品牌的定位。例如，云南白药是著名的中成药，由云南民间医生曲焕章于清光绪二十八年（1902 年）研制成功。云南白药由名贵药材制成，具有化瘀止血、活血止痛、解毒消肿之功效。问世一百多年来，云南白药以其独特、神奇的功效，获得了“中华瑰宝，伤科圣药”的评价。2004 年，云南白药进入牙膏市场，推出云南白药牙膏时就明确了核心卖点——预防牙龈出血或止血，让云南白药品牌的核心价值转移到新产品上，而且云南白药牙膏的成功进一步强化了云南白药化瘀止血、活血止痛、解毒消肿的中草药定位。

课堂讨论：中国品牌的世界高度

2）提升母品牌的形象

如果延伸产品具备高品质，还能提升母品牌的形象，因此成功的品牌延伸有助于提升顾客对母品牌的信誉感知，包括品牌的专业程度、可信度、吸引力等。例如，安踏品牌从跑步鞋延伸到专业的篮球鞋、运动服、运动器材，由于这些延伸产品具有卓越的产品品质，因而强化了其“永不止步”与“运动时尚”的品牌形象。

3）拓宽母品牌的消费情境

企业成立之初往往聚焦于某个细分市场，顾客容易将品牌与该细分市场画等号。随着企业的扩张，狭窄的品牌定位使已有品牌的使用范围受到限制，企业需要更加宽泛的品牌定位，因而需要拓宽品牌的消费情景。如果企业能够选择合适的品牌延伸策略，就能够拓宽品牌的应用边界。

美的品牌最初专注于电扇、冰箱、空调等白色家电产品系列，然而白色家电产品的消费情境开始限制企业的发展。因此，美的从科技尽善、生活尽美出发，向厨房家电、卫浴电器等细分市场延伸，不断推出油烟机、灶具、洗碗机、消毒柜等厨房家电，以及燃气热水器、电热水器等卫浴电器，拓宽了品牌的消费情境。

6.1.3 不当延伸的消极作用

1. 延伸的新产品不成功

1）母品牌的资产不能转移给新产品

如果新产品与母品牌的核心价值、个性特征之间存在较大的差异，顾客就难以将母品牌积极正面的联想转移给新产品。企业进行品牌延伸的目的是希望借助母品牌的知名度与美誉度打开市场，但能否使新产品受益，还取决于新产品与母品牌的匹配性。例如，奇瑞企业早期的 QQ 汽车让顾客对奇瑞品牌产生了强烈的高性价比、低档汽车的品牌联想，当奇瑞试图进入高档汽车领域推出中高档品牌瑞麒时，已有的品牌联想就成为品牌延伸的巨大障碍，因为新产品与母品牌已建立的联想格格不入。

2）导致顾客对新产品产生不合时宜的联想

如果母品牌的品牌联想根深蒂固，而新产品的特点与母品牌又截然不同，顾客可能对新产品产生怪异的性能联想。例如，活力 28 超浓缩洗衣粉公司在日化产品获得畅销之后，将品牌延伸到矿泉水行业，推出活力 29 矿泉水品牌。顾客面对活力 29 矿泉水时内心有种怪异的感觉，总感觉水里有泡泡。这是因为矿泉水产品与原活力 28 品牌的核心价值产生了冲突，让顾客出现了认知矛盾。

2. 延伸活动伤害母品牌

当品牌延伸活动不成功时，该活动不仅没有为新产品带来效益，还会对母品牌造成伤害，这将是错误品牌延伸导致的最糟糕结果。

1）模糊母品牌定位

如果新产品与母品牌之间没有共同点，将会使母品牌的定位变得模糊。新产品与母品牌之间的差异不仅仅体现在产品类别与用途方面，同样可能表现为核心价值、个性特征方面的差异。如果新产品与母品牌的差异体现在品牌形象方面，与产品类别和用途方面的差异相比，更有可能模糊母品牌的定位。

2）损害母品牌形象

失败的品牌延伸会损害母品牌的形象。研究表明，母品牌旗下的原有产品与新产品越相似，母品牌就越有可能受到新产品的伤害。例如，奥迪 5000 是 20 世纪 80 年代企业为完善奥迪品牌产品线开发的一款新车型。然而，从 1986 年开始，奥迪 5000 在美国市场屡次被指责存在“突然加速”的安全隐患。面对指控，奥迪公司将由此引发的交通事故归咎于美国人糟糕的驾驶技术，此次公关危机事件放大了其质量事故造成的影响。奥迪 5000 的失败随即波及奥迪品牌的所有产品线。奥迪汽车在美国的销量从 1985 年的 74000 辆锐减至 1989 年的 21000 辆。其中，销量下滑最大的是奥迪 5000，第二位是奥迪 4000。相反，奥迪公司采取单独品牌命名的 Quattro 系列车型受到的影响相对较小。由此可见，受品牌延伸失败波及最大的是相似程度高的产品，相对于 Quattro，奥迪 4000 与奥迪 5000 的品牌名和广告策略的相似度更高。

6.1.4 品牌延伸的原则

成功品牌延伸的前提是母品牌先要具备较高的知名度，以及丰富的品牌联想。如果顾客心中还没对母品牌形成好印象，那么顾客就不可能对延伸的新产品形成好的预期。因此，母品牌具有优质的品牌资产是品牌延伸的前提。

1. 匹配性是基础

品牌延伸的匹配性是指新产品与母品牌的核心价值、个性特征之间的匹配程度。匹配性被认为是决定品牌延伸成败的最重要因素。新产品与母品牌的匹配性越高，顾客越有可能将母品牌的资产转移给延伸的新产品。同时，新产品与母品牌越匹配，顾客越相信企业具有生产新产品的能力。

由于顾客对于产品的认识是以相互联系的知识节点存储在大脑中，如果顾客大脑中的知识节点是紧密相连的，激活其中一个节点就会波及另一个节点。如果新产品与母品牌是匹配的，那么延伸的新产品与母品牌之间就具有紧密的联系，顾客对于母品牌的认知与联想就可以转移给新产品。然而，如果新产品与母品牌之间不具备匹配性，那么母品牌的品牌联想将难以转移给新产品。

匹配性是一个复杂的概念，它包含多个维度。总体来看，匹配性可以分为“抽象”和“具体”两个维度。以品牌形象、使用情境、目标客户为基础的匹配性被认为是抽象的匹配性，以产品功能属性、技术工艺为基础的匹配性被认为是具体的匹配性。

1）品牌形象相匹配

品牌形象反映一种较为抽象的品牌联想。例如，小米公司通过生产高性价比的手机获得巨大成功后，在顾客心中形成了强烈的高性价比品牌联想。随着这一抽象品牌联想的形成，小米公司陆续推出小米电视、小米耳机、小米儿童手表、小米音箱、小米空调、小米冰箱等，从而建立了一个跨越多个产品品类的小米帝国。小米的延伸，是典型的以形象匹配性为原则的延伸，所有冠以小米品牌名称的新产品都将具有高性价比的形象。同时，小米也秉着这样的经营原则，无论延伸产品的销量有多大，都只是小米手机的附属产业，小米手机作为高性价比产品，永远处于小米公司的中心地位，让小米作为一个高性价比的品牌，永远引领着这些延伸产品的发展。

2）使用情境相匹配

产品使用场合的一致性也可以作为品牌延伸的依据。顾客对于使用情境一致的品牌延伸一般会给予较高的评价。例如，在 2018 年以前，大连万达集团将自己定位为“城市综合体”，现已形成商业地产、高级酒店、旅游投资、文化产业、连锁百货五大产业。在全国范围内拥有 55 座万达广场、34 家五星级酒店、814 块电影银幕、46 家百货店、51 家量贩式 KTV。你会发现，万达自己的百货、影院、KTV、酒店，以及万达广场的餐厅等，它们具有使用情境的匹配性，共同构成一个城市顾客的生活链。难怪有媒体把万达集团形容为“消费王国”而不仅仅是“地产公司”，万达建立起了以顾客需求为中心，以需求层次（生活必需、社交等）为半径的大型企业集团。

3）特殊品牌联想相匹配

图 6-1　大白兔奶糖香氛产品

（资料来源：冠生园食品官方网站）

即使延伸的新产品与母品牌的产品类别并不相同，只要母品牌具有特殊的品牌联想，同样可以成功地延伸到功能或物理属性相似程度低的产品类别。2019 年，火爆大江南北并充斥在每个孩子童年记忆中的大白兔奶糖频频跨界，先后推出了护肤品、冰激凌等诸多产品，其中热度最强的当数大白兔与气味图书馆推出的香氛产品。大白兔联名气味图书馆推出了快乐童年香氛系列产品，如图 6-1 所示。快乐童年香氛系列共包含四款产品：香氛、沐浴露、护手霜、身体乳。该系列产品与大白兔奶糖不是一个产品类别，但是包装都印上了大白兔奶糖的品牌标志。除发布这四款产品外，联名双方还推出了“一包大白兔”套装，套装内除配有四款产品外，还增加了大白兔奶糖形状帆布包。该套装上线气味图书馆天猫店铺后短时间内就达到将近七千销量的好成绩，随后售罄。该系列产品不仅在线上售卖，气味图书馆在线下推出的联名抓娃娃机，里面放置的也是这些产品。也许是大白兔奶糖在童年给我们留下了太多美好的联想，因此这次跨界在社交媒体上得到了迅速传播。当时的微博热搜榜中也出现了“大白兔奶糖出香水”的相关热搜。不少公众号也纷纷“种草”（即推荐、分享）了该系列产品。甜美的童年联想就是大白兔奶糖延伸到香氛系列产品的关键。

4）生产工艺相匹配

生产工艺的可转移性可以作为品牌延伸的基础。与产品在功能属性方面的匹配性相类似，许多企业将技术的可转移性看作是进行品牌延伸的重要依据。例如，苏宁进入电商领域，高调推广苏宁易购，苏宁在电器零售领域积累的线下业务、连锁网络、物流仓储系统等是可以转移给电商的技术与能力。

5）匹配性的例外情形

匹配性这一原则并非适用于任何情形。对于体验品牌而言，人们更倾向于发现与原有品牌不一样的基因，新产品如果没有足够的差异点就会让人觉得枯燥乏味。例如，电影的续集并不是品牌延伸在电影产业里的简单应用，它是品牌延伸匹配性的例外。电影企业一般采用两种延伸策略为续集命名：一种延伸策略为采用序数方式，如《无间道》在 2002 贺岁档取得了巨大成功之后，又拍摄了《无间道 II》和《无间道 III》；另一种延伸策略是采取母子品牌命名方式，如《陆小凤传奇之铁鞋大盗》《陆小凤传奇之大金鹏王》《陆小凤传奇之绣花大盗》等。如果电影企业采用第一种延伸策略，电影观众更容易去比较续集与首部之间的异同，更多的差异点会使续集获得更高评价；如果电影公司采用第二种延伸策略，续集中差异点的多寡对影片评价不起显著作用。可见，第二种延伸策略，续集具有更大的独立性。

大量案例与研究表明，抽象的匹配性比具体的匹配性对于品牌延伸更为重要。虽然大白兔奶糖与护手霜，小米手机与冰箱，这些母品牌与延伸的新产品之间在生产工艺上完全没有联系，它们之间似乎难以建立具体的物理属性联系，但顾客能够在抽象的层面上建立母品牌与新产品之间的关系。不仅如此，这些品牌延伸不仅使新产品在市场份额和销售上取得了成功，还进一步丰富了母品牌的联想，使母品牌的形象更加突出和显著。一句话，品牌延伸提升了母品牌的资产。

2. 母品牌形象优质

优质的品牌形象是品牌延伸的前提。母品牌越具有优质形象，顾客对于新产品的评价就会越高。例如，小米公司生产的小米盒子获得了不错的市场反应，原因之一是小米生产的手机质量是优质的，将性价比做到了极致，这使小米品牌在开展品牌延伸时，具有很宽的产品线，所以新产品容易获得市场的高度认可。

3. 母品牌定位抽象

如果母品牌定位形成的核心价值是一个较为抽象、宽泛的概念，则更有利于进行品牌延伸。一般来说，从个性、生活方式、用户形象进行定位的母品牌具有更抽象的核心价值，形成的品牌形象也是抽象的，这更有利于品牌延伸。与此对应，如果母品牌的核心价值是较为具体的物理性质概念，如技术工艺、功能等方面，则会减弱母品牌的延伸能力。小米品牌最初应用于手机，虽然是功能性很强的产品，但是小米品牌通过品牌定位活动，最终提炼的品牌核心价值是高性价比，为品牌延伸扫清了障碍，所以，今天小米的很多延伸产品都取得了不错的市场业绩。

这一原则同样可以解释为何与功能品牌相比，奢侈品牌更容易进行品牌延伸。由于奢侈品并不定位具体的功能属性，而是定位某种生活方式。因此，这种宽泛的品牌定位有助于其进行品牌延伸。如果延伸的新产品同样具有与母品牌相同的核心价值，如某种生活方式，就能够与母品牌建立起联系。

4. 母品牌产品线宽广

如果母品牌具备较为宽广的产品线，顾客就会相信该企业具备进行品牌延伸的能力。同样，新产品所覆盖的领域越宽，母品牌的内涵越是能够得以丰富和拓宽。美的品牌起源于小家电业务，后来进入空调领域，较长时间内美的品牌只覆盖这两个产品领域；后来，美的品牌相继推出了冰箱、洗衣机；这样，人们就不再将美的品牌仅仅与小家电、空调画等号了，而是将其与更为宽广的白色家电概念等同起来。当然，这一原则需要以新产品的高品质作为基础，如果延伸的新产品与母品牌原有产品的品质存在较大差距，顾客就难以相信母品牌具备品牌延伸的能力。

5. 品类竞争不激烈

仅仅考虑新产品与母品牌的匹配度是不够的，品牌延伸还需要考虑新产品所在市场的竞争强度。如果新产品所在市场竞争恶劣，进行品牌延伸显然是不明智的。有时这一原则比匹配性更为重要，轻视这一因素，企业可能会制定错误的品牌管理决策。顾客在对产品进行评价时也会考虑竞争因素，如果新产品所在市场存在强有力的竞争对手，顾客会将新产品与竞争产品相比较，从而弱化匹配性的重要程度。

6.2 品牌延伸策略

企业在具体操作品牌延伸时，既可以选择垂直方向的上下延伸，也可以选择横向的品类扩展延伸。但是不同方向的延伸会给企业带来不同的影响，需要企业根据母品牌情况、顾客需求，以及市场竞争情况合理策划。

6.2.1 垂直品牌延伸

1. 垂直品牌延伸策略

垂直品牌延伸是指向上延伸至高端市场，或向下延伸至低端市场。因此，垂直延伸分为向上延伸和向下延伸两类。垂直延伸的主要目的在于通过延伸新产品扩大市场覆盖面。通过垂直延伸，品牌可以进入更低端或更高端的市场。无论是向上延伸还是向下延伸，新产品要取得成功，同时又不对母品牌构成负面影响，往往需要启用一个新的品牌名称。因此，一般意义上讲，垂直延伸的母品牌通常是公司品牌或家族品牌，可以为新产品提供背书。

1）向上延伸

向上延伸是指企业推出新的、更高端的品牌，以此提升企业原有的形象。如果企业推出高端品牌的做法是为了提升原有品牌形象，此时的向上延伸策略属于品牌升级活动。品牌向上延伸时，需要启用一个新的品牌名称才有助于延伸取得成功。福田最早生产农用车，使用福田品牌。后来，福田生产轻型客车，继续沿用“福田”的品牌，但销售业绩不理想，原因在于市场对福田品牌的认识与“农业”有关。因此，2003 年福田实施不同品类产品采取不同品牌名称的区隔战略，对重型卡车采用欧曼品牌，极大削弱了福田品牌的不利影响。

采取向上延伸策略，为新产品设计的品牌，又称为声望品牌。声望品牌更关注自我概念和形象表达，而功能品牌更关注与产品功能相关的方面。声望品牌往往担负带领母品牌升级的重任。例如，领克就是吉利汽车的声望品牌，它提升了整个吉利汽车的形象。声望品牌因此也要与母品牌之间在定位、品质、定价、形象等方面保持距离，在视觉识别系统上也要保持区隔。同时，声望品牌还可以在营销、销售、研发、生产、物流等营运上保持相对独立。

2）向下延伸

向下延伸是指企业在原来高知名度、高价格品牌基础上，转而增加生产价格更低的新产品。向下延伸时，企业往往会启用一个新品牌名称。从日用品、服装到家用电器、计算机等，顾客倾向于购买低价格产品的趋势越来越普遍。企业采取向下延伸的原因有以下几个。

（1）竞争者竞相投放低价产品。这些竞争者有可能是商店品牌，也有可能是制造商品牌，还有可能是来自成本更低的国家或地区的外国品牌。在这种背景下，制造商投放开发新的低价产品就很有必要。

（2）新型零售环境迫使制造商品牌向下延伸。大型连锁零售商、直销等零售变革推动了产品价格的下降。电子商务再次把目标瞄准在降低价格上。因此，制造商需要推出低价格的产品以应对零售环境带来的挑战。

（3）技术演变导致成本降低。新技术变得成熟之后，产品的成本自然会降低，产品也变得更简单和更容易。因此，推出价格更低的产品成为可能。

向下延伸时，企业推出的低价格品牌，属于侧翼品牌。拥有侧翼品牌，企业原有的高知名度和美誉度的高端品牌就不会受到伤害。和处理声望品牌的方式一样，企业对侧翼品牌一般采取独立的品牌名称和视觉识别系统，以便企业原有的品牌资产不受侵蚀。很多企业通过成立一家新企业的方式经营侧翼品牌。

2. 垂直品牌延伸的影响

采取垂直延伸策略会对企业产生以下影响。

1）向上延伸能提升母品牌形象

高端品牌通常能给顾客带来积极的品牌联想。例如，长城汽车通过推出长城 H9 高端车型，以此提高目标顾客对母品牌的评价。但是，这样的品牌延伸也可能会模糊顾客对母品牌定位的认知，从而带来负面效应。如果高端定位与原有品牌定位相冲突，沿用现有品牌名称向高端延伸时往往难以成功，这也正是长城 H9 高端车型没能获得市场积极反应的原因。

2）垂直延伸可能模糊母品牌定位

无论是品牌向上或向下延伸都可能给顾客带来困惑，从而模糊母品牌定位。由于顾客对母品牌存在一定范围的价格预期，品牌的高端版本因为超出了顾客的价格预期而被拒绝，而品牌的低端版本则因为劣质的联想而损害母品牌的形象。因此，品牌在进行垂直延伸时，一般会给新产品设计新的品牌名称和形象，而母品牌只是起到背书的作用。

3）向下延伸不当会损害母品牌形象

高端顾客希望品牌是独享的，他们一旦认可了某个高端品牌，就不希望其他消费层次较低的顾客也使用该品牌。因为这样会破坏品牌使用者的群体形象，这对高端奢侈品牌的顾客很重要。例如，奇瑞汽车公司原本推出瑞麒品牌时是将其定位为中高端汽车品牌，其中瑞麒 G5 的定价为 15 万～20 万，但是奇瑞汽车公司随后又推出瑞麒的延伸品牌瑞麒 M1，并定价为 4 万～6 万。顾客面对瑞麒品牌已经弄不清楚：该品牌究竟是中高档品牌，还是低档品牌。

4）抢占母品牌的市场

虽然垂直延伸可以吸引新顾客，但也许会从母品牌的顾客群体中抢走很大部分。品牌向下延伸时，这个问题尤为突出。面对性价比更高的瑞麒 M1，原本计划购买瑞麒 G5 的顾客纷纷放弃，转而购买瑞麒 M1。

为了有效应对垂直延伸可能带来的负面影响，企业往往将延伸的新产品与母品牌的定位有效地区分开来，采取不同的品牌名称与营销渠道是较为普遍的策略。不论是向上延伸，还是向下延伸，开发一个新品牌名称，撇开新产品与现有品牌之间的联系，对现有品牌和新品牌而言，都是合适的。例如，上海家化的高端品牌双妹，不仅具有独立的品牌名称，其营销渠道也是相互独立的。

案例

长城汽车的进阶之路[①]

经济全球化不可逆转的时代潮流给中国汽车行业带来了前所未有的挑战，但同时也带来了全新的机遇。2021 年，汽车产品和技术在变，市场结构在变，顾客需求也在变，在汽车市场的变化中，我们欣喜地看到一些新生品牌抓住机遇，正在势如破竹地成长起来。作为长城汽车基于全球视野、产业格局和用户洞察的一次全维度创新，坦克品牌即是这样一个生而逢时的品牌。

对坦克品牌而言，2021 年无疑是意义特殊的一年。这一年，坦克在上海车展宣告了品牌成立，成为长城汽车面向 SUV 新趋势推出的高端越野品牌，以铁汉柔情的品牌主张引起广泛关注；这一年，从坦克 300 到坦克 500，坦克品牌不仅找到了蓝海市场，并且收获了不错的市场反馈；这一年，“坦克”更是成了“话题”和“流量”的代名词，形成了中国汽车市场上一个风格鲜明的“坦克”现象。

加速产品布局，独占市场新赛道。坦克 300 作为坦克品牌在越野车市场投下的首款产品，自发布以来就引爆了新品类市场，此后，坦克品牌开始以愈发完善的产品布局全面突围。从坦克 300 到上海车展发布的坦克 700 和坦克 800，再到成都车展上亮相的坦克 400 和坦克 500，坦克品牌用五款车型全面覆盖了从紧凑级，到中大型，到全尺寸的高端越野 SUV 市场，构筑起强大而丰富的产品矩阵，满足广大用户的多元用车需要。

① 资料来源：《从“生而逢时”到“万众瞩目”，坦克品牌的进阶之路》，长城汽车官网，2022-01-17，有删改。

此前在顾客的普遍印象中，硬派越野车属于相对小众的需求市场，大家可选择的产品也并不丰富，而坦克品牌基于“潮玩越野 SUV”的定位，凭借全系产品“可城可野”的差异性，将硬派越野与舒适豪华完美融合，打破城市 SUV 与越野 SUV 的品类壁垒，刷新高端越野车的认知天花板，并以智能、高端配置，为中国越野用户提供全新体验。

全新品类和高端品质带给了用户前所未有的惊喜，也激活了更多用户的越野热情。2021 年坦克品牌销量持续攀升，在中国市场共交付 84588 辆，这一成绩在车市整体下行的大环境下显得难能可贵。可以说，2021 年一路走来，坦克品牌正在成为国内 SUV 爱好者、越野玩家们的首选，并开始在中国顾客心里树立起完善高端越野的形象认知。

讨论：

长城公司开发坦克品牌的意义何在?

6.2.2 横向品牌延伸

横向品牌延伸是指企业使用已有品牌在原有业务领域推出新产品或服务。例如，一家手机企业使用已有品牌向市场推出新的平板电脑、耳机等产品。按照延伸产品与企业已有产品是否属于同一产品类别，横向品牌延伸可以分为两大类。

1. 产品线延伸

它是指企业利用母品牌，在原有产品类别中，生产不同的产品。延伸产品与已有产品的不同之处体现在成分、口味、形式、大小或用途等方面。产品线延伸是品牌延伸的主要形式，每年 80% ~ 90% 的品牌延伸都属于产品线延伸。如某品牌牙膏推出的奶茶口味的牙膏就是该品牌的产品线延伸。

2. 品类延伸

它是指企业将已有品牌延伸到不同的产品品类。如云南白药品牌推出牙膏产品，创伤药与牙膏属于不同的产品类别。品类延伸虽然没有产品线延伸那么常见，但有时却能达到很好的效果。小米正是通过推出不同品类的产品，如冰箱、儿童手表、电视机等，来诠释其高性价比理念的。

案例

海尔延伸电脑产品的失败[①]

1998 年海尔公司通过品牌延伸策略进入个人电脑领域，使用海尔品牌先后推出了台式

① 资料来源：豆丁网，2019-05-24，有删改。

电脑、笔记本电脑。此后 3 年，海尔电脑虽然销售有所上升，但是总体上仍然是亏损的。最终海尔公司对电脑业务进行了冷处理，此后，在电脑业务上基本没有什么大动作。

2001 年底，海尔集团放弃自己生产电脑，改为邀请台湾的厂商代工生产。几乎同时，北京、成都等地的海尔电脑代理商开始停止销售。2002 年上半年，海尔电脑各地办事处先后关闭，海尔电脑的接单、销售管理和综合服务改由海尔计算机工程有限公司接管。2002 年 3 月，海尔 3C 连锁有限公司被注销。海尔品牌延伸电脑产品失败的原因有以下几点。

（1）电脑要求很强的科研能力，需要快速地不断创新，而家电相对来说对这方面的要求没这么强。其他一线电脑品牌不断强化技术优势，在电脑行业，一天技术领先，可能就是天天领先。

（2）电脑的设计理念和设计能力也要求非常高，对外形方面要求也比较高。比如笔记本电脑一般都要求时尚好看，这和家电行业有较大的差别，这也不是海尔的强项。

（3）电脑品牌优势要求非常明显，越是领先品牌，越是受到顾客偏爱。

（4）电脑行业对管理、成本控制和规模的要求很高。这些特点决定了电脑和家电并不完全相同，这也导致海尔很难把它的家电优势转移到电脑业务上来，无法实现整合效应。

讨论：

除了上述原因，你认为海尔品牌在电脑产品上开展品牌延伸失败的原因还有什么？

6.2.3 品牌延伸的步骤

品牌延伸是一个风险和收益并存的品牌管理活动，企业需要分析内部情况后进行科学规划，方能扬长避短。企业可以遵循以下步骤开展品牌延伸活动。

1. 分析品牌定位

品牌定位指明了品牌与其他竞争对手之间的差异点与共同点，企业进行品牌延伸同样需要明确延伸产品与母品牌之间的差异点与共同点。延伸产品与母品牌之间的差异点能使顾客建立对延伸产品独立的品牌联想，而延伸产品与母品牌之间的共同点则有助于反映延伸产品与母品牌相同的渊源和联系。

2. 评估延伸机会

企业需要根据市场环境的竞争激烈程度和自身竞争优势，选择合适的产品品类进行品类延伸，或是选择原有产品品类的某一子类进行产品线延伸。这需要品牌管理人员具备足够的市场经验，以及开展充分的市场调研。如果母品牌具有清晰的品牌定位，那么接下来，企业要做的就是挑选与该品牌定位相联系的产品品类。

有时候，母品牌的定位即使与某一产品品类之间不具备匹配性，但有可能与该品类中的某一子类具备某种匹配性，此时照样存在延伸机会。例如，大白兔奶糖与普通顾客使用的书籍之间缺少匹配性，没有延伸机会；但大白兔品牌形象与儿童书籍之间具有童年美好回忆的联结，因而也存在延伸机会。

评估品牌延伸机会时，既要考虑母品牌能力、品牌延伸匹配性，又要考虑目标品类、目标子类的竞争环境。评估备选方案时，需要进行顾客调研。对于市场因素，企业则需要充分考虑目标品类的竞争环境，以及行业内的现行竞争对手可能采取的反应等。

3. 宣传延伸产品

许多企业将品牌延伸看作是推出新产品的捷径，而对新产品的营销支持却不够，往往导致品牌延伸不成功。企业需要对延伸产品设计合适的品牌元素，既体现延伸产品的自身特色，又反映出与母品牌的渊源。还要制订营销计划，延伸产品的定价策略、渠道策略应以顾客感知为指导原则。延伸产品的整合营销传播方面：如果是品类延伸，营销传播方面则要突出延伸产品与母品牌之间的共同点；如果是产品线延伸，则要强调延伸产品与母品牌之间的差异点。

4. 动态改进延伸策略

品牌延伸活动开展之后要及时对延伸效果进行评估，并以此为依据不断改进品牌延伸策略。企业可以采取以下方法对品牌延伸效果进行评估。

1）顾客评价

企业可以通过调查顾客对品牌延伸的评价情况，判断品牌延伸的效果。企业通过分析顾客对品牌延伸的评价，不但可以判断延伸的效果，而且可以帮助企业找到品牌延伸的不足之处，更有利于企业对品牌延伸活动制定有效的改进策略。

2）企业绩效

企业可以通过分析与品牌延伸相关的绩效情况，判断品牌延伸的效果。与品牌延伸相关的绩效数据主要有延伸产品的销售额、延伸产品的利润，以及延伸产品给企业带来的现金流等财务数据。

6.3 品牌延伸评价

企业的品牌延伸策略是否成功虽然可以从延伸产品的销售情况进行观察，但是延伸产品为什么成功或为什么失败却无法直接从销售数据得出。此时，企业需要从顾客的角度对品牌延伸活动进行分析，才能找出其中的根源。因此，品牌延伸评价是企业解决品牌延伸问题的关键突破口。

6.3.1 品牌延伸评价的概念

品牌延伸作为较受欢迎的品牌策略之一，其成功与否很大程度上取决于顾客对延伸产品的评价。对于接触到的延伸产品，顾客一般会有自己的观点，如该产品与原品牌有没有关系，关系是否密切，质量好不好，制造是否有难度，该产品是高档产品还是低档产品，等等，进而对该延伸产品形成一种或偏好、或排斥的态度，这种态度便是顾客对延伸产品的评价。

艾克和凯勒提出品牌延伸评价是顾客基于对品牌及其延伸产品有了解或认知的情况下，对延伸产品的态度评价。鲍什和洛肯通过实证研究，提出顾客对延伸产品的评价包括顾客对企业延伸策略的看法、对母品牌的态度，以及对延伸产品的接纳程度。综合以上观点可得出品牌延伸评价是顾客对延伸产品的一种主观判断和整体感受，本质上是对母品牌及其延伸产品的一种态度。

6.3.2 影响评价的因素

20 世纪 90 年代以后，学者们开始讨论品牌延伸评价的相关问题，并广泛讨论了影响品牌延伸评价的因素，学者们发现影响顾客品牌延伸评价的因素主要有以下几个方面。

1. 感知契合度

影响顾客对延伸产品评价的首要因素是顾客对延伸产品的感知契合度。陶伯首次提出契合度的概念，认为契合度是延伸产品在顾客心智中的认知与对原品牌的认知的一致性或相似性程度。因此，感知契合度是延伸产品与母品牌之间在顾客心智中的匹配程度。感知契合度主要分为产品层面和品牌层面的契合度。

1）产品契合度

产品层面的契合包括延伸产品与母品牌原有产品的特征、功能、类别等方面的相似性。当延伸产品的设计难度、制造难度较原产品小时，顾客会对延伸产品作出较好的评价。

2）品牌契合度

品牌层面的契合包括延伸产品与母品牌的品牌形象、品牌文化等方面的相似性。延伸产品与母品牌的文化契合程度越高，顾客的评价更积极正面。

因此，顾客感知到延伸产品与母品牌在产品层面或品牌层面的契合度越高，顾客对品牌延伸的评价也越高。

2. 顾客自身因素

品牌延伸策略的核心作用是通过引导顾客心智产生品牌联想转移，进而提高顾客对延伸产品的评价。但是顾客的心智是变化的，受到顾客自身因素的影响。

1）顾客年龄

学者们研究发现年龄会影响顾客对延伸产品的评价过程，相对于儿童，成年人更倾向于将契合度作为评价的主要依据。

2）顾客的风险感知

对风险承受能力较高的顾客可能更容易接受低契合度的延伸，而创新性较低的顾客由于对风险敏感，则更容易对品牌延伸产生抵触心理。

3）顾客的品牌知识

顾客的品牌知识和产品知识对品牌延伸评价也存在影响。当延伸产品需要顾客深入了解才能正常使用时，比如功能相机，顾客会对延伸产品进行质量评估，将此作为品牌延伸评价的依据；反之，当延伸产品不需要顾客进行深入了解就可以使用时，如餐巾纸，顾客则更加倾向于根据契合度和个体情绪进行判断。顾客为了正常使用产品，而对产品进行了解的程度，称为卷入度。

学者们在讨论顾客自身特质对品牌延伸评价的影响时，还提出了顾客的创新性、品牌知识、自我建构（独立我、依存我）、思维方式（整体性思维、分析性思维）对品牌延伸评价的影响。创新性低、品牌知识多、整体性思维的顾客对契合度高的品牌延伸评价更高。

3. 传播因素

研究发现，在广告中展示延伸产品与母品牌原有产品的互补性，或者出自同一厂家，可以提高顾客对品牌延伸的评价。此外，广告类型也会对品牌延伸评价产生影响：对于声望品牌的延伸，情感诉求类广告效果更佳；而功能性品牌的延伸，信息诉求类广告的效果则更好。例如，如果延伸产品是电子产品、果茶饮料，其产品信息对顾客后续反应的影响会被弱化，顾客主要根据母品牌的原有信息和品牌形象进行决策。

6.3.3 品牌延伸评价的测量

企业为了更好地了解顾客对品牌延伸的评价，就需要对品牌延伸评价进行测量。由于品牌延伸评价是属于顾客的心智活动，因此评价测量就变得非常困难。因此，学者们开展了广泛的研究和探索，认为品牌延伸评价本质是顾客对延伸产品的购买决策和接受程度。因此，学者们认为企业可以从以下几个方面测量品牌延伸评价。

1. 延伸产品质量感知

通过测量顾客对延伸产品的质量感知来判断顾客对品牌延伸的评价。当顾客对延伸产品的质量感知高时，品牌延伸评价也就高。

2. 购买延伸产品意愿

通过测量顾客对延伸产品的购买意愿来判断顾客对品牌延伸的评价。当顾客对延伸产品具有强烈的购买意愿时，顾客对品牌延伸的评价就高。

3. 母品牌的质量感知

通过测量顾客对母品牌的质量感知来判断顾客对品牌延伸的评价。当顾客对母品牌具有很高的质量感知时，顾客对品牌延伸的评价高。

温故知新

1. 品牌延伸是指企业借助已有品牌的影响力将新产品推向市场的品牌活动。品牌延伸是企业从品牌资产创建中享受到的回报；也是企业寻求业务成长的战略之一。

2. 品牌延伸最基本的正面作用表现在顾客层面和企业层面。在顾客层面，品牌延伸的基本功能包括降低顾客对新产品的感知风险、提高市场对新产品的感知质量、满足顾客多样化需求等。在企业层面，品牌延伸能提高企业的营销效率。

3. 品牌延伸是企业拓展市场、推动业务成长和增收的主要战略之一。

4. 品牌延伸的更大意义表现在能为母品牌提供反哺作用。品牌延伸能够丰富母品牌的含义、提升母品牌的形象、拓宽母品牌的宽度等。

5. 若品牌延伸不遵循科学规律，就会带来一系列负面效果。表现在母品牌正面联想不能转嫁给延伸产品，甚至对延伸产品产生负面联想，对母品牌已建立起的资产构成伤害。

6. 母品牌的优质是延伸取得成功的前提。在此前提之下，品牌延伸还应遵循系列原则，如：要以匹配性作为延伸基础；越优质的品牌，越能够进行品牌延伸；象征性的、抽象的品牌定位，更有利于品牌延伸；产品线越宽，越有利于品牌延伸；拟延伸的品类竞争环境越恶劣，越不利于品牌延伸。

7. 品牌垂直延伸是品牌延伸的特例，是品牌延伸领域的新课题，它包括向上延伸和向下延伸。品牌垂直延伸一般属于企业层次的品牌战略，往往采取启用新品牌名的方法。

8. 品牌横向延伸是指企业使用已有品牌在原有业务领域推出新产品或服务，主要包括产品线延伸、品类延伸。

9. 品牌延伸要遵循科学的实施步骤。主要包括分析品牌定位、评估延伸机会、宣传延伸产品、动态改进延伸策略。

10. 从顾客视角开展品牌延伸评价有利于企业发现现有品牌延伸策略的不足之处，从而改善已有的品牌延伸策略。企业主要从顾客的延伸产品质量感知、购买延伸产品意愿、母品牌的质量感知等几个维度对品牌延伸评价进行测量。

复习思考题

1. 品牌延伸是什么？
2. 品牌延伸的积极作用有哪些？
3. 不当延伸会给母品牌带来什么样的负面影响？
4. 如何才能开展好品牌延伸？

5. 垂直品牌延伸有哪些具体的方法?
6. 横向品牌延伸有哪些具体的方法?
7. 品牌延伸评价是什么?
8. 品牌延伸评价如何帮助企业完善品牌建设策略?

实训练兵场

承袭上一章的策划方案，选择身边熟悉的某个企业或组织，对其品牌延伸策略进行分析，并根据分析结果，对该企业开展品牌延伸策划，重点思考现有品牌延伸策略是否合理，并在现有基础上进行品牌延伸策略调整，最终提交品牌延伸策划方案，开展汇报。

1. 实训目的

（1）通过分析熟悉企业的品牌延伸策略，增进对品牌延伸概念的理解。
（2）提高搜集材料、整理材料、分析材料、发现问题、分析问题、解决问题的能力。
（3）通过撰写品牌延伸策略优化方案，掌握品牌延伸策略的策划方法。

2. 实训内容与要求

（1）自愿组成学习小组，每组 4 ～ 5 人，各组自主收集资料。
（2）学习小组组长组织本组同学讨论，并分配工作。
（3）各小组撰写一份企业品牌延伸策划方案。
（4）各小组制作 PPT，并在班级内讲解展示。

3. 成果与检测

（1）每个小组提交品牌延伸策划方案一份。
（2）PPT 汇报展示。
（3）其他小组同学提出问题，汇报人解答。

4. 现场点评与总结

请根据自己的学习情况填涂下表。

评价标准	自我评价	同伴评价	教师评价
语言表达清晰流畅	☆☆☆☆☆	☆☆☆☆☆	☆☆☆☆☆
专业知识掌握良好	☆☆☆☆☆	☆☆☆☆☆	☆☆☆☆☆
方案具有良好的创新性	☆☆☆☆☆	☆☆☆☆☆	☆☆☆☆☆
方案具有良好的可行性	☆☆☆☆☆	☆☆☆☆☆	☆☆☆☆☆
我的收获			

第 7 章 品牌传播

学习目标

知识目标

1. 理解品牌传播的内涵。
2. 理解品牌传播的概念。
3. 掌握非媒体品牌传播策略。
4. 掌握品牌广告传播策略。
5. 掌握品牌社会化媒体传播策略。
6. 掌握品牌整合传播策略。

能力目标

1. 能够根据实际情况制订企业的非媒体品牌传播策略。
2. 能够根据实际情况制订企业的品牌广告传播策略。
3. 能够根据实际情况制订企业的社会化媒体传播策略。
4. 能够根据实际情况制订企业的品牌整合传播策略。

素质目标

1. 提高品牌策划的职业素养。
2. 增强精益求精的精神。

思维导图

- 品牌传播
  - 品牌传播概述
    - 品牌传播的内涵
    - 品牌传播的作用
    - 品牌传播的原则
  - 非媒体品牌传播
    - 接触点传播品牌
    - 企业家传播品牌
    - 员工传播品牌
    - 办公设备传播品牌
    - 企业内刊传播品牌
    - 官方网站传播品牌
    - 包装传播品牌
    - 背书传播品牌
    - 口碑传播品牌
  - 媒体传播
    - 广告传播品牌
    - 社会化媒体传播品牌
    - 整合营销传播品牌

案例导入

携程跨界直播逆势增长[1]

2020—2022 年，全球各地的旅游业整体活力下降，不少旅游企业的销售业绩下滑。在此背景下，携程为旅游品牌树立了一个榜样。携程 2021 年全年财报显示，携程集团净营业收入为 200 亿元，约恢复至 2019 年的 56%。在旅游市场低迷、行业逐渐触底的关键时期，携程通过跨界直播展现出了旅游品牌的活力和韧劲。

携程集团探索直播的数字化转型之路始于董事局主席领衔发起的“BOSS 直播”项目。从 2020 年 3 月起，董事局主席每周都会扮演各种角色，走进直播间带货，以 boss 的身份打响了携程“BOSS 直播”的品牌，成了携程“旅游复兴 V 计划”的重要一环。之后携程又推出了“境外本地”直播、“周末探店”直播等不同的直播主题活动，结合携程星球号旗舰店矩阵、互联旅游行业关键意见领袖，完成了携程直播从带货销售平台到内容创作平台的转变，进一步扩大了携程品牌的传播声量。

携程作为在线旅游龙头，以跨界的创新性手段助力旅游行业加速回血，兼顾了创新性效果和企业收益。如今的携程直播，也在不断探索创新，不再局限于直播带货，而是走出室内直播间，走进户外旅游目的地、商户，实现 BOSS 直播、特色产品和当地文化的三效合一，建构新的消费场景，为同行创建出可借鉴的整合直播营销样板，实现用户、文化和直播的交易闭环。

对于在线旅游企业而言，直播电商领域依然是较为陌生的。在线旅游企业虽已做到了将

① 资料来源：中国旅游新闻网，2022-03-24，有删改。

传统线下的旅行社销售模式置于网络平台上，但在线旅游跨界直播的商业形态并不多见。网络电商直播作为网络生态的重要组成部分，整合了营销场景、观看场景和社交场景，通过数字化平台重新构建了多元功能场景，突破了传统营销场景中固定而单一的物理空间，在追求商业价值的同时，兼顾了消费者的社交价值和情感价值。携程在跨界直播的过程中，注重消费者的社交价值和情感价值的打造，采用了将董事局主席的 IP 价值开发到近乎极致的直播策略。IP 形象是代表品牌的超级符号，一个具有深刻记忆点的品牌 IP 有利于让用户快速建立起品牌联想与品牌识别。董事局主席“18 秒报出 30 家酒店名称”实现了在线旅游和高端酒店的深度捆绑，“20 种扮相无缝切换”提升了吸引用户注意力的效果，“用现场直播或短视频讲述入住酒店的亲身体验”，实现了 IP 形象的亲民化传播。

讨论：

你如何看待携程打破传统，采取直播的方法开展品牌传播？

企业通过前期的品牌定位策划，以及品牌文化、品牌识别和品牌结构设计之后，只是完成了品牌的企业内部策划活动，要想建立品牌资产还需要进行科学有效的品牌传播与推广活动。企业品牌资产建立在顾客心中，只有让目标顾客知道、接受、认可甚至忠诚了，一个强势品牌才算建立起来了，而这些需要企业开展高效的品牌传播活动。

7.1 品牌传播概述

品牌能否成功创建并良性发展，关键在于品牌能否通过传播活动与目标顾客进行接触、沟通，进而得到顾客的理解与认可。只有得到目标顾客认可的品牌才能产生品牌价值。

7.1.1 品牌传播的内涵

1. 品牌传播的概念

品牌传播是指企业在品牌管理的过程中，将品牌信息通过传播载体、营销活动、品牌体验活动等，让各方组织和人员认识、认可、认同品牌的过程。有效的品牌传播既能够帮助企业快速创建品牌资产，又能够帮助顾客在品牌的消费过程中获得心理上的满足。

2. 品牌传播的内容

企业品牌传播的内容主要包括静态信息和动态信息两大类。

1）品牌静态信息

企业传播的品牌静态信息主要包括品牌识别元素，如品牌名称、品牌标志、品牌口号、品牌包装、品牌标准色，以及品牌内涵方面的品牌核心价值、品牌个性等。企业根据品牌建设需要，从这些信息中选择传播内容。

2）品牌动态信息

品牌动态信息主要是指企业在品牌建设过程中开展的各类经营管理活动所传达出来的品牌信息，如企业在开展品牌定位、品牌战略决策、品牌传播、品牌营销、品牌保护与维护等活动时传递出的品牌信息。

3. 品牌传播的类型

依据品牌信息传递的对象可以将品牌传播分为内部传播和外部传播两类。

1）品牌内部传播

品牌内部传播是指企业把品牌的核心价值、个性特征、战略规划、建设策略等信息在内部进行传递，使员工感受、理解品牌对企业发展及员工职业生涯的意义和重要性，形成一致的品牌态度和品牌纪律。有效的品牌内部传播可以使全体员工理解和认同企业品牌，凝聚品牌的正能量，实现全体员工自觉参与品牌建设、维护品牌形象的效果。

2）品牌外部传播

品牌外部传播是指品牌管理人员通过各类品牌传播活动将品牌的识别元素、个性特征、核心价值等内容传达给目标顾客、渠道商以及企业外部的其他利益相关者，让他们有效接受品牌信息，并收集这些受众信息反馈的过程。品牌外部传播是企业建设品牌的重要途径，因此本项目主要讲述品牌外部传播。

7.1.2 品牌传播的作用

有效的品牌传播可以使品牌被目标顾客和社会公众认知，使品牌创建工作得以落实。品牌传播是宣传品牌个性、建立品牌形象、形成品牌资产的重要手段。品牌传播的作用具体包括以下几个方面。

1. 建立顾客的品牌认知

品牌传播是目标顾客了解品牌的重要信息来源。顾客对某一品牌的认知，主要是企业各类营销活动的结果。整合营销传播可以使目标顾客在不同的接触点与品牌进行多次接触和沟通，从而帮助目标顾客建立品牌认知，了解品牌的核心价值和个性特征，减少其搜寻产品信息的成本。

2. 建立共同的价值取向

品牌传播可以使品牌诉求转化为顾客需求。品牌传播是演示品牌的识别符号、传播品牌内涵的过程，该过程有助于品牌与目标顾客进行沟通互动，使企业的品牌诉求与顾客的价值取向逐渐趋于一致，从而建立起共同的价值取向。

3. 有助于改进品牌策略

品牌传播有利于品牌经营策略的改进。通过与目标顾客的沟通互动，品牌管理人员可以及时搜集顾客的反馈，从而检验品牌战略、经营策略的效果，为调整、修正、改进品牌经营策略提供市场依据。

4. 有助于塑造品牌形象

品牌传播是企业塑造品牌形象的重要手段。科学有效的传播策略可以增加顾客对品牌的价值感知，强化品牌个性，凸显品牌气质，提高顾客购买、使用产品的满意度和产品的美誉度。

7.1.3 品牌传播的原则

品牌传播是一项具有战略价值的活动，对建立品牌资产具有驱动意义。为了保证品牌传播活动目标的实现，品牌传播应遵循以下原则。

1. 一致性原则

企业需要保持营销战略与品牌战略的一致性。品牌从创建到被市场接受、认可，乃至发展壮大，需要较长的时间。但是在这个漫长的过程中品牌建设关注的是长期收益，而营销活动更多关注的是短期收益。有时，企业营销部门为了实现短期销量目标而采取的一些策略和方法可能会伤及品牌的核心价值和个性特征，导致品牌定位模糊，阻碍品牌战略的实施，这种情况应尽量避免。

2. 信守承诺原则

品牌传播过程就是向目标顾客承诺的过程。因此，品牌传播的内容应该是企业有能力向目标顾客兑现的事情。如果品牌传播的内容超出了企业的兑现能力，最直接的后果将是丧失顾客的信任。

3. 一个中心原则

企业的品牌传播活动必须围绕一个中心开展，该中心是品牌核心价值。这就要求品牌传播活动向顾客传递的内容首先要不违背品牌核心价值，其次要始终将品牌核心价值作为最重要的宣传内容，不能分散品牌的亮点。因为品牌核心价值是积淀品牌资产的源泉，企业通过品牌传播使品牌核心价值深植于目标顾客心中，才能形成品牌忠诚，品牌才能具备延伸和发展的空间。如果品牌传播内容过于分散，顾客就无法将注意力集中到品牌核心价值上。

4. 勇于创新原则

企业提炼出的品牌核心价值、个性特征往往是简单、抽象的，只有通过形式多样的品牌传播活动，才能让目标顾客认知和认可。这就需要品牌传播活动敢于打破常规，勇于创新，形式和内容不呆板、乏味。否则在如今的信息时代，企业的品牌传播活动很难吸引顾客的注意，得不到顾客的关注也就无法创建品牌资产。

5. 沟通互动原则

品牌传播的过程就是品牌与顾客之间相互沟通的过程，企业要以积极的态度回应顾客的反馈。无论顾客反馈信息好坏，只要有反馈信息，就意味着顾客对品牌有关注。企业要做的就是积极搜集和回应顾客的各种质疑性、否定性意见，并通过及时的沟通互动，帮助顾客解决问题，此过程对顾客接纳品牌具有非常重要的作用。

6. 社会化传播原则

品牌传播要积极适应社会化媒体带来的变化，在品牌传播过程中要积极推进品牌传播社会化。随着全媒体时代的到来，企业要积极、主动地邀请目标顾客协同传播，并做好品牌信息传播过程的引导。全媒体是整合营销观念的延伸，这种延伸主要体现在顾客拥有了发表自己观点和信息的自媒体。传播信息的渠道已经不再局限于过去的主流媒体渠道，自媒体的影响力和影响范围甚至已经超越了过去的主流媒体。因此，品牌传播的社会化程度，将是决定品牌生命力的关键指标。

7.2 非媒体品牌传播

企业要利用一切可能接触目标顾客的载体传播品牌信息，因为目标顾客接触到的一切载体都代表着品牌。因此，企业既要主动利用各种接触点开展品牌传播活动，也要重视品牌在各种接触点被动传播带来的影响。

7.2.1 接触点传播品牌

随着企业和顾客之间的频繁互动，品牌接触点管理应运而生。企业要主动管理各类品牌接触点，将其作为品牌传播的重要场景。

1. 品牌接触点的内涵

1）品牌接触点的概念

品牌接触点是指能够将企业品牌信息传递给顾客的一切载体，包括有形的实物和无形的活动过程。因此，品牌接触点包含了顾客能够接触到品牌信息的任何情境。顾客对品牌的各种感知正是顾客在接触品牌时产生的。顾客的品牌感知可以是理性的，也可以是感性的；可以是正面的，也可以是负面的。成功的品牌传播者可以通过经营品牌接触点实现顾客正面品牌感知的累积、负面品牌感知的减少。

2）品牌接触点的类型

依据顾客与品牌的接触方式，品牌接触点可以分为间接接触点和直接接触点两类。

（1）间接接触点。间接接触点是指顾客通过企业的单向信息传播渠道获得有关品牌信息的方式。这种接触点包括两类：其一是企业有计划性地在各类媒体投放的品牌宣传广告；其二是社会上有关品牌的口碑传播、媒体报道以及其他利益相关方对品牌的评价和意见，这类接触点的信息往往不在企业的品牌宣传计划内。

（2）直接接触点。直接接触点是指顾客直接接触品牌旗下的产品或服务，从而获得有关产品、购物环境和服务人员等直观信息的方式。直接接触点往往伴随着品牌与顾客之间的沟通互动，顾客对品牌的感知也最为直观，因此这种接触点可以帮助顾客对间接获得的信息进行真伪辨别。

2. 接触点传播品牌的策略

1）品牌接触点辨别

顾客生活中的每一次消费体验都包含了一个或者一系列品牌接触点，而每一个品牌接触点都在传播着品牌信息，同时都会或多或少地影响着顾客的购买决策。

一般而言，对于复杂程度比较高的品牌产品，顾客在购买过程中接触到的品牌接触点就会比较多，这类品牌的传播难度就相应增大；而复杂程度比较低的品牌，品牌接触点就会相对较少，但在有限的接触点上影响顾客的购买决策，其难度也较大。这就要求品牌传播者必须找到关键的品牌接触点，然后释放品牌识别等方面的信息，以达到树立品牌形象和提升销量的目的，针对不同的接触点要有目的地释放能够影响顾客品牌认知和购买行为的品牌信息，并做好品牌接触点的管理工作。因此，品牌管理人员可以做好以下工作。

（1）确认品牌接触点。

（2）根据各品牌接触点的潜在影响力决定其优先顺序。

（3）判断哪些品牌接触点最能得到顾客的反馈。

（4）计算信息控制的成本，以及每一个品牌接触点搜集顾客资料的成本。

（5）决定哪些品牌接触点可以传达额外的品牌信息或加强有意义的沟通互动。

2）品牌接触点的设计

品牌要想在顾客心中获得清晰、深刻的品牌形象，就必须把品牌的个性特征和核心价值贯彻在每一个品牌接触点上，在设计品牌接触点时可以采用以下步骤。

（1）搜集所有接触点。任何品牌接触点都会对顾客的购买决策产生影响，因此企业需要尽可能地分析、搜集所有可能的品牌接触点。企业可以沿着物流线和人流线搜集可能的品牌接触点。物流线主要是指原料准备、产品加工生产、产品物流配送、产品销售给顾客以及顾客使用产品的全过程。在该过程中所有能够接触到顾客的点，都可以作为品牌接触点进行分析。人流线是指全方位分析目标顾客的工作、生活、娱乐等活动场景，研究这些场景中所有可能接触到产品和品牌信息的点。

（2）找出关键接触点。分析每个可能的品牌接触点对品牌传播的作用，找出其中的关键接触点。因为不是所有的品牌接触点都具有相同的影响力，企业需要优先关注与品牌定位相关的接触点。顾客与品牌的接触过程归根结底是对品牌信息的接触和反应过程。找出关键接触点实际上就是要寻找更为有效的信息传播媒体，并适时地将品牌核心价值传达给顾客。只有能与品牌的核心价值及顾客的主要利益诉求点相匹配的品牌接触点，才是最佳的品牌信息载体。

（3）监控品牌接触点。企业在顾客可能接触品牌的地方投放品牌信息后，需要动态监控这些接触点是否按照品牌传播设计的要求呈现品牌信息，尤其是关键接触点。通过动态监控品牌接触点，企业可以根据反馈信息不断纠正偏离品牌承诺的事件和行为，避免顾客产生负面的品牌联想。

（4）完善售后接触。企业设计品牌接触点的目的是与顾客建立长期关系，凝聚品牌忠诚。因此，企业还需要完善售后服务，设计售后接触点。通过品牌与顾客的持续接触，不断强化顾客心中的品牌联想，提升顾客对品牌的满意度，最终实现顾客对品牌的忠诚。

品牌接触点管理的关键在于将品牌信息有意识地落实到相应的品牌接触点上，让顾客在接触和体验品牌活动时，能够清晰、一致地感受到品牌的核心价值和个性特征，并且使品牌信息持续不断地在各类品牌接触点上反复出现，从而加深顾客对品牌的认知。

7.2.2 企业家传播品牌

1. 企业家传播品牌的内涵

企业家是在企业内居于某一领导职位，拥有一定领导职权，并承担领导责任与实施领导职能的人。企业家的仪容仪表、言行举止、个性、道德水平等个人特征都会通过各种社会活动表现出来，形成企业家的个人形象。对于企业品牌而言，企业家也是品牌传播媒体，顾客会不自觉地将企业家的个人形象与品牌形象进行关联。因此，良好的企业家形象有益于公众对企业品牌的认知和形成积极的态度。

2. 企业家传播品牌的方式

1）新闻报道

电视、报纸、网络关于企业家的新闻或专题报道有助于企业家提高个人知名度，传播企业品牌。企业家参加各类访谈、论坛、颁奖典礼等社会活动时，会成为镁光灯下的焦点，成为传播品牌信息的机会。其中，企业家的访谈类节目或刊登在报纸、杂志上的专刊是企业家塑造个人品牌的有效平台。

2）广告代言

企业家参加广告代言、拍摄杂志封面等活动也是宣传个人和企业品牌的一种方式。这种方式既有利于降低营销成本，又有利于增强企业的自信心，还打造了企业家的个人品牌。

3）事件营销

企业家可以通过制造一些热点事件来获取市场和媒体的关注，建立个人形象，传播企业品牌。

4）社会化媒体

企业家可以通过开通微博、博客、头条等社会化媒体账号，以此为平台发布个人对社会热点事件的观点，扩大个人和企业的影响力，从而塑造个人形象。

5）公共活动

企业家在公共场合强调诚信、社会责任等行为道德规范，进行关爱弱势群体、捐款救灾等公益活动也是建立个人品牌与宣传企业品牌的一种方式。

3. 企业家传播品牌的建议

品牌通过企业家进行传播是在企业家塑造个人品牌的基础上，在顾客心中建立个人与企业品牌的联系，从而扩大品牌知名度、美誉度的过程。因此，企业家传播品牌时需要注意以下事项。

（1）以企业的品牌形象为准则。企业家个人品牌的塑造要能与品牌形象形成合力，塑造积极的品牌资产。企业家面对社会公众时，应该以企业的品牌形象为准则，思考自己的言行举止对塑造企业品牌的影响，尽可能地丰富品牌形象，减少可能的负面影响。因为企业家的违法行为不但会使自身陷于司法纠纷，而且会严重损害企业的品牌形象，引发股价的大幅下跌。

（2）为个人品牌定位。企业家需要通过定位塑造差异化的个人形象，其中要兼顾个人特质和企业品牌形象。

（3）提高公众曝光率。企业家的个人品牌传播也需要经常通过媒体向公众传播自己的声音，要关注业界热点事件并做出自己的评论，要积极参与社会活动并表现出强烈的社会责任感。

7.2.3 员工传播品牌

1. 员工传播品牌的内涵

此处所指员工是包括所有与企业存在劳动关系的各种工作人员。员工在与顾客的交往过程中表现出来的个人形象会影响企业品牌。

2. 员工传播品牌的方式

1）企业门卫形象

门卫主要从视觉上影响品牌形象，其精神状态、仪表衣着、言行举止能够被顾客直接感知。顾客会对服装统一、站姿规范、举止有礼、态度亲切的门卫产生良好的印象，并联想到企业具有较高的管理水平；若门卫服装散乱、举止无礼、态度恶劣，则会给顾客留下不好的印象，对品牌形象造成负面影响。

2）接话员形象

接话员在与顾客的对话中传播品牌形象。接话员亲切礼貌、悦耳动听的表达能够令顾客感到舒心、愉悦，促使他们对品牌产生好感。反之，生硬呆板、无礼冷淡的语言则会使顾客生厌、生气，并将这种负面情绪转移到企业品牌上。

3）前沿员工形象

前沿员工指的是直接面对顾客的一线员工，如推销员、服务员、营业员等。他们的精神状态、言行举止等个人特质对给顾客留下的品牌形象有重要作用，他们能够帮助品牌引起顾客的关注，博取他们的好感。在卖场中，身着特色服装的前沿员工能够吸引顾客在货架前驻足，当前沿员工能够提供高质量的服务时，顾客会把对员工产生的好感转移到企业品牌上。

3. 员工传播品牌的建议

1）给员工培训品牌知识

企业品牌传播的初始受众应该是员工。一个连自己员工都不了解和认可的品牌，是无法被顾客所接受的。品牌形象塑造需要全体员工同心协力，将品牌的核心理念、价值观在日常工作中践行。因此，企业需要定期对员工进行品牌化教育，帮助员工将个人价值观和品牌价值观联系起来，要为员工制订行为标准，保持统一的着装和服务行为。例如，新加坡航空为确保品牌体验能够得到充分及持续的贯彻，始终对其机组及空乘人员进行全面而严格的培训，还聘请法国高级时装设计师为空姐们设计制服，让空姐们身着具有南洋特色的马来沙笼可芭雅服装为乘客提供服务，希望以此方式传播品牌形象。久而久之，"新加坡空姐"成为新加坡航空的品牌标杆，她们的形象甚至被陈列在伦敦杜莎夫人蜡像馆之中。

2）建立员工个人品牌

品牌管理人员除了要重视员工的素质和行为的修养，还要运用各种传播手段帮助员工塑造个人品牌，以建立起企业品牌与顾客之间的信任关系。传播员工个人品牌的具体方式有制作反映员工精神面貌的广告，发布展现员工风采的新闻报道、专题报道、文章和著作，在网站或内刊中树立和推广一批先进员工的典型。通过榜样的力量，企业可以引起全体员工的情感共鸣，走进员工的内心世界。例如，一个餐饮企业注重员工培训和员工形象展示，顾客就会将热情周到、笑容满面的店员形象与其品牌形象相结合。

3）员工个人品牌和企业品牌互动

在品牌传播活动中实现员工个人品牌和企业品牌的互动能够让员工更好地发挥品牌传播的作用，品牌管理人员应该促使每个员工都参与到品牌传播过程，自觉维护品牌形象。例如，某游戏公司对员工在虚拟社交游戏里的行为守则规定，在对企业做出评价时，每个员工都要强调自己的真实身份，以此获取顾客的信任和认同感，防止顾客认为企业借助匿名账号进行不实的品牌宣传。

7.2.4 办公设备传播品牌

1. 办公设备传播品牌的内涵

办公设备涉及企业的办公场所和办公用品，其中办公场所指的是企业的办公环境，主要包括生产厂房、办公室、销售门店、会议室、休息室等；办公用品指的是企业在日常营运过程中所用到的各种用品，包括信封、信纸、便笺、名片、徽章、工作证、请柬、文件夹、介绍信、账票、备忘录、资料袋、公文表格、公务礼品、交通工具等。在顾客与品牌互动的过程中，顾客有机会接触到企业的办公设备，如顾客到快递公司门店投递邮件，到饭店用餐等，这时办公设备就可以成为承载品牌信息的载体，发挥品牌传播的作用。

2. 办公设备品牌传播的方式

1）品牌识别元素融入办公环境

办公环境是品牌形象在公共场合的视觉再现，品牌管理人员可以将品牌识别元素，如品牌名称、品牌标志、品牌口号等融入企业的办公环境。例如，有些企业会将品牌标志的设计理念融入办公楼的装修设计中，巧妙地展示自己的品牌形象。

2）办公用品展示品牌

办公用品可以通过统一规范的视觉符号展现品牌形象、传递品牌理念。顾客在接触或使用办公用品的过程中能够接收到品牌信息并由此形成品牌印象。企业办公用品应该有统一的规格和强烈的品牌特色。

3. 办公设备传播品牌的建议

1）办公设备设计与品牌定位一致

办公设备的设计应从品牌定位出发，不仅要符合目标顾客的审美标准，还要展示品牌形象，应强调和突出品牌识别元素，方便顾客的识别和记忆。例如，与品牌口号“开着卡车去长跑”相契合，某物流公司办公场所的设计主题为“奔驰的货车”，希望打造一个高效舒适的现代化办公环境，体现物流企业递送服务便捷、快速、准时的特点。办公空间统一选用企业品牌的标准色——蓝色和橙色，寓意员工怀抱激情的工作态度和高效的办公效率；地面和天花板设计为高速公路的快慢车道，从左到右分别写有代表车速的文字，寓意该物流公司快速安全送达货品的承诺。

2）让顾客参与办公设备设计

通过鼓励顾客参与品牌办公设备的设计能够制造热点新闻，提高品牌知名度，增进顾客与品牌的亲密关系，减少距离感。例如，为了让更多的人参与到 2023 年杭州亚运会吉祥物的设计，杭州亚组委于 2019 年 4 月向全球征集吉祥物的设计。经过多轮的评审环节，最终中国美术学院的方案“宸宸、琮琮、莲莲”从 4600 份稿件中脱颖而出。该活动极大地提高了普通民众对亚运会筹办工作的热情以及对亚运会的期待。

7.2.5 企业内刊传播品牌

1. 企业内刊传播品牌的内涵

企业内刊是企业自办、供内部员工和外部特定群体阅读的刊物。它能为企业内部员工的相互沟通提供平台，增进企业凝聚力，还能加强品牌与外部受众的沟通，从而增加品牌的知名度和美誉度，有助于树立良好企业形象。

2. 企业内刊的类型

根据企业内刊主要的面向对象，可以将其分为以下三种。

1）内部导向型内刊

内部导向型的企业内刊是企业内部员工的交流平台。它关注的焦点是企业内部的人和事，其主要职能在于记录企业发展历程中的重大事件、传达领导精神，上下贯通企业领导的管理思路，加强各部门人员在工作、思想、文化等方面的信息交流，为企业内部的相互沟通提供一个平台，其内容可以包括对优秀员工的宣传、对企业发展远景的展望等，起到统一员工思想、鼓舞士气、协调工作的积极作用。

2）内外兼顾型内刊

这种企业内刊既提供内部交流平台，肩负着对内凝聚员工的职责，也承担着对外展示企业品牌形象的作用。目前国内企业的内刊多为这种形式，是企业内外沟通的纽带和桥梁。

3）外部导向型内刊

这类企业内刊以客户、股东、媒体、经销商、政府部门、金融机构，以及其他与品牌有关联的目标群体为对象，对外传播品牌形象。它从多方面展示品牌的核心理念、文化价值观、企业发展现状等，如刊登企业人才队伍、研发力量、科研项目或投资动向等。

3. 企业内刊传播品牌的建议

企业内刊是品牌能够完全控制的传播媒体，对内能够推动员工认同企业品牌，对外能够建立积极的品牌形象。因此，品牌管理人员要重视企业内刊的建设，并注意以下事项。

1）内刊定位要明确

企业内刊是品牌文化的载体，承担着向企业内外部进行品牌传播的职能，品牌管理人员应该根据企业的优劣势，在明确内刊的目标受众和传播目标的基础上，对内刊的内容进行明确定位。

2）内容凸显品牌个性

企业内刊应重点选择有助于凸显品牌形象、与品牌定位相符的内容进行刊登，要注重传播品牌文化，注重宣传品牌个性，使内刊成为品牌的名片。企业内刊应尽量选取能够反映品牌核心价值、社会责任、团队风采、主流文化等方面的内容，使内刊更加具有亲和力、沟通力和传播力，使员工和顾客能够通过内刊更加深入地理解品牌文化。

3）利用网络提高影响力

网络有助于提高内刊的影响力，将其变成品牌与顾客互动的平台。企业可以推出网络版内刊，并与纸质内刊进行资源整合。纸质版内刊侧重发布深度信息，网络版内刊采用论坛、在线服务、俱乐部等形式加强与目标受众的互动。

7.2.6 官方网站传播品牌

1. 官方网站传播品牌的内涵

顾客浏览品牌网站时将接触到各种信息，这些信息可能会激发浏览者积极或消极的情绪，并将其附加在品牌上。例如，某家电品牌就成功通过网站激发了浏览者的积极情感：网站展示了企业近三十年来的家电艺术，并在线销售相关主题产品，此外还为品牌的粉丝提供与品牌亲密接触的机会。顾客在浏览网站的过程中，会潜移默化地将积极情感转移到品牌上。

2. 官方网站的类型

根据网站提供的信息内容，可以将品牌的官方网站分为以下三种。

1）基本信息型网站

基本信息型网站的功能定位于发布品牌信息。此时，官网以介绍品牌的基本资料、帮助树立品牌形象为主。这些信息包括顾客可能关心的产品方面的信息，如产品的规格、外形、使用演示等；企业方面的信息，如企业规模、企业文化、企业新闻等；顾客购买方面的信息，如常见问题解答、意见建议等。这类网站若能够吸引顾客对品牌的关注，将有助于提升品牌知名度，维持品牌与顾客之间的长期关系，并增加线下交易的机会。

2）综合门户型网站

综合门户型网站整合了各种信息系统的功能，可以为企业的雇员、顾客、合作伙伴和供应商提供目的极为明确的服务，并兼具品牌形象宣传、产品展示等品牌传播功能，华为的网站就是这一类网站的代表。华为是中国企业门户网站中的优秀网站，该网站在突出在线销售功能的同时也注重品牌形象的塑造，如在网站首页突出品牌名称和品牌标志，其中华为官网的内容包括个人产品及家庭产品、商用产品及方案、公司概况等。

3）主题宣传型网站

主题宣传型网站是为配合品牌的主题营销活动而建立起来的互动平台。例如，安踏公司每当发起一项主题宣传时就会建立专门为此设计的网站，在其中发布活动主题、活动视频、线上游戏等吸引顾客参与互动。这类网站不仅能提高主题营销活动的效果，还能表现安踏年轻、时尚的品牌定位。

3. 官方网站传播品牌的建议

1）导入品牌形象

品牌网站应在视觉上与品牌识别系统相符合，在内容上与品牌文化、品牌核心价值和品牌个性符合，营造与目标顾客形象相符的空间。加多宝公司网站的品牌标志、色彩、标准字形等围绕加多宝品牌识别元素设计，以鲜艳的红色为主色调，并和加多宝独享的字体产生联结，让网民过目不忘。此外，加多宝还会在官方网站展示加多宝品牌的发展沿革、员工形象、公益活动等。

2）审美和趣味并存

为了让顾客在浏览过程中产生积极的情感，品牌网站应该通过丰富的信息提高生动性，并提供视听方面的多重感官体验。能够提供生动、活泼、丰富的链接和信息资源的网站更容易使浏览者产生积极的情感。但在提供丰富内容的同时，网站要注意对信息进行分层，使顾客能够快速找到他们所需要的内容。

3）鼓励顾客参与

品牌网站应该鼓励用户参与互动，给他们提供一个良好的互动体验。例如，2023 年，小米公司的网站举办了 2023 小米徕卡影像大赛。参赛者只要使用小米或红米品牌的手机拍照就可以直接在网站上传自己的拍摄作品参赛。参赛过程中，顾客把有趣、好玩变成对小米的记忆，这种感觉在他们的大脑中储存下来，不自觉地增加了对品牌的好感。

7.2.7 包装传播品牌

1. 包装传播品牌的内涵

产品包装是在商品流通过程中保护产品、方便储运、促进销售的所有辅助物的总称。对品牌而言，它是品牌提供给顾客的视觉体验，能让顾客对品牌“一见钟情”，产生良好的第一印象，能帮助顾客建立品牌联想，是一种不可忽视的品牌传播载体。

2. 包装传播品牌的要素

人靠衣装马靠鞍，包装之于品牌就如衣服之于人。抢眼的包装设计能带来强烈的视觉识别效果，帮助品牌从众多竞争者中脱颖而出。文字、图案、造型是产品包装传播品牌信息的三要素。

1）文字要素

文字要素主要由品牌名称、品牌口号、广告语等组成。品牌口号是用简短的文字概括和提炼品牌传播的主题，方便顾客进行记忆和识别，广告语是对品牌口号展开的具体说明。例如，伊利酸奶包装文案：“浑身都是芝士点，不服来辩”“来点芝士，继续嗨”“敲黑板划重点，全是芝士点”，如图7-1所示。这些广告语既突出了伊利这款酸奶的芝士特色，又幽默有趣吸引顾客。广告语传达的就是品牌的态度，当产品包装上的广告语引起顾客共鸣时，顾客就愿意为广告文案买单，并为品牌分享、宣传。

图7-1 伊利酸奶包装文案

（资料来源：伊利官方网站）

2）图像要素

图像要素是指包装上以图形方式呈现的各种视觉要素，主要由插图、商标、品牌标志等组成，其中插图是主体部分，它辅助文字要素进行品牌传播，可以增强文字的说服力，形象地表达品牌传播主题，刺激顾客产生品牌联想。为让顾客产生良好的第一印象，品牌管理人员要让插图与产品标签、品牌标志之间相互呼应，营造视觉协调性。例如，汇源推出的果汁系列（见图 7–2），色彩和构图极具视觉冲击力，给人一种安全、天然的感觉，很好地呼应了品牌定位。

图 7–2　汇源果汁系列

（资料来源：汇源官方网站）

3）包装造型

包装造型是产品包装的外部造型特征，如瓶装、盒装呈现的形状等。对于品牌而言，产品包装的外部造型也具有表达品牌信息的功能。品牌管理人员应为产品包装赋予品牌个性，让包装造型成为顾客记忆品牌的线索，从而提高顾客的品牌识别能力。

3. 包装传播品牌的建议

企业需要将各种品牌识别元素融入包装设计，展示品牌独有的个性特征。

1）体现品牌核心价值

在设计产品包装时，应该融入品牌核心价值，使顾客接触产品包装时能联想到品牌核心价值特征。例如，某知名家具品牌就成功地使用产品包装来传播“为顾客创造 DIY 家具的乐趣和美好感受”的品牌核心价值。为了方便顾客触摸、搬运、安装，该家具品牌多采用易于拆装和组合的包装结构设计，让顾客体验亲手参与组装的乐趣，潜移默化地接受该品牌的核心价值。

2）统一视觉形象

设计产品包装时围绕品牌核心价值和个性特征，整合各类品牌要素，形成统一的视觉形象，能让顾客对品牌印象深刻。

3）配合品牌活动

品牌管理人员需要将产品包装设计融入品牌整合营销传播方案，使其与品牌的其他传播活动产生关联和呼应，互相促进，提高品牌传播活动的效果。例如，一些运动品牌产品的包装图案经常出现在其赞助的世界杯、奥运会等活动的现场或画面中。

7.2.8 背书传播品牌

企业可以借助各种有影响力的第三方为品牌背书，从而提高品牌传播的效果。

1. 品牌背书的内涵

企业借助第三方的知名度、美誉度、专业度或权威度给品牌提供信用保证的活动，称为品牌背书。第三方以某种形式出现在产品包装、标签或者产品外观上，可以促使顾客将第三方的影响力转移到企业品牌上，从而增加顾客对企业品牌的信任。企业采取品牌背书开展品牌传播时，需要注意以下几点。

1）背书有效

不论背书的具体目的何在，只要有所凭借即可，或者看中第三方的知名度、美誉度，或者看中第三方的权威性，或者看中第三方引领风尚之先，不一而足。或者明确强调，或者隐晦着暗示，前者称为硬背书，后者称为软背书。例如：公司品牌五菱为宏光、缤果等产品品牌背书，而且在这些汽车上以五菱宏光、五菱缤果的形式出现，这些就是硬背书；伊利、蒙牛等品牌虽然都有内蒙古的优质大草原背书，但在这些奶制品名称前并不直接冠以内蒙古，但是在品牌传播时，企业总是有意将品牌来自内蒙古的信息传达给顾客，这就是软背书。

2）第三方多元化

第三方可能是某个企业或机构、媒体、个人、地区，甚或是某个国家。例如，在许多顾客的心中，入选驰名商标的企业自然实力雄厚，登陆央视的品牌都值得信赖。

3）背书形式多样化

品牌背书可以采取品牌延伸、品牌许可等方式的紧密背书。因为品牌延伸是家族式资源共享，而品牌许可则完全是合约式有偿租借，这些方式都有经济利益约束，相互关系紧密。企业还可以采取使用知名原产地的方式开展松散背书。这种背书关系不用征得第三方许可，第三方也并无任何限制，相互之间的关系松散，例如，信阳毛尖茶叶品牌的声誉由大家共同打造，自然也由大家一起分享。随着地方政府对区域公用品牌的重视，地方政府纷纷成立行业自律组织进行自我规范，以避免共有资源的过分开发，以及个别商家的肆意破坏。

2. 品牌背书的意义

很多时候顾客在购买不熟悉的品牌时都缺乏安全感。顾客在选择不熟悉的品牌时会考虑功能、金钱、社会等风险，并且倾向于怀疑大多数品牌的自我宣传。市场上那些卖得好、卖得快的品牌都有一个共性特点，就是企业让顾客消除了对购买风险的顾虑，找到了安全感，建立起了品牌信任，而品牌背书就是一种帮助顾客建立品牌信任的有效手段。

3. 品牌背书的类型

企业思考如何做品牌背书时，首先要分析哪些事物能够为企业的品牌做背书。只有那些在目标顾客心中具有足够信任度的事物才可以做品牌背书，常见的品牌背书有以下几种。

1）公司品牌背书

如果企业已经具有强势的公司品牌或家族品牌，而且新推出的产品与企业原有的公司品牌或家族品牌的个性特征具有很高的契合度时，企业可以直接使用已有的公司品牌或家族品牌为新的产品品牌进行背书，从而增加顾客对新品牌的信任度。

2）权威说事

权威有一种让人信任的天然能力。企业可以借势的权威包括行业专家、经典书籍、权威媒体、专业机构等。

3）数据说话

IT 行业、制造行业、科技领域常用数据为品牌背书。例如，常看见企业在手机、电脑等新产品上市时，会发布产品的技术测试数据，用数据显示产品在特定环境中的良好性能，以此打消顾客的疑虑。

4）名人代言

明星、名人或专家代言的做法很常规，也很有实效。不过这种做法的前提是企业具有一定的资金实力，毕竟邀请名人代言的成本是非常高的。

5）顾客见证

企业可以通过晒顾客订单、转发用户评价、卖家秀等行为，让已有顾客现身说法，并站在使用者的角度表现品牌的好处。由于都是普通顾客，这些分享信息会显得真实可信，能给顾客带来安全感。

7.2.9 口碑传播品牌

由于口碑在影响顾客态度和行为中起着重要作用，因此被视为当今市场最廉价的品牌传播工具和高可信度的宣传媒介，而且口碑传播对市场具有强大的控制力。

1. 口碑传播的概念

口碑传播是指一个具备感知信息（或使用经验）的非商业传播者与接收者关于一个产品、品牌、组织或服务的非正式人际传播。企业把口碑作为品牌传播的工具，一方面要加强品牌自身的建设，从而提高品牌对顾客的影响力；另一方面需要积极地介入口碑传播过程，主动提供有利的口碑素材，发起有益于品牌的口碑传播活动。依据口碑传播的信息载体，口碑传播可以分为两种：其一，依靠人们的自发行为，开展人与人之间的口头传播；其二，借助大众媒体、网络媒体等在不确定人群中开展的多向度传播。

2. 口碑传播的作用

相对于传统媒体传播，口碑是一种既节省成本又富有生命力的工具，往往能够对品牌传播产生独特的作用，具体表现为以下几种。

1）可信度高

由于口碑传播者常常与品牌拥有者、产品生产和销售者不存在利益关联，因此相比广告宣传而言，口碑传播者传递的信息被认为是较为客观独立的，容易被顾客所信任，会对顾客的购买决策产生重要影响。

2）针对性强

由于口碑传播是顾客之间的信息交流，传播者非常了解信息接收者的心理偏好和消费需要，因此会随时调整信息内容，满足对方需求，增强说服力，提高传播效果。

3）降低成本

口碑传播可以帮助企业规避价格竞争，并节约传播成本。口碑渗透式的人际传播可以有效地避开企业之间的正面竞争，有效降低市场开拓成本。

4）开发潜在顾客

学者们研究发现，如果顾客的经历或体验是积极的、正面的，他们会热情主动地向别人推荐，从而帮助企业挖掘出潜在的消费群体，而且潜在顾客受口碑传播的影响会降低对品牌声望的敏感度，但是会更重视产品的价格。这些影响都来源于已购买群体分享的使用体验。

5）培养顾客忠诚

积极的口碑传播有利于缔结群体性品牌忠诚。通过口碑传递的正面品牌信息，将强化顾客已有的正面品牌态度，或是弱化其负面品牌态度，说服其重复购买，形成群体性品牌忠诚。

3. 口碑传播的设计

口碑传播就是顾客说服顾客的过程，企业需要积极主动地介入该过程，并动态引导，使口碑传播朝着企业期望的方向发展。企业可以遵循以下步骤，主动发起口碑传播。

1）寻找口碑传播者

企业首先需要找到能够正确地对企业品牌进行评价，并愿意参与口碑传播的一群人，让他们成为品牌口碑传播的发起者和参与者。企业可以寻找以下人群作为品牌口碑的传播者。

（1）对品牌满意的顾客。企业可以从已有顾客名单中挑选出有可能参与品牌口碑传播的人群。企业可以根据顾客购买记录中的购买频率、购买总金额等，推测这些顾客对企业品牌的认知、满意度、忠诚程度，并进一步通过访谈或问卷调查等方式了解这些顾客是否愿意参与企业品牌的口碑传播。由于挑选的范围是已有顾客群体，因此该方法的效率非常高，但要求已有顾客群体的规模较大，因为只有这样才能保证企业能够挑选到足够多的人群。

（2）有影响力的意见领袖。任何一个消费群体都存在意见领袖，意见领袖可以是专业权威媒体，也可以是明星代言人、虚拟代言人、权威专家、典型顾客等。选定意见领袖后，企业可以采取合理措施说服其接受企业产品，并愿意在其影响范围内传播有利的品牌信息，促使他人购买企业产品。

研究发现，专业权威媒体能引领一个行业的消费风尚；明星代言人可以对与其气质、性格相匹配的产品发挥引领作用；权威专家则能对其专业领域的购买或消费行为发挥导向与指导作用；典型客户是品牌的最佳传播与沟通工具，极具说服力。

（3）可能购买的潜在顾客。企业还可以从潜在顾客中挑选那些有望成为忠诚顾客的群体作为口碑传播者。企业可以通过有效的沟通和促销手段促使潜在顾客也参与到品牌的口碑传播，他们的参与对口碑传播影响力的提升具有很大的作用。

（4）企业的全体员工。企业可以充分发挥品牌内部传播活动的作用，促使企业员工积极参与品牌的口碑传播，例如，通过企业会议、宣传栏、内刊等让员工首先认同企业品牌，并让他们成为企业品牌的忠诚顾客，再通过积极引导和规范要求让企业员工成为优秀的口碑传播者，再通过企业员工的口碑传播逐步影响其周边群体。

2）选择合适的口碑点

企业选出能够进行口碑传播的人群之后，还需要选择合适的口碑点。口碑点是顾客使用产品或服务后开展褒奖或批评的关键点。为了使口碑点能够反映品牌的核心价值和个性特征，企业要主动去引导口碑传播者将注意力放在有利于企业品牌的口碑点上。企业可以根据以下要求确定合适的口碑点。

（1）口碑点往往是品牌最鲜明的特征，且该特征契合目标顾客群体的利益、情感诉求。

（2）口碑点的数量不宜过多，否则难以转述，影响传播。

（3）口碑点应和竞争品牌形成显著差异。

（4）口碑点要确保排除负面取向，避免口碑传播出现负面“反转”效应。

分析已有的成功的口碑传播事件可以发现，成功口碑传播的口碑点主要包括以下三类。

（1）特色服务。服务较容易制造并培育口碑，而口碑形成需要一个过程，系统化、高效率的一站式服务很容易让顾客体会到品牌为顾客提供的让渡价值。

（2）以情感人。顾客不仅需要通过品牌消费得到产品功能上的满足，还希望得到精神上的满足。为此，企业要善于走情感路线：一是基本的情感关怀，即对顾客本人予以情感关怀，通过主动、热情、周到甚至超乎顾客预期的销售服务让顾客感动；二是延伸性情感关怀，即对顾客关心的人也给予情感关怀。耐心、周到、无微不至的服务可以让顾客感受到被尊重，而且产生对产品质量的正面联想和感知。

（3）品质特色。顾客最关注的是产品品质，有关品质的口碑也最多。制造品质口碑，可以从以下两个方面做出努力：其一，始终如一地让顾客体验到稳定的高品质；其二，围绕品质提炼出 1 ～ 3 个特点，并坚持长期传播。品质特色的口碑传播常用带有欣赏情绪的词汇，如精致、很安全、极便捷、性价比超高、挺可靠、特别耐用、能耗很低等。此外，一些有趣的地方性发音习惯和用字习惯，也有助于口碑传播。

3）设计口碑传播方式

企业策划好需要口碑传播的品牌信息后，就要设计合适的口碑传播方式。毕竟再好的口碑点如果由企业自己来讲，也往往达不到理想的效果，最好是能够借助他人之口，用顾客的话表达出来，这样才能具有说服力。因此，企业可以采取以下口碑传播方式。

（1）让顾客派发样品，顾客在把样品分发给朋友、熟人的时候，自然会将一系列的派送理由，以及推荐该品牌的理由传递给接收方。这样既提供了周边群体使用产品的机会，又传播了品牌的正面信息。

（2）借助网络传播。利用网络尤其是社交媒体，可以实现口碑的多点、多向互动传播，以及高效渗透，使品牌在目标顾客中产生强大的影响力。

（3）开展俱乐部传播。俱乐部会员之间往往面对面沟通与交流，这样有利于制造口碑。具体方法有三种：其一，让老会员向新会员传播品牌信息；其二，邀请意见领袖与会员进行互动，并传播品牌信息；其三，通过俱乐部向顾客提供免费或优惠试用，组织参观原料基地及观看生产过程等活动，从而给顾客创造品牌体验，引发口碑传播。

4）监控口碑传播效果

品牌管理人员可以通过问卷、访谈、短信询问等形式，调查口碑传播的过程和实际效果，并将其作为口碑传播后续策略制定的参考。企业可以通过调查以下内容了解口碑传播的情况。

（1）定期调查企业邀请的传播者，询问其何时、何地，以及向何人进行了口碑传播。

（2）调查新顾客购买企业品牌的原因，以及其获得品牌信息的渠道，如果是通过口碑传播渠道，可以进一步了解口碑传播的信息来源。

（3）企业在开展口碑传播前后，对潜在顾客的口碑传播意识进行调查，分析实施口碑传播策略前后的差异，还可以通过搜集、分析购物网站上顾客的网络留言来验证。

4. 负面口碑的消除

由于各种原因，公众对负面信息的敏感性很强，印象也很深刻。企业未能及时解决的产品问题容易引起顾客沮丧、失望、愤怒等情绪表现。为了宣泄负面情绪，顾客会将品牌的负面信息告诉别人，并口口相传。因此，企业需要重视市面上出现的各种负面口碑传播。

1）顾客传播负面信息的原因

（1）告诫其他顾客。购后不满意的顾客希望通过传播负面信息告诫其他人，避免其他顾客犯同样的错误。

（2）寻求心理平衡。顾客购买产品后发现没有达到自己对产品的期望，往往会产生不满意情绪，并引发心理失衡感，而通过向其他人述说可以减轻心理失衡感。

（3）顾客报复品牌。当购买产品后不满意的顾客，既没有获得产品问题的及时解决，也没有得到企业的补偿时，顾客会产生报复心理。顾客会希望通过劝说其他人不购买该品牌、造成企业损失的方式，达到报复企业的目的。

（4）征询解决办法。顾客购买产品后不满意，又不知道怎么处理。这时一些顾客就会将自己的遭遇向其他人述说，希望从其他人那里获得有价值的建议，从而帮助自己解决遇到的问题。

2）消除负面口碑传播的对策

任何一个品牌都难以完全避免顾客的批评与不满，毕竟产生负面口碑的原因，既可能是产品自身的问题，也可能是顾客自己的原因。企业产品很难做到让每个不同个性的顾客都满意，因此企业要正确认识品牌的负面信息，分析其中的原因，采取针对性的策略解决问题。企业可以采取以下策略消除负面口碑传播的影响。

（1）对已出现的问题要充分重视，及时关注和解决，使批评和不满造成的潜在危害尽快消除，重新赢得顾客对品牌的信任。

（2）不断提高顾客满意度、建立完整的顾客档案系统和有效的反馈机制。口碑传播负面信息大多是因为顾客对产品质量不满意，因此企业应该从产品质量及售后保障入手。首先，强化质量管理，降低产品出现问题的概率。其次，明确有关产品问题赔偿的承诺。顾客如果对索赔的结果感到满意，就不会再向别人传播负面的信息，甚至会向别人推荐这个品牌。

（3）企业应该在产品包装或使用说明的显著位置明示产品问题的赔偿条款以及联系方式，为顾客的投诉提供方便。

（4）增强品牌危机管理能力、构建反应迅速的系统化管理机制。一旦品牌出现了影响范围比较大的问题，企业应该及时通过公开的、统一的信息渠道以统一的口径向公众解释问题出现的原因及企业的解决方案，避免负面信息以口头传播的形式蔓延。

7.3 媒体传播

借助媒体开展品牌传播可以极大提高品牌传播效果，尤其是随着社会化媒体的出现，媒体传播的方式变得更为灵活多样。企业需要根据自身情况科学制定品牌传播策略。

7.3.1 广告传播品牌

通过各种广告开展品牌传播，尤其是利用各种大众媒体宣传品牌，一直以来是品牌传播的主要方式，也是较为高效的传播方式。虽然随着社会化媒体的出现，传统大众媒体对顾客的影响力在下降，但是通过大众媒体开展品牌传播活动，依然非常重要。

1. 广告传播的内涵

1）广告传播的概念

广告传播是指企业以付费方式委托广告经营者通过各种广告媒介向目标顾客传播品牌信息的宣传活动。由于广告传播借助媒体可以将品牌信息快速传播给大量的目标人群，因此广告传播一直是品牌传播的重要方式。

2）广告传播的积极作用

（1）提升品牌知名度。企业可以通过合理设计广告的发布排期、发布频次和广告媒介的组合，快速覆盖目标市场，在较短时间内快速提升品牌知名度。品牌知名度在一定程度上象征着企业的实力、产品的品质、服务的质量，这些都可以有效提升顾客和经销商对企业品牌的评价。

（2）塑造品牌美誉度。广告通过讲解或演示产品的性能，可以帮助顾客对企业品牌形成良好的品牌认知。企业还可以通过公益广告树立具有社会责任感的品牌形象，提升品牌美誉度。

（3）传播品牌核心价值。企业可以通过组合各种媒体高频度地展示品牌核心价值，演绎品牌个性，在顾客心中固化品牌定位。当因为品牌成长需要改变定位时，广告将是宣传品牌新定位的强效手段。

（4）培育顾客品牌忠诚度。消费心理学认为，顾客为了寻求购买产品后的心理平衡，往往会关心他们使用过或正在使用的产品广告，并将他们的产品使用体验与广告中的产品宣传进行对比，如果相互吻合，则会加深原有的品牌好感度和信任度，增加重复购买和使用的可能性，并最终形成品牌忠诚。

值得注意的是，如果非目标顾客能够接受企业的品牌广告，也有助于品牌价值的提高。非目标顾客，即不是企业品牌致力于满足的顾客群体。这是因为非目标顾客对品牌的熟悉，可以使企业品牌的受众更为广泛，而广泛的群众基础有助于提升品牌知名度，进而提高品牌价值。更重要的是，非目标顾客对品牌的认同和赞扬，往往能提高目标顾客对品牌的感知价值。例如，大多数顾客都不是红旗 L 系列的目标顾客，但是顾客在接触红旗 L 系列轿车的广告后往往对其品牌赞誉有加，这样就提高了目标顾客对红旗 L 系列的感知价值。

（5）塑造鲜明的品牌形象。广告具有较强的表现性，形式多样，既可以借助视觉、听觉，又可以借助味觉、触觉等感官体验进行品牌信息传播；而且广告既能使用文字、图片，又能使用视频、声音等元素进行品牌信息表现。因此，企业可以根据目标顾客的信息接收习惯，采取形式多样的广告进行品牌传播，从而在顾客心中塑造个性鲜明、形象立体的品牌形象。

3）广告传播的负面影响

广告传播也不是十全十美的品牌传播方式，存在以下几个不足。

（1）增加企业成本。大规模的广告传播从来不是小企业能够实现的，因为广告传播需要企业投入大量的资金，高昂的成本不是一般企业所能承受的。广告传播的成本主要包括前期的市场调查费用、广告创意及制作费用、媒体购买费用、明星的代言费用等，尤其是媒体费用和明星代言费占据了广告费用的大部分比例。

（2）传播效果有限。大规模的广告传播，由于受众很多时候是不确定的人群，很多广告传播是无效的。广告传播受外界因素干扰大，受众往往对广告信息视而不见，极大地降低了广告传播的效果。广告给受众传播的信息量很大，但是大量广告信息是多余的，受众只会关注与其有关的信息，可是企业为了影响不同的受众又不得不通过广告传播大量冗余的信息。

（3）顾客有抵触情绪。广告往往试图说服受众接受企业的产品，但是这种强迫的方式很容易激发受众的抵触情绪。市场上还充斥着大量的虚假宣传广告，导致受众对广告的可信度、格调等产生消极情绪，甚至会有意对广告进行回避、过滤。

2. 广告传播的类型

根据广告产生的目的，可以将广告传播分为以下三种。

1）告知型广告

告知型广告是指企业采取通俗易懂、简单明了的方式向目标顾客介绍品牌信息的广告。该类广告可以帮助顾客快速地了解品牌，掌握产品的特点。因此，一些知名度不高的品牌，刚进入市场的新产品常用此类广告。这类广告也是市场上常见的广告类型。

2）情感型广告

情感型广告是指通过精心设计的广告情节触发受众某种情感的广告。该类广告通过精心设计的场景让受众因景生情，从而让受众产生企业期望的联想。因此，该类广告以传播品牌的个性特征、品牌文化为主要目的。例如，某品牌黑芝麻糊的电视广告，在古色古香的小路，一位挑担的女子，用一句“一股浓香，一缕温暖”的广告语（见图 7-3）打动了千万观众。该广告用唯美、怀旧的场景，平易近人的表现手法刺激观众对传统食品的回忆，将美好记忆和故乡情转移到品牌上，把人情味留在了观众的心中。

图 7-3　某品牌黑芝麻糊电视广告

（资料来源：南方黑芝麻糊官方网站）

3）体验型广告

体验型广告是指通过让顾客亲身参与实践的方式感受产品的特征的广告。此类广告通过设计互动活动使顾客参与其中，在互动交流中体验产品的特征，并对品牌产生好感。例如，在商场或超市中，许多品牌为顾客提供免费试吃、试用活动，让顾客在体验中对品牌产生印象。

3. 广告媒体选择

广告媒体是决定广告传播效果的重要因素，也是广告传播的重要成本构成。随着社会的发展，广告媒体的类型越来越多，不同类型的广告媒体可以呈现不同形式的广告。因此，企业需要综合权衡以下几个方面来选择不同的广告媒体组合。

1）顾客的信息接收习惯

企业要调查目标顾客平时观看什么媒体，顾客的产品信息主要来源于哪些媒体，以及顾客的日常生活能够接触到哪些媒体。目标顾客喜欢看什么媒体，企业就应该在什么媒体上投放广告。

2）企业的广告经费预算

购买媒体版面需要支付高昂的成本，而且影响力越大、影响范围越广的媒体成本越高。因此，企业要根据经费预算量力而行。

3）广告传播的目标

每次广告传播都有明确的目标，根据目标需要选择合适的媒体组合。例如：当广告传播的目标是提高品牌在广东省内的知名度时，企业只需选择能够覆盖广东省的媒体即可；当广告传播的目标是提高品牌在全国的知名度时，企业就需要选择能够覆盖全国市场的媒体。

因为不同媒体有覆盖范围、信息呈现形式、影响力等方面的不同，因此企业采用广告传播品牌时，往往需要同时选择多种媒体进行组合。不同广告媒体具有不同的特点，如表 7-1 所示。

表 7-1　不同媒体的特点

序号	媒体类型	媒体优势	媒体劣势	品牌传播匹配性
1	广播	成本低； 较强的灵活性； 时效性强	缺乏视觉元素； 听众较分散，覆盖率低； 信息短暂； 收听率低	具有较强的即时劝服效应，承载的品牌信息往往针对当地市场，可与司机、乘客等人群互动
2	报纸	灵活； 及时； 权威性强； 当地市场的覆盖率高； 被广泛接受； 可信度高	表现性、传真性较差； 保存性差、传阅者少	适用于解释说明，通常作为电视广告的补充
3	杂志	有一定的权威性； 印刷质量高； 保存期长； 有固定读者群	广告截止日期长； 无法保证版面	杂志色彩丰富、质地精美，利于展示品牌形象，且适合与杂志内容进行深度融合，进行植入式品牌传播
4	电视	综合视觉、听觉进行表达； 富于感染力，在同一媒体内没有广告竞争； 个性化强	成本高； 干扰度高； 品牌信息曝光时间短； 受众选择性差	适用于展示、告知，可在较大范围、较短时间内提升品牌知名度或塑造品牌形象
5	直邮	受众指向性强； 灵活； 在同一媒体内没有广告竞争； 个性化强	相对成本高； 有垃圾邮件形象	适合针对性传播，最大限度地利用数据库，根据目标受众的不同需求采取不同的传播策略和服务方式
6	路牌、灯箱、交通工具等户外媒体	灵活； 成本低； 容易形成视觉冲击； 信息存在时间长、便于反复记忆	受众难以细分； 随机性强； 承载信息量、信息表现方式都受到严格限制； 受众选择性低	适用于展示品牌形象以及中短期品牌信息

续表

序号	媒体类型	媒体优势	媒体劣势	品牌传播匹配性
7	电子杂志、网络视频、博客、各种网络媒体等终端	高选择性； 集文字、图片、视频、音频于一身； 受众主动接触信息，互动性极强； 成本较低	信息接触存在一定门槛，信息庞杂； 广告信息容易被忽略	适合受众参与、互动，易引发品牌口碑传播
8	数字电视、数字广播	受众定制信息； 互动性强； 精准到达目标人群	传播内容受到付费定制的限制	需要创新广告形式，可以通过植入方式融入品牌信息
9	手机等自媒体	互动性强； 信息承载方式多样，有利于个性化信息的传达	传播效果受到信号质量、屏幕大小及分辨率的限制	可制作具有娱乐性的资讯进行内容营销
10	车载电视等移动媒体	吸引乘车人群的注意，是封闭的环境中最便利的消遣节目	传播环境嘈杂、传播效果难以保证	常作为电视广告的补充，以此增加品牌信息曝光次数
11	楼宇媒体	噪声干扰小，准确覆盖目标人群	信息整体性因受众行程而受到影响； 扰民	传达品牌最新资讯，配合其他媒体广告，增加顾客对品牌的接触次数

4. 广告传播的建议

为了让广告传播产生尽可能大的效果，企业在使用广告传播品牌时，需注意以下事项。

1）以品牌核心价值为中心

广告就是说故事，如果品牌管理人员能在广告情境中，将品牌核心价值与目标顾客联系起来创作故事，将会使目标顾客对品牌产生积极的印象。因此，广告应该围绕品牌核心价值进行创作。如五谷道场品牌强调其方便面的健康性，广告围绕“非油炸，更健康”，在顾客心中留下独特的印象。

2）与顾客进行互动

品牌开展广告传播时，若能激发顾客参与互动的热情，则能更快地与其建立良好关系，而顾客会把参与过程中产生的愉悦感转移到品牌上，从而对品牌产生好感。

3）强化品牌记忆

通过增加广告的重复率，反复多次传播同一广告内容，能够强化顾客对品牌信息的记忆。在多媒体融合背景下，品牌管理人员可以通过多种媒体同时发布广告，有效强化顾客对品牌记忆的同时，也避免了同一媒体重复播放容易引起的视觉疲劳和厌烦情绪。

视域拓展

广告的社会责任[1]

广告已成为一种独特的社会文化，而且这种社会文化正以其强大的冲击力影响着大众的心态和日常生活。毫无疑问，不健康、不道德、不文明的广告倾向势必会给社会造成很大的危害。广告的社会责任就显得尤为重要。

1. 承担传递优秀传统文化的责任

一些品牌的宣传，超越民族文化的背景，脱离普通大众的生活，一味地求洋求怪，除了助长崇洋媚外的现象，还自贬民族文化。纵观世界各国的现代化，没有一个是在完全排斥和放弃自己传统文化的条件下实现的。现代广告越来越注重从整体文化的视角寻找广告的功利性与文化性的契合点。不少立足于传统文化的广告，不仅宣传了民族文化，而且借助优秀的传统文化取得了巨大成功。

2. 承担培养健康社会风气的责任

广告作为一种独特的社会文化，在产品的宣传中不可避免地附带着特定的价值观、道德观和审美观，在刺激人们消费的同时，也在影响人们倾向某种生活理念和生活方式。广告不能迎合消极腐败、低级庸俗的趣味，而要承担社会精神文明的建设，消除那些不健康的低级、庸俗、丑恶的思想倾向。

3. 承担培育现代观念意识的责任

现代观念是指与社会主义市场经济发展的要求相适应的观念意识，比如：诚实守信、公平竞争、拼搏进取、艰苦奋斗，以及社会主义核心价值观等。广告中意气风发、热爱生活、追求美好、勤奋工作的形象无不给人以健康向上的熏陶。尤为可喜的是，一些制作优秀的广告将企业精神置于波澜壮阔的民族精神、时代精神的背景之中，将民族的振兴、国家的强盛与广告的艺术美有机地糅合在一起，不仅宣传了企业，而且给民众以强烈的精神鼓舞。

4. 承担引领现代社会步伐的责任

广告作为一种宣传的方式，要想吸引广大消费者，就要展示出一种最先进、最进步、最科学的技术和观念。一个优秀广告能提高人们生活质量，培养积极生活态度和方式，优化社会秩序，提高社会文明的水平。

7.3.2 社会化媒体传播品牌

1. 社会化媒体传播的概念

随着互联网技术的进步，社会化媒体获得了快速发展，并剧烈地改变着现代企业的营销规则。社

① 资料来源：道客巴巴，2013-12-02，有删改。

会化媒体凭借其独特的传播属性、低廉的构建成本、快速的反馈模式为广大企业所青睐。越来越多的企业开始利用社会化媒体推广自己的品牌，并将传播重点从产品功能、品牌文化介绍转变为如今的情感渲染、互动沟通。

社会化媒体，又称社群媒体、自媒体，是指人们可以分享生活、个人观点的各类网络工具和平台。社会化媒体和传统大众媒体最显著的不同是，普通民众享有信息的选择和编辑权利，并可以自行集结成网络信息的阅听社群。随着技术的进步，社会化媒体能够以不同的形式呈现信息，包括文本、图像、音乐和视频。

2. 社会化媒体传播的特征

社会化媒体作为信息技术的新产物，在传播信息方面与传统媒体相比具有以下特点。

1）参与性

社会化媒体允许感兴趣的人主动贡献和反馈信息，它模糊了信息传播者和受众之间的界限，受众可以方便地参与信息传播过程。

2）公开性

大部分社会化媒体允许人们免费参与信息传播，并鼓励人们评论、反馈和分享信息。在法律允许的范围内，一方面人们阅读和使用社会化媒体上的信息几乎没有障碍；另一方面任何人使用社会化媒体发表观点基本都是完全免费公开的。

3）交流性

传统媒体采取的是单向信息传播方式，信息只能从媒体向用户单向流动。而社会化媒体的优势在于，内容在媒体和用户之间双向传播，使得媒体和用户之间形成对话，加强了媒体和用户、用户与用户之间的互动和反馈。与传统媒体相比，社会化媒体具有双向对话的特质。

4）社区化

在社会化媒体中，有共同兴趣的人们可以自由组建各种讨论区，进行充分的交流，并逐渐形成相对稳定的线上虚拟社区。

5）连通性

大部分的社会化媒体都具有强大的连通功能，不仅体现在不同社会化媒体之间，也体现在社会化媒体与传统的网络媒体之间。因此，人们可以将信息在不同社会媒体上同时分享。

3. 社会化媒体的类型

随着互联网技术的快速发展，社会化媒体的形式日新月异，而且很多大型网络平台往往同时融合多种社会化媒体。随着技术的发展，社会化媒体形式还在不断更新中，本书介绍以下几类常用的社会化媒体。

1）网络百科

网络百科是一种内容开放、自由编写的网络百科全书。其旨在创造一个涵盖所有领域知识、服务所有互联网用户的知识性百科全书。网络百科主张平等、协作、分享、自由的互联网精神，提倡网络面前人人平等，允许所有人共同协作编写百科全书，让知识在一定的技术规则和文化脉络下得以不断组合和拓展。网络百科是顾客获取品牌信息，形成品牌认知的重要渠道。

2）网络日记

网络日记是以网络作为载体，可以自由发布博主的心得，具备互动交流功能，且允许信息个性化展示的综合性网络平台，以微博、博客为代表。企业既可以注册自己的博客账号策划品牌营销活动，也可以借助其他知名博客发布品牌信息。例如，2023 年江西省旅游局启动“博动江西 · 风景独好”活动，从腾讯、新浪、搜狐网站中选出拥有上百万粉丝的作家、摄影家、旅行家奔赴赣东北、赣西、赣中南，对当地旅游景点进行实地体验，将其见闻以图片和文字的形式上传各自的博客，借助意见领袖的影响力，极大提升了江西旅游品牌知名度。

3）内容社区

内容社区是指以差异化内容为特色，用户可以自由分享信息的各类网络平台。内容社区根据用户分享内容的不同可以分成不同的类别，分享的内容可以是兴趣、专业、特定区域、时间、具体需求等等。现有内容社区以豆瓣网、小红书、今日头条等为代表，是品牌开展社会化媒体传播的重要媒介。

4）社交网络

社交网络是指以各种形式为在线聚合的用户提供沟通、交互服务的互联网应用。用户常以一定社会关系或共同兴趣为纽带，在线聚合，分享生活体验。在社交网络中，品牌借助顾客的社交圈扩大信息传播的范围。例如，云南的一家花店，开发了一款小红书上的应用，为用户提供向朋友发送虚拟花束的功能，也可以直接链接到公司网站给朋友送上真正的鲜花。

5）虚拟游戏

虚拟游戏是让用户在虚拟环境下体验真实生活场景的互联网应用。品牌可以通过开发专属的虚拟游戏让用户进行品牌体验，传播品牌信息。例如，奶制品品牌伊利 2019 年携手腾讯打造了“体验好奶源，玩转内蒙古”品牌定制化的社交游戏。用户可以在虚拟的伊利内蒙古牧场亲自体验种植无污染牧草、饲养健康奶牛和进行奶制品加工的过程，从而感受内蒙古出品的奶制品具有的严格而高品质的生产工艺。

6）网络直播

网络直播是指在现场随着事件的发生、发展进程同步制作和发布信息，且具有双向信息沟通的网络发布方式。其形式也可分为现场直播、演播室访谈式直播、文字图片直播、视频直播或由电视（第三方）提供信源的直播，而且具备海量信息存储，查寻便捷的功能。网络直播是近年来发展速度最快的一种网络传播方式，该方式充分发挥了互联网双向信息沟通的优势，与顾客的沟通过程可以打破时空距离的限制。

4. 社会化媒体传播的建议

品牌应通过策划与品牌相关的热点事件接触目标受众，与他们进行持续的互动。品牌管理人员在激发一个语境后，要整合和发布具有关联性、吸引人们关注和讨论的内容，鼓励用户通过阅读、评论和分享内容与品牌建立联系，并进而形成围绕着品牌的网络社群。因此，企业使用社会化媒体传播品牌时可以采取以下策略。

1）巧用免费模式

顾客喜欢获得赠品，品牌的社会化媒体传播策略可以利用这一点来促进顾客的关注、参与和转发，在扩大品牌知名度方面具有非常好的效果。例如，蜜雪冰城通过即时通信软件开展免费获赠 10 万杯饮料的品牌传播活动，得到用户的积极参与，给顾客提供了良好品牌体验。在社会化媒体上，这样的免费模式比比皆是，需要注意的是当顾客的兴趣被调动起来后，品牌管理人员也要把握好活动的推广范围、礼品的数量，否则有可能无法控制用户情绪，会带来许多负面的口碑传播。

2）抓住意见领袖

网络没有绝对的权威，但是有意见领袖，他们在自己的社交圈中具有较高的人气和话语权，其观点对特定消费群体有重要影响。因此，品牌若能让意见领袖们为自己说话，则更容易获取顾客的关注、信任甚至共鸣。例如，2023 年吉利汽车希望提高它在年轻顾客心中的品牌形象，发起了一项全国竞赛，从中选择 100 名司机获得试驾新车 6 个月的机会，这些司机被要求每月都参加品牌活动，并在抖音之中分享他们的驾驶体验。吉利汽车借助 100 名司机与顾客互动，对品牌信息进行二次传播，收效甚佳。

3）创造优秀内容

面对互联网的海量信息，品牌必须言之有物，通过优秀的内容让顾客感觉企业品牌是一个善意有趣、能够提供有用信息的朋友。在社会化媒体中，品牌要针对目标顾客，创造符合他们需求，与其生活或精神状态相匹配的内容，使他们能够产生情感共鸣，自发地对品牌信息进行二次传播，通过转帖在其社交圈内对品牌进行分享。例如，某房产公司的微电影广告《家的告别式》讲述了男主出售自己房子时，回想起自己以前与女主生活在此的点点滴滴。该微电影广告表达出了家的温馨，也表达出了生活中的无奈与割舍。该广告片引起了很多中年人的情感共鸣，不少观众自发地转发该微电影广告，成为品牌传播者。

4）鼓励顾客参与

进行社会化媒体传播时，品牌必须想方设法激发顾客参与的积极性，帮助顾客组织网络社群，并协助加强社群成员之间、社群与品牌之间的联系和归属感。

案例

老方城烩面利用新媒体开展口碑传播①

自 2021 年来，线上购物网站食品类消费的日活跃用户量不断攀升，而其中正餐速食的搜索量占比位列食品类行业榜首。面对高增长的速食市场，不少食品品牌如雨后春笋般涌入方便速食这一赛道，新品想要从中崛起极其困难，普通的口味和产品已无法满足新时代人群的尝鲜心理。作为传统的面食品牌，如何在竞争激烈的速食市场破局？想念公司选择通过小红书开展新媒体传播，将新品老方城烩面迅速推向市场，既俘获年轻人的胃，又俘获年轻人的心，完成了一次品牌的年轻化转型。

① 资料来源：数英网，2020-06-10，有删改。

1. 打造地方美食强势开局

从产品本身卖点来看，想念公司的新品老方城烩面主推河南地域美食，具备一定的用户基础；慢火熬制6小时的羊骨汤、手工非油炸的烩面，则满足了年轻人对健康饮食的需求。精致的包装和实在的用料，更容易让目标用户产生高端、健康的认知。基于此，结合真实的用户反馈，想念公司以老方城烩面作为破局产品。

想念公司采用尾部博主先行，放量测试卖点的方式，强化产品的特色。想念公司一方面借助大量的专业号笔记形成规模效应，迅速打响河南美食的标签；另一方面多元内容同时赛跑，用较少的成本在较快的时间内筛选出爆文，便于后续内容的投放。

经过半个月的内容测试，老方城烩面在小红书、抖音、今日头条等新媒体平台打造出多篇爆文，其中互动量最高的有1万多，经过对比也可以发现，汤底鲜美成为一大主要卖点，并激发了顾客对于烩面的兴趣。

2. 多元场景发力破圈

随后，想念公司通过专业号笔记投放和达人品牌合作的方式，进一步扩大品牌的影响力，加深顾客对新产品的印象。想念公司选取了博主自然流量互动数据过百的笔记内容进行转载，并对爆文进行投放，完成品牌声量积累和目标人群锁定。同时，想念公司还与各类达人进行品牌合作，借助达人的影响力辐射不同圈层的受众，并不断地丰富产品的使用场景，如社交聚餐场景、独居夜宵场景、美食分享场景等。

为了进一步沉淀品牌口碑，想念公司招募了100位好物体验官，通过体验官们的好物测评输出产品笔记，收获真实的产品反馈，让老方城烩面这一新品迅速与年轻消费者建立连接。

3. 口碑沉淀促进转化

在内容种草、信息流投放、官方话题发布、好物体验等多元化营销方式的推动下，想念公司的新品老方城烩面在各大新媒体平台迅速完成从0到1的华丽蜕变，吸引了更多年轻顾客的关注，并促进了营销转化。

通过新媒体传播，老方城烩面的品牌专业号收获了近850多万的浏览量。老方城烩面在小红书、抖音、今日头条等新媒体平台实现了“种草→搜索→购买→好评→复购→自传播→新顾客种草”的闭环，站内外基本无负面评价，新媒体平台的声量成功反哺产品线上销售。期间有关老方城烩面的相关笔记覆盖粉丝群体近300万人，曝光达1100多万次。

值得一提的是，想念公司以往的主要购买群体集中在35岁以上，而本次品牌传播期间购买量最大的群体不超过35岁，在想念公司线上店铺搜索的最大群体主要集中在18～25岁，这意味着想念公司通过新媒体传播完成了一次新品年轻化转型，成功赢得了年轻顾客的喜爱。

讨论：

老方城烩面是如何利用新媒体开展品牌口碑传播的？

7.3.3 整合营销传播品牌

在信息严重过剩、干扰度极高的媒体环境中，如何有效传播品牌信息，是所有企业必须面对的问题。在进行品牌传播的过程中，如果只关注某一种传播形式，会导致传播影响力下降、品牌形象零散的后果，针对这些不足，整合营销传播具有较强的操作性和思想指导性。

1. 整合营销传播的概念

整合营销传播是以目标顾客为核心，重组企业的市场行为，协调使用各种传播方式，以统一的品牌形象与顾客开展双向沟通的品牌传播方式。整合营销传播过程将围绕一个中心主题对各种传播技能和方式，如媒体广告、直接营销、销售促进、公共关系、店内商品陈列、店头促销、POP 广告、包装等进行最佳组合，使之相互配合，产生一种协调作战的综合作用，从而提供清晰一致的产品信息，建立统一的品牌形象，最终达到品牌与顾客维持长期稳定的关系，发挥最大的传播效果。

2. 整合营销传播的内容

整合营销传播重点在“整合”，企业使用整合营销传播品牌时需要整合以下内容。

1）功能整合

功能整合是指通过整合不同传播方式的优势功能，从而实现传播效果最大化的目的。每种传播方式（广告、公关、促销等）都有其优点和缺点，企业需要通过整合方案将不同的传播方式的优势功能相互补充，从而实现传播效果提升的目的。例如，通常公认的是，广告传播在建立品牌知名度方面非常有效，而在将知名度转化为实际销售方面效果不佳。当顾客实际购买时，可能会受其他促销活动的影响。因此，企业可以通过精心策划整合各种传播方式向顾客传播品牌信息，这些信息将在顾客购买决策的各个阶段（从需求识别到购买和购买后阶段）及时产生影响。

2）信息整合

整合营销传播的一项关键任务是确保不同类型的传播方式之间能够传播一致性的品牌信息。品牌传播时不论采取何种传播方式，与品牌相关的所有事物都应具有相似的“外观”。信息整合并不意味着品牌信息在不同传播方式之间必须完全相同。相反，它意味着从广告到直接邮件，从附属材料到包装，从海报到公司车辆、名片和办公文具等每一个品牌信息载体，都应该被顾客识别为企业品牌的一部分。不同传播方式呈现的品牌信息会有很大不同，但是不同传播方式应该包含相似的语气和至少一些共同的品牌元素，从而使这些信息看起来是一个连贯的、相互配合的整体。

3）媒体整合

整合营销传播需要协调不同传播媒体，从而提高品牌传播的有效性。因为不同的传播媒体在呈现品牌信息时会有不同的效果，而且当顾客通过不同的媒体接触到品牌信息时，他们会更快地学习品牌知识。一些品牌信息在某种传播媒体上可能无法完美呈现，但是换一种媒体可能效果会更佳。例如，“运动青春”的品牌文化在电视上可能会有很好的呈现效果，并使顾客很容易产生相应的情感影响，但在诸如报纸、杂志之类的静态媒体上可能会变得较为平淡，缺少渲染力。在这种情况下，企业应注意辅助媒体要支持主要媒体的品牌信息传播，确保品牌信息的协调一致。

4）时间整合

时间整合是指企业需要整合品牌信息在不同传播方式上出现的时间顺序，以便它们能够相互支持，并在不同的时间到达目标顾客。不同传播方式呈现品牌信息的时间安排取决于目标顾客何时最能接受哪种传播方式的信息。企业通过时间整合实现品牌与顾客建立关系的各个不同时期、不同阶段，传播的信息达到协调一致，并且品牌信息以最佳的方式出现在最佳的时间段。

5）目标整合

企业为了能够有效实施整合营销传播需要对各方面的关系、目标进行协调整合。企业需要协调内部和外部机构之间的关系，以及不同工作人员之间的关系，使他们能够相互配合为品牌传播目标共同努力。

3. 整合营销传播的实施步骤

整合营销传播到底怎么开展？菲利普·科特勒提出的八个步骤，值得企业借鉴。

1）识别传播受众

课堂讨论：汤臣倍健"双 11"的整合营销传播

无论是什么传播方案，首先要确认企业的传播对象，了解传播对象的特点，这才能为后续的传播创意及策略提供依据。在信息爆炸时代，人们生活中被各式各样的信息包围，如何才能引起目标受众的注意，并让受众感知品牌，这就需要企业去识别受众，搞清楚受众在哪、有哪些需求、他们对什么感兴趣、如何才能接触他们。理解目标顾客的特征，可以帮助企业决策在什么地方面对什么人群采取哪些传播策略。企业可以通过以下方面识别受众。

（1）了解他们。通过人口统计学特征分析，了解受众的基本情况，如年龄、性别、收入、职业、生活方式、个性化、价值观等。

（2）理解他们。企业可以根据马斯洛需求理论分析他们的需求和购买行为、购买态度等。

（3）描绘画像。依据上述分析，描绘出目标受众的行为和画面，预判他们会对哪些内容感兴趣，哪些人会对哪些内容作出回应和反馈，面向对的人传播，才能获得正向的作用。

2）确定传播目标

企业在开展传播前，应当要确定传播的目标。无论做任何事前，我们都要弄清楚到底为什么要这么做，目的是什么，确保所有内容的开展都要服务于整体的传播目标。这也是为什么要求从事品牌传播的工作人员要有底层逻辑思维，不要想一出是一出。常见的企业品牌传播目标有以下四种。

（1）创造产品需求。当有新产品上市或是要推动销售增长时，通常会基于某些产品进行传播，这种传播会非常集中。企业要把卖点说清楚，直接指向产品销售。

（2）建立品牌资产。企业可以从企业产品的卖点开始，逐步扩展到品牌核心价值和个性特征的传递，包括建立顾客的品牌认知、扩大品牌知名度等，但不一定会紧密对接产品销量的增长。

（3）深化品牌关系。我们称顾客对品牌的情感态度为好感度和忠诚度，因此企业需要不断地强化品牌的影响力，深化品牌与顾客之间的关系。

（4）影响购买决策。品牌传播可以通过特征比较、产品知识、应用案例、应用场景等内容帮助顾客掌握评判产品的知识，从而影响顾客的购买行为。这个过程叫作“树立新购买标准”。

3）设计传播策略

企业在确定传播目标之后，就需要制定具体的传播策略。传播策略的核心为“2W1H”，即“谁”（who）、“什么”（what）、“怎样”（how），也就是决定由谁来说、说什么和怎样说。

（1）谁来说。企业需要给顾客提供可信的品牌信息来源，可以借助品牌背书，如明星代言、意见领袖、典型顾客体验口碑、专家、专业机构或媒体等，提高产品及品牌信息的可信任度。

（2）说什么。企业在制定传播内容的策略时，可以从两个角度——产品使用体验和顾客满足感，进行思考。产品的使用体验包括使用中体验、使用后体验和使用附加体验。顾客的满足感包括顾客对自我的定义（自我满足）、对社会角色期待的满足（社会满足）以及对生活中任何困境的解决（理性与感性满足）。

传播内容策略需要紧扣品牌个性，即品牌要以怎样的风格和人设与顾客沟通。另外，在内容传播过程还要保持调性一致，调性指的是品牌的个性和传达的视觉特性，如果是调性多次变化不一，不仅不利于品牌形象的长期积累，也无法在顾客心中构建连贯的认知。

（3）怎样说。企业需要决定传播内容的呈现方式，如文字、图片、音频、视频等。如果采用广告传播，还需要选择广告的类型，如告知型、情感型、体验型等。

4）选择传播方式

传播方式涉及面非常广，常见的是广告、公关、促销，事件、新媒体营销、社交营销、人员营销等。企业在选择传播方式时需从行业特性（大众市场、垂直细分市场）、传播目标、传播预算（高、中、低）、传播方式特性（覆盖度、与顾客的契合度、稳定性、风险性）、目标顾客（人群数量、信息接收习惯）、竞品传播方式等维度综合考量和组合传播方式，并根据传播方式特征匹配合适的传播内容。

5）制定传播预算

根据传播目标，既要制定总体的传播预算，还要制定出详细的支出计划，以便企业更好地监控传播费用的使用过程。制定传播预算有四种常见的方法。

（1）量力而行法：预设获利空间，将传播预算作为成本投放。

（2）销售比例法：以销售收入作为准测算传播投入比例。

（3）竞争等价法：对标竞争对手的传播投入和传播效果为参考。

（4）目标任务法：将竞争目标分解为认知率、曝光率、到达率等具体指标，计算得出传播预算。

6）确定媒体组合

企业可以根据传播目标、传播预算和传播内容的特点选择不同传播媒体组合，而且主要媒体和辅助媒体可以搭配使用。不过媒体组合并非一成不变，企业需要按照顾客在不同购物阶段的信息需求，调整品牌传播的内容，以及传播方式、传播媒体的组合。

7）测量传播效果

企业需要对品牌传播活动执行完后的效果进行评估及总结，为了使每个传播效果都能得到测量和评估，需进行可视化的传播数据跟踪，例如，品牌曝光率、传播转化率、品牌好感度调研等。

8）后续管理

整合营销传播策略需要不断地调整与变化。通过市场反馈，当顾客感知效果不对或者品牌传播效果不佳时，企业应该及时进行策略调整和升级，总结哪里做得不好，继续对后续的传播活动进行矫正。

温故知新

1. 品牌传播是指企业在品牌管理的过程中，将品牌信息通过传播载体、营销活动、品牌体验活动等方式，让各方组织和人员认识、认可、认同品牌的过程。

2. 品牌传播原则：一致性原则、信守承诺原则、一个中心原则、勇于创新原则、沟通互动原则、社会化传播原则。

3. 品牌接触点是指能够将企业品牌信息传递给顾客的一切载体，包括有形的实物和无形的活动过程。

4. 企业家的仪容仪表、言行举止、个性、道德水平等个人特征都会通过各种社会活动表现出来，形成企业家的个人形象。对于企业品牌而言，企业家也是品牌传播媒体，顾客会不自觉地对企业家个人形象与品牌形象进行关联。

5. 员工在与顾客的交往过程中表现出来的个人形象会影响企业品牌。

6. 在顾客与品牌互动的过程中，顾客有机会接触到企业的办公设备，这时办公设备就可以成为承载品牌信息的载体，发挥传播品牌的作用。

7. 企业内刊是企业自办，供内部员工和外部特定群体阅读的刊物。它能为企业内部员工的相互沟通提供平台，增进企业凝聚力，还能加强品牌与外部受众的沟通，从而增加品牌的知名度和美誉度，有助于树立良好企业形象。

8. 顾客浏览品牌网站时将接触到各种信息，这些信息可能会激发浏览者积极或消极的情绪，并将其附加在品牌上。

9. 对品牌而言，包装是品牌提供给顾客的视觉体验，能让顾客对品牌“一见钟情”，产生良好的第一印象，能帮助顾客建立品牌联想，是一种不可忽视的品牌传播载体。

10. 企业借助第三方的知名度、美誉度、专业度或权威度给品牌提供信用保证的活动，称为品牌背书。

11. 口碑传播是指一个具备感知信息（或使用经验）的非商业传播者与接收者关于一个产品、品牌、组织或服务的非正式人际传播。

12. 广告传播是指企业以付费方式委托广告经营者通过各种广告媒介向目标顾客传播品牌信息的宣传活动。

13. 社会化媒体，又称社群媒体、自媒体，是指人们可以分享生活、个人观点的各类网络工具和平台。

14. 整合营销传播是以目标顾客为核心，重组企业的市场行为，协调使用各种传播方式，以统一的品牌形象与顾客开展双向沟通的品牌传播方式。

复习思考题

1. 品牌传播是什么？
2. 品牌传播的积极作用有哪些？
3. 品牌接触点是什么？
4. 品牌背书是什么？
5. 企业品牌如何开展口碑传播？
6. 企业家个人活动如何促进品牌传播？
7. 企业如何开展品牌广告传播？
8. 企业如何借助社会化媒体开展品牌传播？
9. 企业如何开展品牌整合传播？

实训练兵场

参考上一章的策划方案，选择身边熟悉的某个企业或组织，对其品牌传播策略进行分析，并根据分析结果，对该企业开展品牌传播策划，重点思考在现有数字媒体快速发展的背景下，如何更有效地开展品牌传播，最终提交品牌传播策划方案并进行汇报。

1. 实训目的

（1）通过分析熟悉企业的品牌传播策略，增进对品牌传播概念的理解。
（2）通过搜集材料、整理材料、分析材料，提高发现问题、分析问题、解决问题的能力。
（3）通过撰写品牌传播策划方案，掌握品牌传播的策划方法。

2. 实训内容与要求

（1）自愿组成学习小组，每组 4 ～ 5 人，各组自主收集资料。
（2）学习小组组长组织本组同学讨论，并分配工作。
（3）各小组撰写一份企业品牌传播策划方案。
（4）各小组制作 PPT，并在班级内讲解展示。

3. 成果与检测

（1）每个小组提交品牌识别策划方案一份。
（2）PPT 汇报展示。
（3）其他小组同学提出问题，汇报人解答。

4. 现场点评与总结

请根据学习情况填涂下表。

评价标准	自我评价	同伴评价	教师评价
语言表达清晰流畅	☆☆☆☆☆	☆☆☆☆☆	☆☆☆☆☆
专业知识掌握良好	☆☆☆☆☆	☆☆☆☆☆	☆☆☆☆☆
方案具有良好的创新性	☆☆☆☆☆	☆☆☆☆☆	☆☆☆☆☆
方案具有良好的可行性	☆☆☆☆☆	☆☆☆☆☆	☆☆☆☆☆
我的收获			

第 8 章 品牌推广

学习目标

知识目标

1. 掌握人员推销、推广品牌的方法。
2. 掌握促销活动推销、推广品牌的方法。
3. 掌握公关活动推广品牌的方法。
4. 掌握体验活动推广品牌的方法。
5. 掌握内容营销推广品牌的方法。
6. 掌握搜索引擎营销推广品牌的方法。

能力目标

1. 能够根据品牌推广目标设计促销活动。
2. 能够根据品牌推广目标设计公关活动。
3. 能够根据品牌推广目标设计品牌体验活动。
4. 能够根据品牌推广目标开展人员推销。
5. 能够根据品牌推广目标开展内容营销。
6. 能够根据品牌推广目标开展引擎营销。

素质目标

1. 通过学习品牌推广，提高品牌策划的职业素养。
2. 增强创新精神。

思维导图

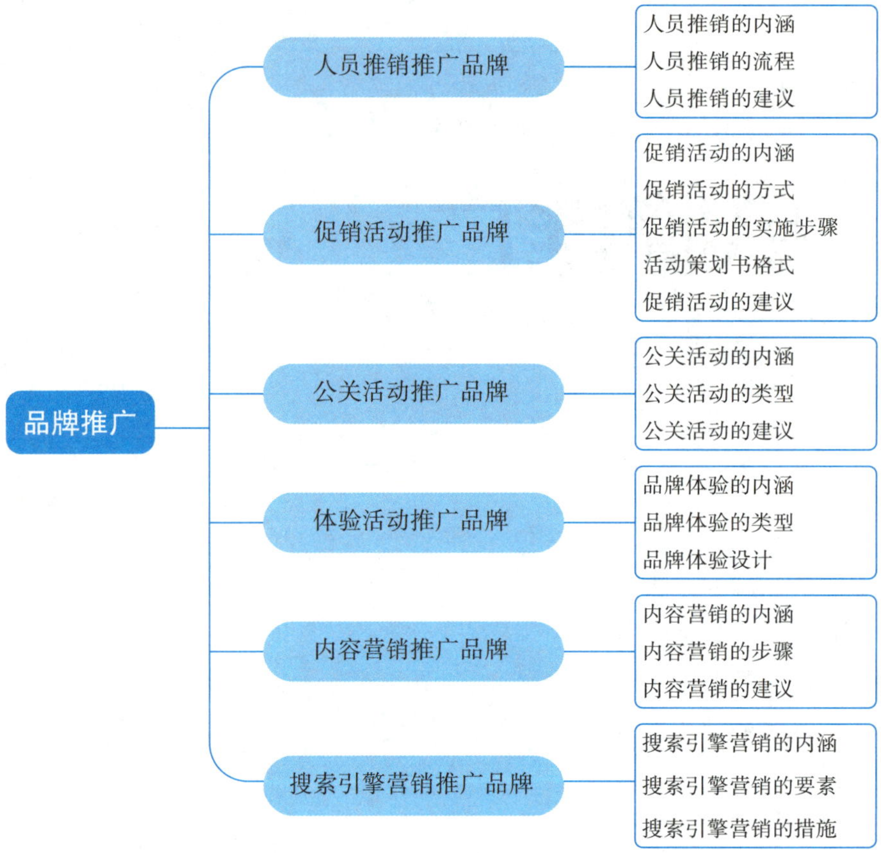

案例导入

××冰箱促销活动宣传品牌

1. 活动目的

（1）迎接五一旺季，品牌宣传造势。

（2）提高销量给客户信心，为 5 月压货创造条件。

（3）搞好客情关系。

2. 活动主题

迎五一，××冰箱大优惠。

3. 活动时间

2023 年 4 月 24 ～ 30 日。

4. 前期工作

与商场领导沟通具体的操作细节，主要是价格、场地、人员、物料的支持。4 月 20 日在钦州市场做宣传（贴海报和包装三轮车），4 月 21 日在商场前贴海报。4 月 22 日，检查库存和现场物料。活动统一说辞：××冰箱厂家五一假期提前做促销活动，特价销售且赠送精美礼品。

5. 现场操作

一个拱门、两个帐篷、两个产品气模、一个联合国节能金奖易拉保、两个海报牌。8 款样机：1 款特价机 163g，2 款上量机 108a、138a，2 款新品 171d、186sm，1 款智能屏显机 162ay，活动主销机型 209s（联合国节能金奖），1 款形象机 226ay3。每款机型优惠幅度 5% ~ 10%。礼品为精美保温杯 100 个。

6. 活动费用

包装三轮车 5 辆 200 元、运输费用 50 元、临时促销每天 30 元（场地有商场申请）。

7. 活动效果

期间共销售 26 台，占 4 月销售 63 台的 41.2%。主要竞争对手当月销量是 47 台。为五一旺季做了充分的宣传，五一假期的销量为 79 台。商场当月提货 97 台，为历史最高纪录。但由于预估不准和其他因素，5 月 3 日畅销型号（290s、163g 等）就开始断货，影响了五一的销量（该地区没有设代理商，由南宁代理商辐射过来的）。钦州市场的冰箱销售有了更清晰的主题——节能，而且代表型号是 209s（意外收获）。此次活动取得了客户的信任。

讨论：

× × 冰箱的促销活动对品牌推广是否妥当？

品牌推广是指企业为了塑造良好品牌形象，获取目标顾客认同而开展的系列活动及其过程。品牌推广有两个重要任务，一是树立良好的品牌形象，从而提高品牌知名度、美誉度和顾客忠诚度；二是促进品牌旗下产品的销售。本章主要学习常用的品牌推广活动有促销活动、公关活动和体验活动。

8.1 人员推销推广品牌

人员推销是世界上最古老的品牌推广手段，也是企业常用的品牌推广方法，在工业产品、单位采购等方面使用最为广泛。随着互联技术的发展，人员推销形式也发生了巨大变化。

8.1.1 人员推销的内涵

1. 人员推销的概念

人员推销是指企业通过推销人员与顾客直接接触，传递企业及其产品的有关信息，以促进产品销售的一种营销活动。对于从事销售工作的人员来说，由于行业与岗位的区别而有着各种称呼，如业务员、推销员、销售代表、销售顾问等。人员推销从本质上来说就是带有商业目的的人际（或网络）交往活动。这种人际交往活动得以进行的前提是双方有共同的愿望，即一方有推广品牌和销售商品的愿望，另一方有购买商品以满足需求的愿望。人员推销是在同一时空下将品牌推广与产品销售合二为一的营销活动，也就是将品牌推广和需求满足加以合并，从而获得营销效果。

人员推销推广品牌是指由业务员以人际传播方式主动接触顾客形成即时、双向互动的人际关系，在推广品牌的同时强化和满足顾客对商品的需求，从而实现商品销售和品牌推广的目的。

2. 人员推销的优缺点

1）人员推销的优点

（1）品牌介绍更有针对性。因为业务员可以直接与顾客接触，所以能够根据各类顾客的不同需求，设计有针对性的推销策略，品牌信息的介绍更有针对性，也更容易诱发顾客的购买欲望，并促成购买。

（2）与顾客实现双向互动。人员推销特别强调业务员与目标顾客之间的双向信息交流，克服了传统商业广告中单向信息交流方式下企业品牌与顾客之间无法互动沟通的致命弱点。尤其是随着互联网技术的发展，业务员可以借助网络即时交流软件，与顾客实现低成本的一对一信息交流和沟通。

（3）利于稳定顾客关系。业务员在与顾客的一对一沟通中，有利于培养业务员、品牌与顾客的私人情感，从而使顾客与企业之间建立更为稳定的购买关系。

（4）营销功能具有多样性。业务员在推销商品过程中，还承担着寻找客户、传递品牌信息、销售产品、提供服务、收集信息、分配货源等多重责任，这是其他营销手段所没有的。在这些过程中业务员可以及时促成顾客购买，帮助顾客解决问题。

2）人员推销的缺点

（1）单个顾客成交费用高。虽然企业维持一个业务员的成本相对于商业广告支出很少，但是由于业务员的精力有限，能够直接交流的顾客数量相对于商业广告影响的人数就很有限了。因此，平均算下来通过业务员推广品牌信息，促成顾客购买的成本就很高了。

（2）对业务员的要求较高。人员推销的成效直接决定于业务员素质的高低。尤其是随着科技的发展，新产品层出不穷，对业务员的要求也越来越高。这直接导致企业招聘业务员的风险很高，因为业务员只有到岗工作一段时间后，企业才能准确判断该业务员是否能够胜任该工作。

3. 人员推销的方式

根据业务员接触顾客的方式，可以将人员推销分为以下几种。

1）上门推销

上门推销是最常见的人员推销方式。它是指推销人员携带产品样品、说明书和订单等走访顾客，推销产品。这种推销方式可以针对顾客的需求提供有效的服务，为顾客提供便利，容易被顾客广泛认可和接受。

2）柜台推销

柜台推销又称门店销售，是指企业在适当地点设置固定门店，由业务员接待进入门店的顾客并推销产品。柜台推销与上门推销正好相反，它是等客上门的推销方式。门店里的产品种类齐全，能满足顾客多方面的购买需求，为顾客提供较多的购买便利，并且可以保证产品完好无损，所以顾客也比较乐于接受这种方式。

3）会议推销

会议推销是指利用各种会议向与会人员宣传和介绍产品，开展推销活动。例如，在订货会、交易会、展览会、物资交流会等会展上推销产品，介绍品牌。这种推销方式接触面广、推销集中，可以同时向多个顾客介绍品牌、推销产品，成交额较大，推销效果较好。

4）电话推销

电话推销是指业务员通过电话联系顾客、介绍品牌、推销产品的方式。由于电话推销的效率相对于其他推销方式要高，因此被很多企业采用。随着 IP 电话的发展，电话推销的费用更低。如果企业拥有充足的顾客信息资源，业务员开展电话推销的效率会更高。

5）网络推销

随着互联网技术的发展，尤其是以微信、QQ 为代表的网络即时交流软件的普及，使业务员通过网络接触顾客、推广品牌、销售产品成为重要的手段。网络即时交流软件传播信息时的隐蔽性、多元化、自主化及强关系链接等特点，极大地提高了业务员的推销效果。

8.1.2 人员推销的流程

虽然不同业务员开展品牌介绍、商品销售的过程可能存在差异，但是通过观察成功的推销过程可以发现，优秀业务员开展推销时主要包括以下七个步骤。业务员在实际推销过程可以根据现场情况增减其中的环节。

1. 寻找潜在顾客

业务员寻找有可能成为潜在购买者的顾客。潜在顾客即具有购买力、购买决策权和购买欲望的人。寻找潜在顾客的方法主要有以下几种。

（1）企业建立的潜在顾客信息库。

（2）向现有顾客打听潜在顾客的信息。

（3）培养其他能提供潜在顾客线索的来源，如供应商、经销商等。

（4）加入潜在顾客所在的组织。

（5）从事能引起人们注意的演讲与写作活动。

（6）查找各种资料来源，如工商企业名录、电话号码黄页等。

发现潜在顾客后，业务员还要进行初步的筛选，进一步确认潜在顾客成为现实顾客、实施购买行为的可能性有多大。

2. 访问准备

业务员在联系潜在顾客前，须提前准备以下三方面的知识，做到知己知彼。

（1）产品知识。关于企业、品牌和产品的知识，尤其是产品的特点、用途、功能等。

（2）顾客知识。关于潜在顾客的个人情况，越详细越好。

（3）竞争者知识。竞争者的能力、地位及其产品特点。

业务员还要准备好样品、说明材料，选定接近顾客的方式、访问时间、推销话术等。

3. 接触顾客

在做好前期准备工作后，业务员就要设法与顾客进行接触。接触顾客又分约见和接近两个环节。约见是业务员事先征得顾客同意后的行动。约见顾客可以采取当面约见、书信约见、电话约见、托人代约、网络约见等方式，与顾客确定见面的时间、地点等；接近顾客就是正式接触推销对象，引起顾客注意和兴趣，以顺利转入面谈导购阶段的行动。接近顾客的方法有利益接近法、好奇接近法、介绍接近法、产品介绍接近法、问题接近法、调查接近法、直接接近法等。这一阶段业务员需要注意以下几点。

（1）要给顾客一个好印象，并引起顾客的注意。因此，业务员合适的穿着、举止、言谈和自信而友好的态度都是必不可少的。

（2）验证在准备阶段所了解的情况。

（3）为后面的沟通洽谈作好铺垫。

业务员在接近顾客时，自己要有一个正确的心态：友好、自信。友好，即认识到自己与对方是进行利益交换，是互惠互利的交换；自信，即认识到自己不是低人一等，企业产品是能经得起考验的，自己是来帮助顾客解决问题的。

4. 沟通洽谈

该环节是业务员与潜在顾客正式接触，并引导其购物的阶段，这是推销过程的中心。业务员向顾客介绍商品，不能仅限于让顾客了解企业的商品，最重要的是要激起顾客的购买欲望，产生购买行为。业务员可以采用三段论法介绍商品：首先，说明商品的基本状况；其次，将这些状况中的特色功能、性质加以解释说明；最后，阐述这些功能、性质能够带给顾客的利益。业务员在向潜在顾客展示、介绍商品时可采用以下五种策略。

（1）正统法，主要强调企业的声望和经验。

（2）专门知识法，主要表现自己对产品功能、技术的深刻了解。

（3）影响力法，可逐步扩大自己与顾客共有的特性、利益和心得体会。

（4）共情法，可向顾客表达善意的理解，以加深感情。

（5）树立形象法，在顾客心目中树立良好的个人形象。

5. 处理异议

顾客在听取产品介绍后，可能会提出一些异议，例如，怀疑产品的价值，不接受交易条件或价格，对企业或产品缺乏信心，等等。业务员需要具有巧妙的语言表达能力，并提供有说服力的论据。例如，通过详细介绍产品的功能、性质说服顾客，克服障碍，达到预期的销售目标。

6. 促成交易

人员推销的重要环节是促使顾客采取购买行动，这也是推销工作最困难的阶段。业务员在认为时机成熟时，应抓住有利时机，或者提出购买建议，或者提供价格优惠，或者提供便利服务，或者归纳销售重点，以促使顾客做出购买决策。

7. 售后服务

产品销售给顾客并不意味着整个推销过程的终止。现代推销认为，成交才是推销过程的开始。如果业务员希望顾客满意并重复购买，就必须对顾客进行跟踪服务，如安装、退换、维修、培训及顾客访问等，还要搜集顾客对于产品的改进意见，及时向有关部门反映，以调整营销措施，并帮助顾客解决使用时的问题。这些工作有利于树立品牌信誉，维持双方关系，促成重复购买。对于 VIP 顾客，业务员还要特别注意与其保持长期的联系，实施关系营销。

8.1.3 人员推销的建议

由于人员推销严重依赖业务员个人素质，如果企业采取人员推销推广品牌，那么企业可以通过做好以下几个方面的工作，提高人员推销的效果。

1. 建设顾客信息库

企业可以通过购买、调查收集、储存交易记录等方式逐步建立顾客信息库，该信息库应尽可能地记录顾客的个人信息，如姓名、联系方式、年龄、收入、职业、购买习惯等。这些信息一方面可以帮助业务员快速联系顾客，另一方面可以帮助业务员在接触顾客时做到有针对性地介绍商品。如果企业没有信息库，将导致业务员的推销过程变得非常盲目，极大降低工作效率和成交的概率。

2. 科学招聘业务员

企业要根据品牌推广、商品销售工作的特点制定科学的业务员招聘标准，不要过于依赖学历筛选，很多时候业务员的人际交往能力比学历更重要。企业还要设置合理的招聘流程，通过多个环节考察应聘人员的业务能力，尽可能地降低招聘风险。

3. 加强考核与培训

企业要对业务员制定短、中、长等不同时间段的考核要求，以此考核业务员的工作能力和绩效。根据考核结果对业务员开展针对性的业务能力培训，帮助业务员成长。考核结果显示不适合从事推销岗位的业务员，企业要及时与其沟通，协商解决办法。

4. 设置激励性薪酬

推销工作需要业务员面对不断的拒绝、各种失败之后，还能长期保持高昂的工作激情。因此，企业除了开展针对性的培训之外，还需要制定具有激励性的薪酬制度，将业务员的薪酬与工作考核挂钩，一方面避免业务员出现工作懈怠，另一方面让业务员在辛苦付出之后得到应有的回报。

8.2 促销活动推广品牌

8.2.1 促销活动的内涵

促销活动是指企业通过折扣、赠品、抽奖等刺激手段和活动，使目标顾客直接接触和使用品牌产品，从而亲身感受和领略品牌特征的一种营销方式。促销活动在品牌推广方面的作用主要表现为以下几点。

（1）吸引顾客对品牌的关注。企业通过开展有效的促销活动可以吸引目标顾客对品牌的关注。促销活动往往具有一定的刺激性和趣味性，吸引已有顾客及潜在顾客广泛参与，可以提升品牌的影响力。

（2）引发品牌的口碑传播。成功的促销活动能够成为顾客的交流话题，制造品牌口碑传播，增加品牌的顾客提及度，从而提升品牌的知名度和美誉度。

（3）增强品牌与顾客情感。企业通过促销活动可以加强品牌与目标顾客之间的互动和沟通，有助于拉近品牌与顾客之间的心理距离，从而培养品牌与顾客间的友好关系。

（4）提高目标顾客忠诚度。促销活动给顾客的利益优惠，可以增加他们的重复购买行为，强化顾客对品牌的记忆。由于促销活动是一种双方直接接触的活动，可以直接获得顾客的信息和反馈，为及时、迅捷地回应顾客反馈创造了机会，从而提高顾客对品牌的满意度和忠诚度。

8.2.2 促销活动的方式

由于不同促销活动的信息载体和刺激因素存在差异，因此对品牌产生的作用也不同。企业需要根据品牌推广目标策划合适的促销活动，如表 8-1 所示，为不同促销活动的推广特点及对品牌的作用。

表 8-1 不同促销活动的推广特点及对品牌的作用

序号	类型	做法	推广特点	对品牌的作用
1	样品试用	向顾客提供一定数量的免费产品或服务	可以让顾客直接接触品牌，但是成本较高	有助于向顾客介绍产品功能

续表

序号	类型	做法	推广特点	对品牌的作用
2	同牌赠品	在顾客购买特定产品时，免费赠送同品牌的新产品	顾客可以直接接触品牌，及延伸的新产品	探测品牌延伸的可行性
3	优惠券	持有人在购买指定产品时可以获得特定优惠额度的一种凭证	券面附载品牌信息，能较强地吸引顾客注意	增强品牌印象和亲和力
4	折扣促销	顾客在购买产品时在原价的基础上享受一定百分比的降价	感受品牌顾客让渡价值	增加重复购买，培育和维护品牌忠诚
5	以旧换新	顾客凭使用过的产品，在购买特定产品时，享受一定抵扣优惠	感受品牌顾客让渡价值，体现品牌的环保责任	推广品牌绿色环保意识
6	特价包装	以比正常更低的优惠价格销售特定包装商品	通过让顾客获得价格实惠，巩固品牌市场影响力	增加顾客的品牌记忆，强化品牌印象
7	现金返还	顾客购买产品后企业给予顾客现金返还	通过让顾客获得价格实惠，巩固品牌市场影响力	增加顾客的品牌记忆，强化品牌印象
8	积分优惠	针对顾客购买产品或服务的次数和数量给予奖励	通过，顾客获得价格实惠，巩固品牌市场影响力	培养顾客和品牌关系，增加顾客品牌忠诚度
9	抽奖促销	顾客购买产品后有机会被选中，获得现金、旅游或者其他奖品	顾客参与品牌活动互动，易形成口碑传播	推广品牌文化，增加品牌趣味色彩
10	现场演示	在销售地点进行产品展览或者演示	突出显示产品属性和特征	提高顾客的质量感知和品牌信誉
11	协同促销	与其他优秀品牌联合举办促销活动	利用合作品牌为企业品牌做关联性宣传	利用相关联想，增强品牌形象

8.2.3 促销活动的实施步骤

企业采取促销活动推广品牌时，可以参考以下步骤开展活动。

1. 确定推广目的

企业在策划促销活动时首先需要确定通过此次活动想实现的品牌推广目的。当品牌旗下产品所处的生命周期不同时，品牌推广目的会有很大的差异。因此，企业可以通过分析品牌产品所处的生命周期来制定品牌推广目的。

1）导入期推广目的

当品牌旗下产品处于导入期时，促销活动的品牌推广目的主要是为了缩短品牌产品与目标顾客之间的心理距离，促使顾客通过试用新品牌产品，认知新品牌，初步建立品牌知名度。

2）成长期推广目的

当品牌旗下产品处于成长期时，促销活动的品牌推广目的主要是鼓励顾客对品牌产品的重复购买、刺激潜在客户的购买动机与欲望、增强渠道商对品牌产品的接受程度、扩大品牌市场占有率。

3）成熟期推广目的

当品牌旗下产品处于成熟期时，促销活动的品牌推广目的在于刺激顾客大量购买，吸引竞争品牌的顾客转换品牌，保持和提高原有的市场占有率。

4）新旧交替期推广目的

当品牌旗下的产品处于新旧交替期时，促销活动的品牌推广目的是快速、大量销售旧产品，尽可能地处理旧产品的积压库存，加速资金周转，同时推广品牌的升级产品或延伸新产品，保持品牌个性，维护品牌定位和品牌市场影响力。

2. 选择促销方式

由于不同的促销活动在推广品牌时产生的作用不同，而且一个特定的品牌推广目的可以采用多种促销方式来实现，因此企业需要选择合适的促销方式组合开展品牌推广。企业在选择促销方式时需要考虑以下几个方面。

1）品牌推广目的

在选择促销方式时，首先要考虑此次活动的品牌推广目的。如果企业是为了增加品牌产品市场占有率而需要增加销售量，可以采用赠品和优惠券等方式；如果是为了增强品牌的文化色彩，可以采取游戏、文娱体育活动、智力竞赛等促销方式。

2）产品类型

在市场上销售的产品，按其用途可以分为工业用品和消费用品两大类。一般工业用品的品牌重在推广产品的功能和质量，可以采用样品赠送、展示会、销售奖励、宣传手册等方式；消费用品的品牌侧重品牌识别元素、品牌个性特征的推广，以便形成清晰的品牌形象、稳定的品牌定位，这种情况可以采用优惠券、样品赠送、店内海报、样品陈列、顾客体验等方式。

3）品牌的竞争地位

在竞争中处于优势地位的品牌，在选择促销方式时，应该偏重那些可以产生长期效果的促销方式，比如赞助顾客的社团或社区，有助于培育顾客的品牌忠诚度。在竞争中处于劣势的品牌，可选择能为顾客和中间商提供更多实惠的促销方式，如交易折扣、样品派送、附赠销售等，形成品牌的销售推力，扩大品牌影响，逐步凝聚品牌吸引力。

4）活动成本和预算

任何一种促销活动都会产生一定费用，任何企业的资金都是有限的。因此，企业需要根据此次促销活动的预算和不同促销方式的成本，优化促销方式的组合，从而以有限的预算实现最大化的品牌推广效果。

3. 制订活动实施方案

在确定了促销活动的品牌推广目标和具体促销方式后，需要为促销活动制订具体的实施方案。一个完整的促销活动实施方案，应该包括以下几个方面的内容。

1）推广范围

企业要确定此次活动品牌推广的范围，包括两个方面——产品范围和顾客范围。第一，确定需要推广的产品范围，即品牌旗下的哪些产品被纳入此次推广活动。企业要决定是针对单项产品，还是整个系列的产品；是对新产品，还是老产品进行促销。第二，确定活动面向的顾客范围，即面向所有销售区域顾客，还是特定区域的顾客开展活动。

2）诱因量的大小

诱因量是指活动期间特别提供的利益优惠，与平时无促销活动时相比的差异。它直接关系到促销活动的成本，也关系到对目标顾客的吸引程度。

3）活动信息的传播方式

选择活动信息的传播方式，即企业选择何种传播方式宣传此次促销活动。不同的传播方式具有不同的传播效果和成本，对品牌推广的作用也不同。因此，企业需要根据活动预算、目标顾客的信息接收习惯、不同传播方式的成本，合理制订活动信息的传播方案。

4）活动参与条件

不同的品牌推广目的和促销方式对参与活动的顾客有不同的要求。因此，企业需要在促销活动的方案中明确参与活动的顾客条件。通过限定顾客参与条件，降低活动成本，提高活动效率。

5）活动的时间窗口

企业需要在实施方案中明确促销活动的时间。需要思考的活动时间包括三个方面：正式举办活动的时机和活动提前宣传预热的时机，活动的持续时间，一年内活动举办的频率。

6）活动的费用预算

促销活动的费用通常包括两类：一是管理费用，如活动的组织费用、印刷费用、邮寄费用、培训教育费用等；二是诱因成本，如赠品费用、优惠或减价费用等。企业需要根据活动的具体实施内容，制定具体的费用使用计划，使每一笔经费的使用都有据可查，从而控制整体成本。

此外，在促销活动方案中还要有其他相关内容，如奖品兑换的具体时间和方法、优惠券的有效期限、促销活动的具体规则等。这些需要品牌管理人员根据具体促销活动的实施要求，确定相关的实施细节。

4. 活动实施与监控

促销活动方案进入正式推广实施阶段时，要尽可能地严格按照促销方案和预算执行，当然实施方案也可能存在与实际情况不符的现象，这时需要活动负责人根据实际情况协调实施方案的修改，确保活动的顺利实施。促销活动的负责人，一方面要动态监督活动的实施过程，确保活动执行到位；另一方面要对活动实施过程进行指挥、协调和沟通，确保活动实施的高效。当遇到突发情况导致活动无法进行时，活动负责人要及时根据实际情况向企业领导汇报，从而决定活动后期的去向。

5. 活动总结

在活动过程中（活动时间长）或完成后，参与促销活动的人员要对此次活动进行总结、评估。总结、评估的主要内容是活动的目的、目标有没有达到？经费预算执行得如何？促销活动组织有什么突发事件，是如何处理的？是什么原因导致的？如何才能避免类似问题的出现？促销活动的评估、总结，同样要形成完整的书面报告，为下次开展促销活动提供经验。

8.2.4 活动策划书格式

企业举办促销活动时，一般会要求事前撰写完整的活动策划书。一份完整的促销活动策划书包括两部分：内容和格式。首先要知道策划书并没有固定的格式，只要能够把促销活动需要实现的目标，具体的活动策略，以及采取这些策略的原因表达清楚，就是一份合格的策划书。但是为了使策划书的内容便于活动审批者和执行者理解，还是需要按照一定的逻辑结构呈现策划内容。本书以促销活动的策划书为例介绍策划书格式方面的逻辑结构，此格式也可以作为其他活动策划书的参考。下面按照策划书内部的前后顺序逐次介绍相关内容。

1. 策划书封面

策划书要制作独立的封面。封面上首先要使用简单明了的语言表述策划书标题，让阅读者能够通过标题快速了解活动的内容。其次，在标题下面标明以下基本信息：策划人员信息、策划书撰写时间，以及策划人员的联系方式。以便阅读者了解策划书的来源和策划书的时效性。封面内容排版力求美观大方、主次分明，并且封面要单独成一页。

2. 内容摘要

翻开策划书的封面，首先看到的应该是内容摘要。内容摘要要力求使用简洁的语言高度概括策划书的内容，让阅读者在极短的时间内快速掌握策划书的主要内容。因此，内容摘要要力求做到以下两点：其一，字数控制在 500 字左右，并单独成一页；其二，将策划书的主要创意、策略、预期成本和效果清晰呈现，让阅读者能够快速判断出该策划书是否具有继续仔细阅读的价值。撰写内容摘要时要站在管理者的视角去思考：如何表述才能快速地引起管理人员的注意力和兴趣？好的内容摘要能够直接决定策划书的成功。很多策划书因为内容摘要撰写失败，导致管理者不愿意继续阅读策划书的正文，因为管理者往往不愿意花费太多时间在一份他们认为没有创意的策划书上。内容摘要虽然放在策划书内容的最前面，但是在实际撰写时却是最后撰写。只有当策划书正文全部撰写完成之后，才能准确地归纳出内容摘要。

3. 策划书目录

目录是整个策划书的提纲，能够呈现策划书内容的细节，以及内容编排的逻辑结构。因此，在撰写策划书内容时：一方面要按照一定的逻辑结构将内容分成不同的层级；另一方面每一级的标题要简明扼要地反映相应的内容。一般目录会呈现一至三级标题，并尽可能控制在一页以内。

4. 策划书正文

正文部分是一份策划书的主体，也是不同促销活动的区别之处。虽然不同策划书的具体内容有很大区别，但是所有策划书的正文部分都可以遵循以下逻辑编排内容：本次活动想实现什么目标，为实现该目标准备采取什么策略，为什么选择这些策略，以及这些策略如何具体实施？策划书的正文部分既是未来活动的实施计划，也是说服管理者和活动执行人接受策划人员想法的思想交流部分。下面以一般促销活动策划书的正文为例，介绍正文部分的撰写要求。

1）活动背景

在策划书正文的开头部分要有一段简短的活动背景介绍。通过简单分析企业内外部形势说明开展此次活动的必要性和急迫性，让管理人员感受到此次促销活动的开展势在必行。毕竟任何一场促销活动的开展都是需要花费不少经费的。如果管理人员感觉此次活动的开展不是必要的，将无法获得企业管理层的支持。

2）活动目标

该部分既要介绍活动的总体目标，也要介绍具体的量化指标：一方面使用概括的语言描述活动的总体目标；另一方面要将总体目标分解成可以量化考核的具体指标。例如，总体目标中有提高企业品牌知名度的表述，就需要将该总目标具体量化成“通过此次促销活动将企业品牌知名度提高 20%”。总目标和具体量化指标可以分开表述，也可以合作一起撰写。活动目标的撰写需要做到以下几点：其一、目标描述尽可能地量化、具体，不空喊口号；其二、目标设置要合理，一方面相比现状有所提高，对管理人员有吸引力；另一方面又不好高骛远，确保最终能够实现。

3）内外部情况分析

这部分内容主要通过分析企业内部优劣势、外部机会和威胁，为活动策划找到制定具体策略的依据，也是活动目标制定的依据。该部分常使用 SWOT 分析方法开展具体的分析。此部分内容要让企业管理人员感受到活动目标制定的合理性，以及活动策略制定的科学性，也要让后期活动执行人员理解策略制定的依据，并接受活动方案。

4）活动的具体措施

这部分撰写促销活动的具体内容，主要包括：活动的主题、创意、策略、组织人员和时间安排，以及活动期间的宣传方式和执行过程的监控方法等。该部分内容的撰写一定要基于企业内外部情况的分析结果。该部分是策划书的主要内容，需要表述得尽可能详细，既要让企业管理人员理解整个促销活动具体做什么，也要让活动执行人员理解怎么执行。因此，活动的具体措施要具有创意性、可行性和操作性。

5）实施计划及预算

该部分要将此次活动所有需要具体实施的事项，按照时间先后顺序撰写成实施计划，并且为每个事项做好经费预算。因此，该部分内容一般以表格的形式呈现，表格的每行就是一个具体的事项，表格的列主要交代具体事项的相关内容，一般包括：该事项的负责人、时间安排（开始时间和结束时间）、事项要求（即需要达到什么样的标准）、配套经费等。如此，整个活动需要做哪些事情，每件事情由谁负责，什么时候开始做，要在什么时间前结束，要做成什么样子，以及该项事情需要多少经费，就一目了然。如此可以为活动方案的后期执行带来非常大的方便，而且使活动的经费支出清晰可控。

6）风险控制

该部分主要表述策划人员应提前考虑到活动执行过程可能遇到的各种风险，主要包括：外部可能影响活动执行的变化，内部可能出错的环节，并针对这些情况撰写应对措施或预案。当活动执行过程出现风险时，企业能够快速应对，确保活动的顺利实施，并减少企业损失。

5. 排版参考

一份完整的促销活动策划书应该由封面、摘要、目录和正文组成。封面标题建议采用小初黑体，居中，离页面顶部空 4 行排版。策划人员信息，以及策划时间建议采用四号宋体，行距 1 倍，居中，离标题空 4 行排版。内容摘要部分，“内容摘要”为一级标题，采用三号黑体，居中排版，摘要具体内容采用小四宋体，段前空 2 字符，行距 1.5 倍排版。目录部分，“目录”为一级标题，采用三号黑体，居中排版，目录具体内容采用小四宋体，段前空 2 字符，行距 1.5 倍排版。正文部分包括各级标题和具体内容建议都采用 1.5 倍行距，段前空 2 字符排版，其中一级标题采用序号“一、”，三号黑体；二级标题采用序号“(一)”，小三号黑体；三级标题采用序号“1.”，四级标题采用序号“1)”，五级标题采用序号“(1)”，并且三级及以下标题和正文具体内容都采用小四宋体。

一份完美的活动策划书，不但要求具有创意性、可行性和可操作性，还要求策划书内容条理清晰、逻辑严密、排版规范。策划书的排版如同一个人的外貌，是阅读人员对整个策划书第一印象的来源。排版混乱的策划书会让阅读者质疑策划人员的专业性。因此，品牌策划人员在撰写策划书时一定要进行规范排版，具体排版时也可以参照一些正规出版社的书籍排版方式。

8.2.5 促销活动的建议

不当的促销活动可能给企业品牌带来伤害，因为不当的、缺乏品牌战略引导的促销行为可能会危及品牌定位、损害品牌形象，而且过度促销易导致顾客对品牌价格敏感度上升，伤害老顾客的情感，破坏品牌忠诚。因此，企业在开展促销活动时需要注意以下几个方面。

1. 与品牌形象一致

促销活动是提升品牌认知度的好机会，应尽力确保促销活动主题是从品牌核心价值出发的，与品牌形象保持一致，从而形成“品牌拉动促销活动，以促销活动推动品牌”的良性互动，而能否做到这点，关键在于选择促销活动的方式时是否考虑到品牌形象，要避免采用可能会损害品牌形象的促销方式。

2. 多种活动协同

企业在开展促销活动时，首先要充分考虑不同促销方式的组合运用，使之功能互补、互为促进，从而产生良性的品牌建设效果；其次，促销活动必须从品牌建设的全局出发，综合考虑促销活动与其他品牌推广活动的配合。不同的营销活动都是品牌建设的基石，它们在功能上与促销活动形成互补，通过整合，可以传递更加丰满、立体的品牌形象。

3. 合理打折促销

打折促销虽然具有吸引顾客注意力、增加顾客购买量的作用，但频繁的价格折扣促销会降低品牌的身价，削弱顾客的品牌忠诚。因此，品牌应合理使用打折促销，避免其对品牌资产的伤害。

视域拓展

促销活动要尊重消费者的权益

又是一年“6·18”，各大电商平台也开始了各种促销活动，不少消费者翘首以盼，购物需求持续释放。但是在“乱花迷人眼”的各种活动中，各大平台和商家如何有力、有效保护网购消费者的合法权益，营造安全放心网购消费环境呢？消费者要如何进行选择，又有哪些需要注意的地方呢？

1. 简明规则，不搞套路

上海市消保委呼吁各大购物平台简明规则，不搞套路。2023 年 6 月 9 日，上海市消费者权益保护委员会发布消费提示，提醒各大平台和商家，优惠让利明明白白，如实宣传诚信经营，服务能力审慎评估，数据资源合理使用，售后响应便捷高效，实实在在不搞套路，重视消费者权益保护。上海市消保委指出，定金预售、叠加满减、限时秒杀等促销花样繁多，一旦涉及叠加优惠，消费者很难算清优惠力度和实付款项。平台、商家对于促销规则的设计应当简明易懂，在向消费者清晰、显著告知规则的同时，也应明晰到手价格和计算方法，并确保宣传的价格和实际相符，让消费者更好比价、实享优惠。

“6·18”大促连连，也是消费者咨询、投诉的高峰期。上海市消保委提醒平台、商家要切实加强员工培训，配强售后服务力量，及时、准确解答消费者的咨询提问，严格履行退换货义务。此外，推出智能客服的平台、商家要确保渠道畅通，提高响应能力，同时配备必要的人工服务力量，高效回应消费者诉求。

2. 遵守承诺，合规促销

广东省消委会要求各购物平台遵守承诺，合规促销。为引导网络平台经营者依法合规开展“6·18”促销活动，有力有效保护网购消费者合法权益，营造安全放心网购消费环境，广东省消费者委员会、广东省网商协会联合向各电商平台及网络商品服务者发布相关倡议。

两单位倡议，严格遵守法律法规，认真落实《中华人民共和国消费者权益保护法》《中华人民共和国电子商务法》《网络交易监督管理办法》《规范促销行为暂行规定》等法律法规的有关规定，依法合规开展促销活动，切实保护网购消费者的合法权益。加强平台生态治理，引导平台商家规范定金预售、满减优惠等促销规则，严禁商家以先涨后降、虚假保价、设置虚高划线价等形式欺骗、误导消费者。

3. 理性购物，避免浪费

江苏省消保委呼吁广大消费者理性购物，避免浪费。2023 年 6 月 8 日，江苏省消费者权益保护委员会根据既往消费投诉情况发布“6·18”消费提示，提醒消费者要货比三家、按需购买、理性购物、安全消费。

消费者要结合自身实际需求，适度理性消费，避免囤货过多造成资源浪费或盲目选购后大量退单，增加自己和商家的交易成本。收取定金的预售活动，消费者主动放弃购买时，商家一般不予退还定金，因此消费者要避免冲动消费。江苏省消保委提醒消费者，不能轻信商家的口头承诺，注意留存好相关交易证据。在发生消费纠纷时，可以先同商家以及购物平台协商处理，如果协商不成，要及时向有关部门投诉，维护自己的合法权益。

8.3 公关活动推广品牌

8.3.1 公关活动的内涵

1. 公关活动的概念

公关活动是指有助于组织（企业）和公众相适应，而策划实施的各种保护企业形象及推广品牌产品的活动。

公关活动推广品牌是指企业在品牌推广过程，为促进公众对品牌的理解和支持，并树立良好品牌形象，而开展的一系列非付费、非营利性活动。公关活动应与广告、促销等品牌建设活动相互配合，在新产品上市或新市场开拓时，宣传和推广品牌。在品牌具有一定知名度时，公关活动可以拉近品牌与顾客的距离，以提高品牌的亲和力和美誉度。在品牌出现危机时，公关活动可以维护企业声誉和品牌形象。

2. 公关活动的优势

1）推广成本低

公关宣传的资讯在大众媒体上占用版面一般是不收费的。这使得公关活动推广品牌的成本相比商业广告和其他品牌推广方式要低廉。

2）提升品牌可信度

当品牌通过广告建立起广泛的知名度后，公关活动可以推广品牌个性中的品格特征，帮助品牌树立良好的社会形象，强化品牌信息的可信度，建立和保持品牌美誉度和信任感。

3）优化品牌营销环境

企业主动开展品牌公关活动，可以帮助品牌与顾客、政府、媒体及公众之间建立和保持良好关系，形成和谐的外部环境。即使是企业被动开展的危机公关活动，也可以协调品牌与公众的紧张关系，化解营销压力，促进品牌与市场的良性互动。

3. 公关活动的劣势

1）信息需要经过媒体的过滤

品牌管理人员能够控制商业广告的内容、传达方式以及对目标受众的影响，并能够通过不断重复加深顾客对品牌的印象，但是品牌管理人员很少能控制品牌的公关宣传。因为公关活动的信息都要经过媒体的审核、过滤后才可能有机会接触到公众。

2）推广效果难以测量

在公关领域里，经常用品牌被提及次数、品牌专栏的篇幅或者品牌故事在媒体中出现的时间总量来衡量公关活动的效果。这些数据与顾客购买行为的相关性难以评估。

8.3.2 公关活动的类型

按照公关活动的功能，公关活动的类型可以分为以下五种。

1. 宣传性公关

企业可以运用报纸、杂志、广播、电视等各种传播媒介，采用撰写新闻稿、演讲稿、报告等形式向社会各界传播品牌信息，以形成有利于品牌形象的社会舆论导向。这种方式涉及面广，推广品牌形象效果也较好。

2. 征询性公关

企业可以通过开办各种咨询业务、制作调查问卷、进行民意测验、设立热线电话、聘请兼职信息员、举办品牌座谈会或品牌新产品发布会等方式，逐步形成效果良好的信息资源库，再将获取的信息进行分析研究，为品牌经营管理决策提供依据。

3. 交际性公关

交际性公关是指通过语言、文字的沟通，形成品牌亲和力，巩固推广效果。品牌管理人员可以采用招待会、约谈、专访、慰问电话、致谢信函、短信、彩信等形式与目标顾客进行沟通互动。交际性公关具有直接、灵活、细腻、体贴、亲密、富有人情味等特点，能深化交往关系。

4. 服务性公关

服务性公关的主旨是通过超出顾客期望的服务塑造品牌形象。企业通过提供各种额外的实惠性服务获取公众对品牌的了解、信任和好评，以实现既有利于产品销售，又有利于树立和维护品牌形象的目的。品牌管理人员可以利用各种方式为公众提供服务，如消费指导、产品使用培训、免费修理等。

5. 赞助性公关

赞助性公关是指企业通过赞助教育、文化、体育、卫生等事业，支持社区公益事业，参与国家、社区重大活动等形式来塑造品牌形象，提高品牌知名度和美誉度。这类公关活动的社会公益性强，影响力大，但成本较高。企业的赞助活动可以是独家赞助（或称单一品牌赞助），也可以是联合赞助。

8.3.3 公关活动的建议

企业开展公关活动时，为了充分发挥公关活动推广品牌的优势，需要注意以下三个方面。

课堂讨论：小米集团多矩阵输出用户兴趣点内容爆破

1. 借新产品上市造势

新产品新闻发布会是提供新产品信息、吸引公众注意、提高品牌知名度的好机会，更是开展公关活动的好契机。对于高新技术产品，如计算机、手机等，企业在新品发布会制造新闻热点，吸引顾客注意的效果尤甚。

2. 影响意见领袖

品牌管理人员可以通过对某个领域的意见领袖进行公关，使他们接受企业品牌，并为品牌发声，进而吸引目标顾客关注企业品牌。企业可以借助他们的影响力改变社会公众的消费理念或创造新需求，并影响顾客对品牌的态度。

3. 与公益团体合作

品牌与具有较高公信度的公益团体进行长期合作有助于获取社会公众、新闻舆论的赞同，增加品牌美誉度，形成正面的品牌形象。例如，在2019年，顺丰曾和环保协会推出的可循环使用的“丰·box”绿色环保包装盒，如图8-1所示。这种绿色环保的包装盒采用PP环保材料，可回收再利用，可重复使用近70次。市民在寄件时可自由选择传统包装和绿色环保包装。如果选择“丰·box”绿色环保包装盒，收件后快递员将上门回收，消杀处理后再进行下一次循环使用。通过新闻媒体的广泛宣传，这次活动最终取得了社会舆论的积极反响。顺丰不仅得到了环保组织的广泛支持，而且还在顾客心中树立了快递行业环保先导者的社会形象，品牌美誉度得以提高。

图8-1 丰·box绿色环保包装盒

（资料来源：顺丰速运网）

8.4 体验活动推广品牌

伯德·施密特在《体验式营销》一书中认为，优秀品牌应该是“体验的提供者”。体验活动就是企业以商品为道具、以服务为舞台，围绕顾客创造出值得回忆的活动。企业为达到品牌推广目的，营造一种氛围，设计一系列事件，促使顾客变成其中的一个角色尽情“表演”，顾客在“表演”过程中会因为主动参与而产生深刻难忘的品牌体验。

体验活动推广品牌从本质上说也是营销的一种方式，它既是品牌形象、品牌价值的推广活动，也是营销战略中品牌营销的实施活动，其侧重点在于培养顾客对品牌的认知和感受。

8.4.1 品牌体验的内涵

1. 品牌体验的概念

体验是亲身体验的简称，也称体会，是用“人与外部的交流能力”来探查、验证、体会事实。体验到的东西使我们感到真实，并在大脑记忆中留下深刻印象，使我们可以随时回想起曾经亲身感受过的生命历程，也因此而领悟生命存在的价值和意义，并对未来有所期待。这是体验活动可以用来推广品牌的原理。

品牌体验是指企业设计和实施以顾客为主体角色的活动，促使顾客与品牌亲身接触，感受品牌核心价值和个性特征，从而对品牌产生难以忘怀的体验过程。因此，企业需要思考如何去引导和改变顾客对品牌的体验过程，从而让顾客对品牌产生良好的体验。

具有丰富知识和经验的顾客更容易产生新的联想和独到见解，他们力求通过某种方式树立起自己的形象，创造自己的生活状态，实现和表现自我价值。因此，品牌体验应是一种有目的的、持续的、差异化的、具有个性价值诉求的体验。

2. 品牌体验的特点

与传统品牌营销的模式不同，品牌体验把顾客看成生活的主体，注重顾客的生活感受，将品牌、顾客和生活综合到一起考虑。因此，品牌体验具有以下特点。

1）重视顾客生活感受

品牌体验致力于为顾客提供积极的、美好的生活经历和生活状态，重视与顾客的沟通，挖掘他们内心的体验需求，以向顾客提供良好的消费体验为目标，审视企业的产品和服务。

2）关注顾客购物经历

品牌体验通过关注顾客在整个购物过程中（消费前、消费中、消费后）产生的消费经验与品牌核心价值的吻合度，调整品牌的价值诉求和品牌个性特征。

3）注重顾客感知质量

品牌体验致力于消除顾客感知质量与产品实际质量之间的差距，最大限度地降低顾客的消费风险，提高顾客对品牌的满意度。

4）注重营造购物氛围

品牌体验不局限于具体某一产品的推广，品牌体验重点考虑如何营造品牌产品的“使用氛围”，通过把品牌产品以及其他系列产品结合在一起创造体验协同效应。诚实积极的体验设计能够使顾客对品牌产生全方位的感受，从而对品牌产生信赖，并达到深度的品牌忠诚。

3. 品牌体验的作用

企业通过体验活动推广品牌时，能够产生以下效果。

1）有助于塑造品牌文化

品牌体验的互动过程实际上是品牌和顾客共建生活的过程。企业可以依据品牌个性（品牌气质、性格、品格等），借助一定的创意表达手段，营造特定的文化氛围和品牌情境、品牌生活场景，使品牌产品超越物的功能属性，成为品牌个性的载体，直接触动顾客的内心世界，从而使顾客对品牌产生强烈的偏爱，并激发其购买行为。

2）有助于建立品牌共鸣

顾客参与品牌体验的过程需要调动感官、情绪、思想，因此参与品牌体验比被动观察接触到的信息更多、更生动，对品牌价值的感受更全面，理解就更深刻，品牌印象也更清晰。而且品牌体验通过别具一格的创意，借助丰富多彩、生动有趣的执行手段演绎品牌的风格，表达品牌气质，很容易建立顾客与品牌之间的共鸣。

3）有助于提高品牌忠诚度

企业可以通过与顾客的接触，深层次、全方位地了解顾客需求。在顾客与品牌的互动过程中，品牌体验既满足了顾客内心的体验需求，又使顾客与品牌之间产生密切的关系。而且品牌体验柔化了品牌信息传播的强加性，使顾客能够与品牌深度接触，获得亲身体验，降低了感知风险，有助于顾客形成发自内心的、稳定的品牌忠诚。

8.4.2 品牌体验的类型

1. 基础类型

施密特教授从人的心理结构出发，把人的心理体验分为五类：感官体验、情感体验、思考体验、行动体验和关联体验，如图 8-2 所示。这五类心理体验构成了品牌体验的基础类型。

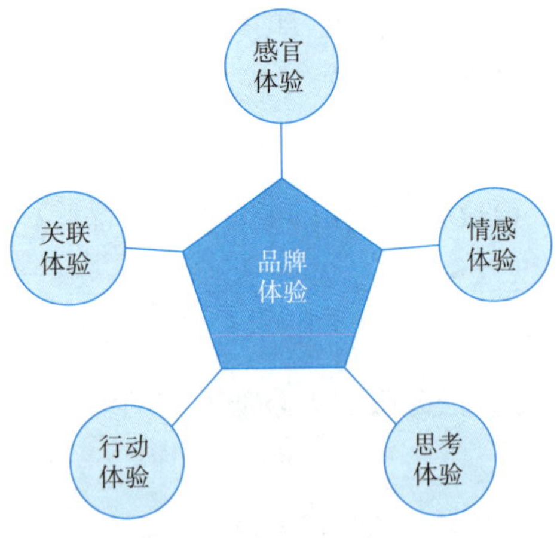

图 8-2 品牌体验的基本类型

1）感官体验

感官体验即通过五官感觉及通感形成的体验。人与外界的联系、交流与互动，依靠的工具是感官，因此感官体验是人最基本的反应，是其他体验的基础。它是眼、耳、口、鼻、身与外界进行信息交换的过程中所体会到的愉悦感或排斥感。在五官与外界接触过程中形成的快感、痛感、质感都属于感官体验的范畴。感官体验可以是单一的感官体验，也可以是运用感觉的通感现象，形成联觉，以丰富和深化感官体验。例如，装在褐色粗陶罐里的普洱茶与装在白色细瓷罐里的普洱茶给人的感觉不同，褐色粗陶罐给人以年代感，令人联想到原生态的山林味道，进而影响顾客对普洱茶品质的知觉判断。

品牌感官体验是通过视觉、听觉、触觉、味觉和嗅觉五种感觉的刺激而建立起来的品牌体验类型。例如，有些家私展厅内的样品让人们试坐、试躺，以此感受产品的舒适体贴，同时也表达了家私品牌的亲和贴心，如图 8-3 所示。品牌感官体验的直接性和刺激性，可以使顾客较清晰地感受品牌和产品，体会品牌产品的价值，激发顾客的购买行为。

图 8-3 家私展厅

2）情感体验

情感体验是指个体对自己情感状态的意识。人的感官体验会在心中引起情绪反应，通过移情作用，对感官所感知到的对象进行投射而赋予其本身没有的属性，如高兴时花欢草笑、悲伤时云惨雾愁，对象就成为人情感的表达载体。人的情感还表现为人与人之间的互动，如追求关爱与被关爱，追求亲情、友情和爱情。种种情感都会在人们心中形成体验，都属于情感体验的范畴。情感体验包括人与物及人与人之间的情感交流过程。

品牌情感体验是通过激发或触动顾客的内心积极情感，回避负面的消极情感，使之对品牌产生愉悦接纳的感觉，从而认同并获得品牌特定的情感价值。品牌情感体验主要针对顾客内在的情感及情绪，目标是唤起顾客的情感。品牌的情感特征实际上是对人情感状态的表达，比如纯净的、宁静的、和谐的、奔放的、豪迈的、自豪的、关切的、关爱的等。品牌情感体验主要包括道德情感体验和审美情感体验。它们可以单独也可以共同形成品牌体验核心价值的接触诉求点，形成相应的品牌体验策略。例如，某化妆品品牌的价值诉求是“自然、清新”，那么，组织一场邀请公众和目标顾客参与的关爱自然环境的公益活动，品牌的道德诉求和审美诉求就可以很好地结合起来，使品牌的品格和格调都得到彰显。

3）思考体验

思考体验又称创造性认知体验。品牌思考体验是指企业用创意的方式激发和表现顾客的智力和能力，使顾客获得认知与解决问题的体验。品牌思考体验运用惊奇、兴趣激发、好奇心、计谋和诱惑，有时还运用挑衅以激励顾客思考，使顾客沉浸于对某个问题的探索中，引发其产生统一或各异的想法，以使顾客获得成功的喜悦及自我肯定感。品牌思考体验可以增强品牌知识属性的知性气质，提高品牌产品的品位，使顾客更乐意利用品牌形象、品牌气质的黏性效应，表现自己的智慧和学习知识的能力。

4）行动体验

行动体验指人为达到某种目的而进行的身心共同参与的动态活动，并在活动经历中获得相应的感受。行动的要素包括人、动机、意愿、空间、时间、媒介和效果等。行动体验的过程作用于参与者的感官、情感和思维，形成丰富的感受层次，使人印象深刻。

品牌行动体验是指企业通过策划具有吸引力的活动激发顾客参与的动机和意愿，从而使顾客全身心参与到品牌的体验活动。在品牌行动体验中，企业通过影响顾客的行动节奏和行动内容，使顾客的行动与品牌行动结合在一起，让顾客体验到由品牌提供的或由品牌表达的生活情境和生活状态，从而将品牌植入顾客的生活。

5）关联体验

关联体验是所有体验类型的总和和超越。这一体验包含感官体验、情感体验、思考体验和行动体验的成分，但它超越了“增加个人体验”的私享感受，把个人与理想中的自我、他人和文化联系起来，产生更为丰富的、升华的联想式体验，从而让人能和更广泛的社会系统产生关联。因此，人们参与关联体验的诉求是：自我改进的个人渴望，即希望别人对自己产生好感，让自己和一个较广泛的社会系统产生关联，并与其形成一个群体。

品牌关联体验是指企业借助顾客希望完善自我、被他人正确看待的心理，策划体验活动让顾客与广泛的社会体系联系起来并产生独特的品牌体验，从而使品牌与顾客结成某种特定的关系。品牌关联体验让顾客和一个较广泛的社会系统（一种亚文化、一个群体等）产生关联，从而建立顾客对品牌的偏好，同时让使用品牌的顾客形成一个群体。关联体验已经在许多不同的产业中使用，范围从化妆品、日用品到私人交通工具等。

2. 衍生类型

企业在策划品牌体验活动时，常常以基础体验类型为原理设计一些主题鲜明的体验活动，从而衍生出形式多样的品牌体验，以下介绍几种常见的品牌体验衍生类型。企业在实际的操作过程中并不局限于以下几种，往往会根据企业品牌和顾客的情况设计出更多的形式。

1）审美体验

审美体验是指以人们的审美情趣为诉求，经由知觉刺激，提供给顾客美的愉悦、快乐、享受与满足。这种体验方式要求对色彩、音乐、形状、图案、风格、意蕴等美的元素加以艺术运用。这一体验方式在奢侈品品牌、艺术领域品牌、建筑领域品牌体验中被广泛应用。

2）娱乐体验

娱乐体验是指以顾客的娱乐体验为诉求，通过愉悦顾客来达到企业的品牌推广目标。这种体验方式的出发点和归宿点就是为顾客制造快乐。相对传统品牌推广方式来说显得更加亲切、轻松、生动，并富有人情味。

3）生活方式体验

生活方式体验是以顾客所追求的生活方式为诉求点，通过将公司的产品或品牌演化成某一种生活方式的象征甚至是身份、地位的识别标志，从而达到吸引顾客、建立起稳定的消费群体的目的。生活方式体验中的“体验”是要顾客经过自我思考与尝试去获得的解决方案。这种方案是独特的，是一种生活方式与顾客个人喜好的结合。品牌管理人员要做的就是对产品的文化、功能、搭配方案进行介绍及制作展示等，帮助顾客找到最适合自己的方案。

4）节日民俗体验

传统节日民俗观念对人们的消费行为产生着无形的影响。这些传统节日在丰富人们精神生活的同时，也深刻影响着顾客行为。各种民俗活动都有着自己独特的文化传承和特殊的活动环节，这些既能激发人们的好奇，也能给人们带来不一样的体验。

8.4.3 品牌体验设计

企业可以通过设计、规划和实施一些品牌体验活动，以一定手段促使顾客变成活动中的一个角色而产生深刻难忘的亲身体验，从而加深品牌印象，最终实现吸引和保留顾客、推广品牌的目的。

1. 设计原则

企业开展品牌体验设计时，需要遵循以下几个原则。

1）体验性

品牌体验设计要求活动过程中所涉及的产品和服务具备一定的体验特性，以保证顾客获得参与过程的“体验感觉”，要关注每个细节，尽量避免疏漏。

2）适应性

企业的体验活动既要符合当地有关法律法规，也要符合当地的民族风俗习惯和宗教信仰。品牌体验活动应与目标市场的地域文化具有适应性。不同国家和地区由于风俗习惯和文化的不同，价值观念和价值评判标准也不同，体验活动评价的结果也会存在一定的差异。因此，体验活动的安排要积极吸纳和适应当地市场的风土人情，既富有创新性，又符合民俗文化常理。

3）主题性

企业设计的体验活动要有一个与品牌传播、品牌营销规划有密切关系的体验主题，使参与活动的顾客能够感受该品牌的特定价值。

4）可评价性

品牌体验的效果可以通过监测进行定性和量化分析，其效果必须对品牌产生正面的影响。顾客信息反馈的搜集和整理使企业可以迅速地了解顾客的需求和偏好，从而更好地改进品牌产品和体验活动的设计。

2. 设计流程

品牌体验是有目的、有过程、有结果的活动，在具体实施时需要遵循相应的流程。品牌体验的创建流程包括七个步骤。

1）明确品牌核心价值

品牌核心价值是所有品牌推广活动的核心基础，是品牌持续传承的精髓，是品牌资产形成的源泉。企业设计品牌体验活动时要充分检视体验活动与品牌核心价值的吻合性。

2）分析顾客与竞争品牌

体验的主体是目标顾客，只有使顾客形成深刻的品牌印象和记忆才是成功的体验设计。参与体验活动的目标顾客不同，体验单元及组合就会不同，因此，必须明确哪些细分市场是品牌的核心顾客群体，并对目标顾客的诉求进行分析。品牌体验设计必须找到目标顾客的需求层次及其个体差异，提供个性化的服务，实施个性化品牌体验活动，进而带来品牌溢价。

企业在关注目标顾客的同时，还要重视对竞争品牌的分析。为了保证体验活动的效果，要调查分析竞争品牌与顾客接触策略的特点及执行效果，以此作为设计品牌体验的参照，目的是避免雷同、扬长避短或避免正面交锋等。

3）确定体验主题

主题是体验活动的中心思想，缺乏主题的体验活动是零散的，参与者的体验也必然是片段式的，也就很难使顾客产生清晰的品牌印象和记忆。体验活动主题的设计需要综合考虑品牌核心价值、活动目的、顾客需求以及竞争品牌的情况。

4）选择体验类型

不同的品牌体验类型作用于顾客身心的不同层面，体验结果也就不同。企业需要综合考虑体验活动目的、品牌产品类型、目标顾客特点、活动时间、体验主题以及活动经费预算等因素，选择合适的体验类型。很多时候，企业受到费用、场地、时间等限制，最终选择的体验类型可能是混合型（同时包含两种以上的体验类型）。例如，动感地带“我的地盘我做主”的校园品牌体验活动，就融合了思考体验（独立意识、自主意识）和关联体验（年轻且有知识、活力的亚文化群体）形成混合体验模式。

5）设计活动内容

品牌体验活动的主体是顾客。品牌管理人员需要对体验活动的内容和流程进行设计，包括：体验活动的时间和地点安排、体验价格制定、体验产品或服务选择、体验道具和元素的设计、体验事件的策划以及现场氛围设计等。

体验活动分为免费和付费两种。免费参与的活动要确保顾客的体验感受与品牌核心价值的一致性。成功的体验活动能够使顾客在活动结束后，购买品牌产品时回忆起当时的品牌体验。付费参与的活动需要按照顾客的心理需求定价，当顾客认为支付的成本大于活动感受价值时，品牌体验活动的效果就会是负面的。

6）实施体验活动

企业品牌管理人员是体验活动的幕后导演，活动的主角是顾客。在品牌体验活动的策划工作完成之后，就要通过传播手段将有关体验活动的信息传播出去，吸引目标顾客热情参与。为了保证顾客能够顺利参与活动过程，并使顾客的体验及行动符合体验活动的设计目的，品牌管理人员在活动的全过程要适当引导和维护顾客体验。

体验活动的宣传广告是对品牌体验的一种描述，对顾客起到告知和号召作用。顾客很多时候是通过宣传广告了解活动内容的。当广告带有欺骗性或由于环境的变化（如旅游中季节不同或天气突变等）导致顾客实际体验与广告描述有差别时，特别是当顾客无法感受到预期的活动体验时，将对品牌形象和顾客忠诚产生极大的负面影响。因此，活动的宣传广告要真实、客观描述活动体验，并且尽量把体验收获留给顾客去发挥（如在企业论坛上交流品牌体验后的感受等）。顾客之间的交流往往能修正和丰富顾客对体验活动的认识和感受，增强品牌体验的效果，进而提高对品牌的满意度。

7）评估活动效果

一项（或一个周期的）体验活动结束之后，企业要全面评估顾客的品牌体验效果，主要从两个方面进行评估：其一，评估活动期间品牌产品的销售情况，如活动前后品牌产品销售增长率、顾客重复购买率；其二，对顾客的品牌认知、品牌联想、品牌满意等方面进行调查评估。活动评估结果可以为调整、优化品牌体验活动策略提供依据或参照。

案例

一场别开生面的体验活动

2022 年 8 月，浙江台州市温岭银泰城利用暑假时间，大搞亲子营销，举办了一场名为“Hi，刘关张”的主题展。活动在温岭大受欢迎，吸引了一大批以孩子为中心的家庭型消费者的参与和互动，从而大大提升了商场客流。

在物质稀缺的年代，只要有商品出售就能吸引人们去购买。而如今，商品泛滥、购物中心遍地，人们的生活方式也在发生改变。购物中心应该是人们在忙碌工作之余寻找的一个相对慢节奏的地方。所以，人们在逛银泰这类购物中心的时候，与其说是一种购物，还不如说是一种生活。

正因如此，温岭银泰城也在不断地推陈出新。比如这次，商场腾出展位，把一部分的商业空间让给了“刘关张”三兄弟，把趣味设计与历史故事请进了商场，带给每一位消费者更有趣味性的体验。

1. 购物体验决定差异化竞争

温岭银泰城的差异化因此渐渐被打造出来。现在人们在购物的时候，已不仅仅为了满足物质上的需求。一场美好的主题展不仅能给顾客带来愉快的购物体验，也满足了更多细分群体的需求，使得银泰城在差异化竞争中胜出，增强了核心竞争力。

2. 无形中增加消费概率

“Hi，刘关张”主题展和温岭银泰城购物中心的结合，可谓“1 + 1 > 2”。消费者在银泰城内除了购物之外，还能偶遇一场有意思的展览，不知不觉就会消除疲劳，增添消费的乐趣，从而延长了逗留的时间，激发潜在的消费。

3. 时刻保持新鲜感

如今新开的商场、购物中心大多都采用体验展览模式来满足一般消费者的不同层次的需求。若定期举办一场类似的主题活动，涵盖时尚、文化、公益等主题，肯定会让消费者有耳目一新的感觉。

“Hi，刘关张”主题展与温岭银泰城购物中心的合作，可谓两全其美。“刘关张”借着银泰城走近了温岭大众，而温岭百姓也为购物找到了新的理由，逛银泰不再只是“败败家”，更满足了精神层面的需求。

讨论：

温岭银泰城购物中心的体验活动为什么能够吸引顾客？

8.5 内容营销推广品牌

互联网的飞速发展给内容营销带来了巨大契机。通过互联网，一个优质内容可以很容易地进行传播和引起关注，成功的内容营销案例也大量出现。

8.5.1 内容营销的内涵

1. 内容营销的概念

内容营销是指企业通过策划、传播具有创意的内容，形成大众关注和议论的焦点，使内容得以在更大范围内传播，借此提高品牌的知名度、树立良好品牌形象的营销方式。

内容营销具有受众面广、话题性强、信息量大等特点，能使品牌信息在短时间内达到广泛的深度传播效果，可以为企业节约大量的品牌推广成本，因此近年来成为流行的一种品牌推广手段。简单地说，内容营销就是通过把握传播规律，创作具有传播价值的内容，通过有计划的操作，使品牌信息借助内容营销得以推广。

2. 内容营销的原理

内容营销之所以能够实现推广品牌的效果，其原理有以下三点。

1）注意力的稀缺是原始动机

注意力是对于某条特定信息的精神集中。当各种信息进入人体的意识范围，人将关注其中特定的一条信息，然后决定是否采取行动。注意力对于企业来说，是一种可以转化为经济效应的资源，把握住大众的注意力，也就有了内容营销的动力。

2）大众媒体议程设置是桥梁

大众传播媒体具有为公众设置议事日程的功能，大众传媒通过赋予各种议题不同程度的显著性，影响着人们对周围事物重要性的判断。因此，如果企业想成功的实施一次内容营销，必须借助大众媒体的传播活动，营造出有利于企业的社会舆论环境，帮助企业达到借势或造势的目的，并引起大范围的公众关注。因此，大众媒体议程设置是内容营销实施的桥梁。

3）整合营销资源是必要途径

整合营销就是企业所有部门为服务于顾客利益而共同工作。它有两层涵义：第一，不同营销手段共同工作；第二，营销部门与其他部门共同工作。企业整合资源表现为整合多种媒体发布渠道、整合多种营销工具为内容营销服务。

3. 内容营销的原则

内容营销成功与否的关键在于内容本身是否具有传播价值，传播价值的大小则是由内容是否适应社会大众的某种需要所决定的。因此，企业通过内容营销开展品牌推广时，需要遵守以下原则。

1）关联性原则

企业创作的内容必须与品牌具有必然的关联。如果创作出来的内容与品牌没有内在的关联性，即内容与品牌相脱离，其结果必然是即使内容被炒得很热闹，但是与品牌却没有关系。因此，品牌管理人员应该努力使品牌的核心价值、内容的核心点和公众的关注点联系在一起，形成三点一线，贯穿于内容营销活动的始终。

2）独创性原则

企业创作的内容一定要有独创性。内容能否吸引公众的眼球，取决于事件本身是否具有传播价值。因此，企业策划内容营销时一定要努力做到构思巧妙、新颖独创，创作的内容越有创意，公众的关注度就越高，品牌推广效果也就越好。

3）共情性原则

企业创作的内容必须能够广泛引起公众的共情。公众能否对内容产生共情取决于两个前提条件：一是该内容与人们的生活是否紧密；二是该内容与人们兴趣点是否契合。

4. 内容营销的类型

根据内容特点可以将内容营销分为以下几类。

1）新闻类内容营销

企业利用对品牌和产品有价值的事件，使用新闻报道的语言且将其以新闻的形式向社会大众进行广泛传播，该过程将品牌潜移默化地植入到文章中，从而达到品牌曝光和宣传的目的。该方式也称之为“软文营销”，这类方式是企业自己制造具有传播价值的事件。

2）借势类内容营销

一般称之为“蹭热点”，不论是企业还是个人，通过及时抓住社会大众广泛关注的热点事件，结合企业品牌和产品开展相关活动，通过蹭热点给品牌引来免费的流量和关注。企业可以“蹭”的热点很多，如明星事件、体育赛事、大型公益活动等。

3）创意类内容营销

企业策划人员创作一些具有创意性的内容，激发公众的广泛兴趣，引起公众自动转发。这类内容的创作空间比较大，创作人员可以根据公众的关注热点、自己的特长等方面创作一些具有新颖性、独特性、差异性的内容。

8.5.2 内容营销的步骤

企业策划内容营销可以按照以下步骤开展。

1. 明确目标

企业开展内容营销前首先需要根据企业品牌定位、产品类型、目标顾客的情况制定明确的活动目标。内容营销的目标一般有三种：向目标顾客提供品牌信息，使目标顾客产生购买欲望，强化企业品牌形象。

2. 内容策划

内容营销的核心是创作优质内容，只有内容具有足够的吸引力，才能产生广泛的传播效果。品牌管理人员需要根据传播目标、受众兴趣，创作能打动人、影响人、有价值、有态度、差异化或利他的内容，这样的内容才容易让受众产生兴趣。品牌管理人员还需要找到品牌信息与创作内容之间的平衡点，如果品牌信息占比过大，可能会引起受众的反感，反之，受众很难对品牌信息产生感知。为了后期能够扩大内容营销的影响力，品牌管理人员可以将内容制作成多种形式，如图文并茂的文章、视频、音频、直播等。

3. 内容分发

企业为了扩大内容的传播范围，可以同时采取两种传播方式：免费传播和付费传播。免费传播方式主要是企业采取一些免费的网络平台，由企业员工发布创作好的内容，如微信、QQ、微博、博客、论坛贴吧等；付费传播方式主要是通过购买一些主流媒体的版面或网络门户网站的流量传播内容。通过多种方式相结合的方法去曝光内容、触达受众，才能形成内容的广泛转发。

4. 评估效果

品牌管理人员要监测和评估每个内容营销的效果，据此不断调整和完善内容营销方案，并对内容持续更新迭代。品牌管理人员要通过动态监测，对反馈好的方面持续优化，对反馈不好的要及时调整。只有体系化运营好每个环节，企业才能做出好的内容营销。

8.5.3 内容营销的建议

谈到内容营销，总会有人提到一个词——“双刃剑”。内容营销虽然可以短平快地为品牌带来巨大关注度，但是内容营销也可能起到相反的作用，品牌知名度虽然提高了，但有可能不是美誉度，而是负面评价。因此，企业开展内容营销需要注意以下事项。

1. 不能违反法律法规

企业必须在经营活动中遵守国家的法律法规，尤其是企业预见到可能引起公众广泛关注的内容营销，更不能违背这一原则。因此，企业在策划内容营销的过程中，必须有法律方面的专业人士进行把关，确认创作的内容以及内容营销的整个过程不会触及法律。

2. 不挑起公众反感情绪

公众有统一的道德底线和情绪。当内容营销触及社会绝大多数人的道德底线时，整个社会就会爆发出反感情绪，甚至导致情绪激化。近年来，借助内容营销起家的企业虽然不少，但是毁于内容营销的企业同样也不在少数。

3. 关注活动执行的细节

内容营销成功的关键，一方面是通过宏观分析和策划，创作出能够迎合社会大众的内容；另一方面就是细节的执行。企业要严格把控内容营销的各个环节，体系化、整体化监控整个过程。一些因为细节执行不到位，导致内容营销失败的情况，不会给企业品牌带来任何帮助，甚至会对企业品牌形象造成严重伤害。

4. 不对无效人群传播

每个品牌都有明确的目标顾客群体。企业开展的内容营销也会产生一个对此内容关注度很高的人群。如果关注内容营销的人群能够把目标顾客群完全包容进去，这将是一个成功的内容营销。反之，如果两个人群完全没有交集，则内容营销是失败的。

5. 内容与品牌相融合

一方面，一些企业将内容营销作为品牌推广的短期行为，为了抓住社会上短暂出现的热点事件，导致不同时期创作的内容没有一贯性；另一方面，有些企业为了尽可能地迎合社会大众，导致创作的内容与企业品牌无关，无法起到推广品牌的效果。因此，企业需要将内容营销作为品牌长期战略的一个组成部分，并精心创作推广品牌的内容。

8.6 搜索引擎营销推广品牌

前面介绍的几种品牌推广方法都是企业主动将品牌信息推广给顾客，从而影响顾客对品牌的认知。随着互联网的发展，顾客在制订购买决策前已经不再局限于被动地接受品牌信息，而是主动利用互联网去搜索相关信息，因此企业需要介入顾客收集信息的过程，从而影响其购买决策行为。

8.6.1 搜索引擎营销的内涵

1. 搜索引擎营销的概念

搜索引擎营销是指企业根据顾客使用搜索引擎的习惯，将品牌信息介入顾客的搜索过程，从而影响其购买行为的营销方式。随着人们越来越习惯网络购物环境，使用搜索软件寻找产品信息的频率也越来越高。企业将品牌信息介入顾客信息搜索的过程如下。

（1）企业将品牌信息发布在各类网站上，成为以网页形式存在的信息源。

（2）各类搜索引擎将企业网站或品牌信息网页收录到索引数据库。

（3）顾客利用关键词在搜索引擎检索相关的信息。

（4）检索结果中出现企业网站或品牌信息网页的索引信息及其链接。

（5）企业网站或品牌信息网页的索引信息吸引顾客点击链接进入相关网页。

（6）顾客浏览企业网站或品牌信息网页，从而影响其购买行为。

2. 搜索引擎营销的特征

从搜索引擎营销介入顾客信息搜索的过程，可以看出其具有以下特征。

1）企业网站是重要信息源

搜索引擎营销需要以企业网站为基础，创建网络环境的品牌信息源，而且企业网站的设计效果对搜索引擎营销的最终效果会产生直接影响。

2）搜索引擎只发挥向导作用

顾客使用搜索引擎检索出来的只是网页信息索引，一般只是网站或网页的简要介绍，不是网页的全部内容。企业网站或品牌信息网页的索引能否吸引顾客进一步点开网页链接，以及企业网站或品牌信息网页能否吸引顾客仔细浏览其中内容是搜索引擎营销的要点。

3）顾客主导营销活动进展

没有哪个企业或网站可以强迫顾客的信息检索行为。顾客使用什么搜索引擎、检索什么信息完全是由顾客决定的，在搜索结果中点击哪些网页链接也取决于顾客的判断。因此，搜索引擎营销是由顾客主导营销的进展。

4）可以高程度定位顾客

企业可以通过分析目标顾客高频使用的搜索软件和关键词，使用顾客常用的关键词或相关词组作为企业网站或品牌信息网页的关键词，从而较高程度地定位目标顾客，提高品牌信息被关注的概率。

5）网站访问量不是销量

搜索引擎营销可以帮助企业获得顾客对企业网站或品牌信息网页的访问量，但是访问量是否能够转化为企业收益，则决定于企业网站的建设效果。因此，搜索引擎营销不是万能的。

6）受网络技术影响很大

搜索引擎营销是搜索引擎技术在营销活动中的具体应用，因此在应用方式上依赖搜索引擎的技术原理、服务模式等。当搜索引擎的检索技术和服务模式发生变化时，搜索引擎营销的具体措施也将随之改变。

8.6.2 搜索引擎营销的要素

企业使用搜索引擎营销开展品牌推广时，需要把握以下几个要素。

1. 信息源

企业网站是顾客获取品牌信息的重要信息源，企业网站被收录是搜索引擎营销的基础，因此企业网站建设是搜索引擎营销的关键。顾客通过检索进入企业网站之后，是否会浏览更多的信息取决于企业网站的建设效果。因此，作为信息源的企业网站在建设时需要从顾客、搜索引擎、网站管理维护三个角度综合考虑。

2. 收录机会

企业网站建设完成并发布到互联网上后，并不意味着自然就可以达到搜索引擎营销的目的，无论网站设计多么精美，如果不能被搜索引擎收录，顾客便无法通过搜索引擎发现企业网站，了解品牌信息。因此，品牌管理人员要了解不同搜索软件的服务规则，让企业网站尽可能地被更多的搜索引擎收录。

3. 信息靠前

企业网站仅仅被搜索引擎收录还不够，还需要让企业信息出现在顾客搜索结果靠前的位置，这就是搜索引擎优化所期望的结果。因为搜索引擎收录的信息通常很多，当顾客输入某个关键词进行检索时会反馈大量的结果，如果企业信息出现的位置靠后，被顾客发现的机会就会大为降低，搜索引擎营销的效果也就无法保证。

4. 获得关注

通过对搜索引擎检索结果的观察可以发现，并非所有的检索结果都含有丰富的信息，顾客通常不会点击浏览所有的检索结果，而是会先对搜索结果进行判断，从中筛选一些相关性最强、最能引起其关注的检索结果，然后才会点击链接进入相应网页获取信息。为了使企业网站的索引信息能够引起顾客的关注，企业需要针对每个搜索引擎收集信息的方式进行深入研究。

5. 提供方便

顾客通过点击检索结果进入企业网站或品牌信息网页，只是搜索引擎营销的基本效果。顾客的进一步行为才决定了顾客的访问是否能够转化为企业的收益。顾客进入企业网站后，可能会进一步了解产品的详细介绍，或者成为注册用户。在此阶段，企业网站需要为顾客提供获取信息的便利，并通过设计优秀的网页吸引顾客，使其停留更长的时间。

8.6.3 搜索引擎营销的措施

企业通过搜索引擎营销开展品牌推广时，可以采用以下措施。

1. 登录分类目录

现有网上分类目录一般分为免费分类目录和收费分类目录。免费分类目录是最传统的网站推广手段，方法是企业登录搜索引擎网站，将企业网站信息在搜索引擎中免费注册，由搜索引擎将企业网站的信息添加到分类目录中。收费分类目录与免费分类目录的登录方法相似，只是需要支付一定的费用才能被搜索引擎收录。所有的搜索引擎都把网站链接当作最重要的排名因素之一。当指向企业网站的链接越多，且链接的质量越高时，企业网站出现在搜索结果中的排名就会越靠前。因此，企业网站要尽可能多地登录不同的分类目录。

2. 搜索引擎优化

搜索引擎优化是指通过企业网站内部优化，如网站结构调整、网站内容建设、网站代码优化、内部链接优化、索引关键词优化等方式，以及网站外部优化，如网站站外推广方式，使企业网站满足搜索引擎收录排名需求，在搜索引擎中提高网站索引排名，从而把精准顾客带到企业网站，获得流量。

3. 关键词广告

关键词广告是企业付费购买某些关键词的链接广告，也称为搜索引擎广告。当顾客利用某一关键词进行检索时，如果企业购买的关键词广告与顾客检索使用的关键词相同或相近时，在检索结果页面会出现企业购买的关键词广告内容。由于关键词广告能够精准定位到对关键词内容感兴趣的顾客，其品牌推广效果比一般网络广告形式要好，因而获得快速发展。

4. 关键词竞价排名

关键词竞价排名反映的是企业网站索引出现在检索结果中的排位顺序，这个顺序与企业支付给搜索引擎公司的资金以及网站索引关键词质量度有关。在相同关键词质量度下，谁的出价高，谁的排位就越高；在相同出价下，谁的关键词质量度高，谁的排位就越高。竞争相同的排位，关键词质量度越高的企业网站，所需要付出的价格越低。

5. 网页内容定位广告

网页内容定位广告是关键词广告的进一步延伸，广告载体不仅是企业网站的网页，还可以是其他网站中拥有品牌信息的网页。企业可以在一些常见的网站中做网页内容定位广告，使企业的品牌信息以多种网页形式出现在顾客的检索结果中。

温故知新

1. 人员推销是指企业利用推销人员与顾客直接接触，传递企业及其产品的有关信息，以促进产品销售的一种营销活动。

2. 促销活动推广品牌是指企业通过折扣、赠品、抽奖等刺激手段和活动，使目标顾客直接接触和使用品牌产品，从而亲身感受和领略品牌特征的一种品牌推广方式。

3. 促销活动推广品牌要与品牌形象一致，多种活动协同，合理打折促销。

4. 公关活动是指有助于组织（企业）和公众相适应，而策划实施的各种保护企业形象及推广品牌产品的活动。

5. 体验活动就是企业以商品为道具、以服务为舞台，围绕着顾客创造出值得回忆的活动。

6. 品牌体验是指企业设计和实施以顾客为主体角色的活动，促使顾客与品牌亲身接触，感受品牌核心价值和个性特征，从而对品牌产生难以忘怀的体验的过程。

7. 品牌体验的作用：有助于塑造品牌文化，有助于建立品牌共鸣，有助于提高品牌忠诚度。

8. 品牌体验的基础类型：感官体验、情感体验、思考体验、行动体验、关联体验。品牌体验还有一些衍生类型：审美体验、娱乐体验、生活方式体验、节日民俗体验等。

9. 内容营销是指企业通过策划、传播具有创意的内容，形成大众关注和议论的焦点，使内容得以在更大范围内传播，借此提高品牌的知名度、树立良好品牌形象的营销方式。

10. 搜索引擎营销是指企业根据顾客使用搜索引擎的习惯，将品牌信息介入顾客的搜索过程，从而影响其购买行为的营销方式。

复习思考题

1. 促销活动对品牌推广的作用有哪些？
2. 常用的促销方式有哪些？
3. 促销活动推广品牌的步骤包括哪几步？
4. 品牌体验的含义是什么？
5. 公共活动是什么？
6. 公关活动推广品牌的策略有哪些？
7. 品牌体验的作用体现在几个方面？
8. 顾客品牌体验的基础类型有哪些？

9. 试为一个熟悉并且喜爱的品牌设计一次品牌体验活动。

实训练兵场

参考上一章的策划方案，选择身边熟悉的某个企业或组织，对其品牌推广策略进行分析，并根据分析结果，对该企业开展品牌推广策划，根据企业目标市场的情况重点选择促销活动、公关活动、体验活动中的一种推广策略撰写策划方案，最终提交品牌推广策划方案并进行汇报。

1. 实训目的

（1）通过分析熟悉企业的品牌推广策略，增进对品牌推广概念的理解。

（2）通过搜集材料、整理材料、分析材料，提高发现问题、分析问题、解决问题的能力。

（3）通过撰写品牌推广策划方案，掌握品牌推广的策划方法。

2. 实训内容与要求

（1）自愿组成学习小组，每组 4 ～ 5 人，各组自主收集资料。

（2）学习小组组长组织本组同学讨论，并分配工作。

（3）各小组撰写一份企业品牌推广策划方案。

（4）各小组制作 PPT，并在班级内讲解展示。

3. 成果与检测

（1）每个小组提交品牌推广策划方案一份。

（2）PPT 汇报展示。

（3）其他小组同学提出问题，汇报人解答。

4. 现场点评与总结

请根据学习情况填涂下表。

评价标准	自我评价	同伴评价	教师评价
语言表达清晰流畅	☆☆☆☆☆	☆☆☆☆☆	☆☆☆☆☆
专业知识掌握良好	☆☆☆☆☆	☆☆☆☆☆	☆☆☆☆☆
方案具有良好的创新性	☆☆☆☆☆	☆☆☆☆☆	☆☆☆☆☆
方案具有良好的可行性	☆☆☆☆☆	☆☆☆☆☆	☆☆☆☆☆
我的收获			

第 9 章 品牌维护

学习目标

知识目标

1. 理解品牌保护的内涵。
2. 理解品牌危机管理的概念。
3. 理解品牌创新的含义。
4. 掌握各种类型的品牌保护策略。
5. 掌握品牌危机处理的策略。
6. 掌握品牌创新的策略。

能力目标

1. 能够根据企业实际情况制定合理的品牌保护策略。
2. 能够根据实际危机情况快速开展品牌危机处理活动。
3. 能够根据品牌的发展状态制定品牌创新策略。

素质目标

1. 通过学习品牌维护，增强品牌策划职业素养。
2. 通过学习品牌维护，增强危机意识。
3. 通过学习品牌维护，增强精益求精的精神。

思维导图

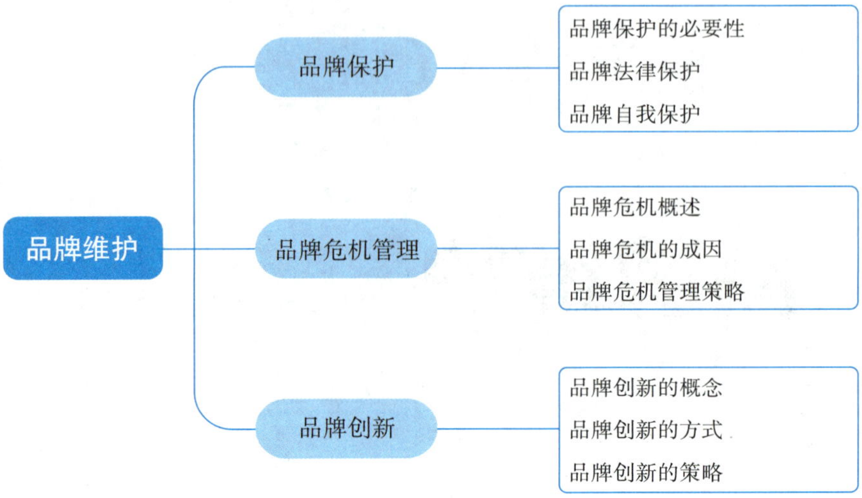

案例导入

以退为进的品牌危机处理

1. 钉钉“求饶”事件

为了响应教育部延期开学以及停课不停学的号召，钉钉从一个协助在线办公的应用软件摇身一变兼职起了网课平台。钉钉的特点是“你看没看直播、你看没看见我消息，我都知道”，以及需要多次签到、打卡等，让学生感觉到时刻都在被监控，不喜欢被盯着的学生们表示很不满。网上有传言称，低于一星的应用软件将会被应用商店下架，于是钉钉的评论区成了学生们的发泄之地，他们组团去各大应用商店刷一星差评（行业通行 5 星打分规则，每位用户的最低评分都是 1 分，无 0 分选项，因此评分低于 1 分不可能实现）。

钉钉评分从 4.7 分一度掉到最低 1.3 分。在此情况之下，2021 年 2 月 16 日晚上 8 点，“钉钉 DingTalk”在以青少年受众为主的哔哩哔哩网站（简称 B 站）发布了一个名为“钉钉本钉，在线求饶”的视频作品，用卖萌、可怜的形象向对钉钉恶意刷一星的用户求好评。该视频发布后，钉钉在应用商店的评分以及网络好感度均有所回升。该视频甚至还挤入 B 站当时热门视频榜单前十。

2. “逗鹅冤”事件

2019 年 6 月 30 日，腾讯起诉老干妈，请求查封、冻结老干妈公司名下 1624 万余元的财产。随后，老干妈发公告表示没有和腾讯有任何商业合作并报案。同年 7 月 1 日，贵阳警方通报，有三人因伪造老干妈的印章被逮捕。据悉，三个骗子谎称代表老干妈，与腾讯签署了《联合市场推广合作协议》，之后，腾讯在 QQ 飞车手游 S 联赛上推广了老干妈品牌，并推出了手游限定款老干妈礼盒，还发布了多条推广老干妈的微博，期间老干妈产品更是频繁出现在赛事直播之中。

随后，腾讯 B 站动态更新，“中午的辣椒酱突然不香了”，引来支付宝、盒马、金山等一大波友商官号前来围观、慰问。网络上开始流传各种消遣腾讯的段子，掀起一波网络狂欢，网络情绪也由此一路攀高。这种在腾讯“伤口”上“撒老干妈”的行为被网友亲切地称为“逗鹅冤”。

2019 年 7 月 1 日晚间，腾讯公关总监晒出食堂晚饭仅辣酱拌饭，腾讯官方号在 B 站上线自黑视频《我就是那个吃了假辣椒酱的憨憨企鹅》。此外，腾讯 QQ 还上线了辣椒酱表情，不过，7 月 5 日，有媒体发现该表情已经被悄悄移除。一通操作之下，腾讯树立了“傻白甜”的“憨憨”人设，此举被赞为品牌公关典范。

3. 危机处理解读

身为互联网巨头的阿里巴巴、腾讯公司，稍有不慎就容易陷入店大欺客、仗势欺人的舆论中，不利于挽回颜面。所以，钉钉和腾讯在被群众调侃消遣之时，其处理方式体现了极高的情商，它们并没有选择态度强硬地回怼，而是一致选择了向公众示弱，这种角色反差更容易争取到“同情分”。

当然，“公关稿”的形式和投放渠道也很重要，B 站以“鬼畜”文化闻名，主要用户是喜欢动画、动漫和游戏文化的年轻一代。那么在 B 站发布官方“鬼畜”视频就不显得突兀了，而且还是“对症下药”，用目标受众的习惯和喜欢的方式完成良好的品牌沟通。

从“钉钉求饶”到“我是憨憨”，两家公司不但“躺平任嘲”，还要自嘲自黑，用“只要我自己够黑，别人就黑不了我”的反套路赢得了公众的理解。以卖萌的人格化方式和用户沟通整件事情，用娱乐化的话题传播品牌。

无论是被打低分还是被嘲，品牌实际上没有犯下什么不可饶恕的大错，但任其发展对品牌形象肯定有一些不好的影响。当其他品牌再遇到这种问题的时候，可以学习这两家公司的公关经验，有时候与其通过官方渠道发布一些不合适的话，甚至是为自己叫屈的声明，导致舆情更猛烈地反扑，不如用大家喜闻乐见的方式完成自我解嘲。

讨论：

钉钉、腾讯两大品牌是如何处理品牌危机事件的？

品牌维护是指企业针对内外部环境变化给品牌带来的影响，所进行的保护品牌权益、维护品牌形象、保护品牌资产的一系列活动的统称。品牌作为企业的重要资产，其市场竞争力和品牌资产来之不易，但是市场不是一成不变的，因此需要企业不断地对品牌进行维护。本部分将重点学习品牌保护、品牌危机管理和品牌创新三个方面的具体措施和方法。

9.1 品牌保护

品牌保护是指对品牌所有人、合法使用人的权益采取保护措施，以防范来自各方面的侵害行为，以及品牌资产流失的情况。品牌保护方法包括品牌法律保护、品牌自我保护。

9.1.1 品牌保护的必要性

1. 假冒现象猖獗

假冒商品品种多、数量大，从生活日用品到生产资料，从一般商品到高档耐用消费品，从普通商品到高科技产品，从内销商品到外贸出口商品，假冒商品几乎无处不在、无处不有。其中，制作容易、利润丰厚、销售快捷的美妆产品、名牌鞋包和母婴用品的假冒问题最为严重，而且假冒商品有向大商品和高科技产品方向发展的趋势。

2. 商标恶意抢注

商标恶意抢注已成为目前世界市场上商战中的一种新趋势，值得国内企业高度警惕。恶意抢注指的是以获利为目的，用不正当手段抢先注册他人在该领域或相关领域中已经使用并有一定影响的商标、域名或商号等的行为。关于恶意抢注商标，《商标法》第三十二条规定：“申请商标注册不得损害他人现有的在先权利，也不得以不正当手段抢先注册他人已经使用并有一定影响的商标。”

3. 盗取商业秘密

由于我国一些企业缺乏知识产权保护意识，经常出现被境内外组织通过非法手段获取产品的生产工艺、核心技术、商业数据等情况，甚至出现通过挖走企业核心管理人员、技术骨干等方式盗取企业商业机密的现象。这些活动常常给企业造成不可估量的经济损失。

4. 品牌资产流失

企业由于内部管理不善、品牌管理制度不健全导致制定的品牌建设策略混乱，引发品牌形象受损、品牌资产流失。很多企业品牌建设的失败不是因为市场竞争激烈，而是企业内部错误的品牌策略。因此，企业需要重视品牌内部管理，提高品牌建设策略的效率和效果。

9.1.2 品牌法律保护

1. 品牌法律保护的概念

品牌法律保护是指企业运用国家现有法律、法规对品牌资产进行保护，保障品牌所有人的合法权益。品牌法律保护的本质是企业利用法律对品牌包含的知识产权进行保护，即对品牌的商标、专利、商业机密、域名等进行保护。

2. 品牌法律保护的措施

根据我国现有法律，企业可以采取以下措施保护企业品牌资产。

1）商标注册

文字、图形、字母、数字、三维标志、颜色，以及不同要素的相互组合都可作为商标申请注册。经国家核准注册的商标为“注册商标”，商标注册人的权益受法律保护，即通过保护商标注册人享有使用商标标明商品，或者许可他人使用、从而获取报酬的专用权。企业利用《商标法》可以开展以下保护活动。

（1）及时注册商标。我国在 2019 年修订《商标法》之前，采取的是严格的注册制度，即只有向工商局注册，才可以取得商标的专用权。在《商标法》修订之后，我国转为以注册为主，兼顾“使用在先”的原则。这一原则的转变在某种程度上制止了猖獗一时的恶意抢注现象。这种保护是一种救急手段。如果企业没有事先注册商标，一旦出现商标权使用纠纷，商标所有人就需要花大量精力举证证明“使用在先”，并且需经过法院的认定才能获得权益保护。因此，为了防患于未然，商标要及时进行注册，以防止他人的侵权行为。企业还需要制定专门的商标管理制度，对商标的使用、商标的印刷、商标的出入库、废弃商标的销毁等，都进行严格管理。

（2）制止商标混淆。《商标法》第十三条第二款规定：“就相同或者类似商品申请注册的商标是复制、摹仿或者翻译他人未在中国注册的驰名商标，容易导致混淆的，不予注册并禁止使用。”在实践中，因假冒、类似而被侵权的几乎都是驰名商标。根据《驰名商标认定和保护规定》第四条的规定：“驰名商标认定遵循个案认定、被动保护的原则。”驰名商标的保护范围不局限于一般的相同或类似的商品，只要是可能造成对驰名商标的误认，从而误导顾客的商标，驰名商标所有人都可以拿起法律的武器进行防御。

（3）制止反向假冒。反向假冒是指未经他人许可，将他人合法生产的商品去除商标后，换成其他商标并将该商品以新品牌的方式进行销售的行为。此行为不但侵犯了原商标所有人的合法权益，也侵犯了顾客的知情权，同时也扰乱了工商部门对市场经济的正常管理，损害了国家的利益。《商标法》将反向假冒的行为明确为侵犯注册商标专用权的主要表现形式之一。企业遇到这种情况要积极使用法律武器保护自身权益。

2）专利申请

企业要积极通过专利申请对先进的生产工艺、核心技术进行知识产权保护。企业申请专利时要准确把握国家授予专利的实质条件和形式条件。因此，企业一方面需要分析科技成果是否具有专利性，即新颖性、创造性和实用性，确保达到专利申请的实质条件；另一方面需要掌握国家专利行政管理部门对专利申请的审核流程和申请文件的格式要求，从而确保专利申请满足形式条件。

3）积极打假

假冒伪劣作为一种社会公害长期存在于市场中。我国许多知名企业逐渐吸取了被假冒的经验教训，积极成立了专门的打假机构，配备专职的打假人员，积极参与打假活动，取得了显著成效。例如，广东健力宝集团为了有效地做好反假、防假工作，专门成立了缉查假冒产品办公室，公司副总经理兼任办公室主任，另外还有5名专职人员，有效地打击了假冒健力宝产品的违法行为。

9.1.3 品牌自我保护

1. 品牌自我保护的概念

品牌自我保护是指企业主动采取措施加强内部管理，积极防范外部侵权行为，从而对品牌资产实施保护的活动。品牌管理人员不能只是被动地开展品牌维权活动，而是应该主动出击，做好防范工作，保护品牌资产。

2. 品牌自我保护的措施

品牌管理人员可以积极采取以下措施开展品牌自我保护。

1）积极采用防伪技术

有些品牌商标和包装的技术含量低，使造假者能够轻易伪冒，因此企业必须采用高技术含量的防伪技术，从而有效保护企业品牌。常见的防伪技术主要有以下几种类型。

（1）物理学防伪技术。物理学防伪技术是指应用物理学中的结构、光、热、电、磁、声，以及计算机辅助识别等知识建立的防伪技术。

（2）化学防伪技术。化学防伪技术是指通过在商标中加入特殊的化学制剂，使商标在特定条件下能够发生化学反应的防伪技术。

（3）生物学防伪技术。生物学防伪技术是指采用一些生物固有的特异性功能作为防伪措施的技术。

（4）综合防伪技术。综合防伪技术是指企业综合使用上述两种或两种以上技术开展品牌防伪的措施。

2）加强商业机密保护

企业有很多商业机密关系到企业经营的成败，但是这些机密不便于申请专利保护，或无法申请专利，此时企业需要从内部管理出发，加强商业机密保护。企业可以采取以下措施保护商业机密。

（1）加强保密意识。随着信息技术和其他技术的迅猛发展，商业间谍的窃密手段也多种多样，使人防不胜防。一些窃听、盗摄装备的使用威胁着企业重要信息的安全。商业间谍入侵企业内部网络和企业高管的个人邮箱，盗取企业机密的事件也越来越多。因此，企业应该加强对保密工作的重视，培养企业全体员工的保密意识，避免机密外泄，给品牌造成无法挽回的损失。

（2）避免技术参观。许多商业间谍打着参观的幌子盗取商业机密。因此，品牌管理人员要谢绝不必要的技术参观和考察。对于无法谢绝的参观，在参观时需要专人陪同，全程监视，防止技术秘密外泄。

（3）防止内部人员泄密。正所谓“明枪易躲，暗箭难防”，企业的商业机密外泄常常是自家人所为。内部人员泄密的途径有三种：其一，竞争对手派卧底人员到企业盗取机密；其二，竞争对手通过高薪的方式挖走企业技术人员盗取机密；其三，竞争对手买通企业在职技术人员盗取机密。针对这些情况，企业一方面要严格限制接触商业机密的人员范围，另一方面要与员工签订保密协议。

3）完善品牌管理体系

品牌管理体系是指企业内部对履行品牌管理相关职责的岗位设置及其人员配备，以及履行品牌管理职责应该遵循的相关规章制度、执行品牌活动需要遵照的工作流程或细则的总称。构建良好的品牌管理体系有助于对品牌活动进行标准化和规范化管理，可以让不同岗位的员工，对品牌建设工作各司其职、各负其责，对品牌建设方向具有清晰的认识。企业可以通过以下措施完善品牌管理体系。

（1）设置合适的品牌管理制度。不同的企业规模具有不同的品牌组合方式，此时企业需要根据自身品牌建设战略设置合适的品牌管理制度。常用的品牌管理机构有以下四种。

①业主负责制。业主负责制是指品牌的战略决策，乃至具体品牌活动的组织实施均由业主自己负责。这是一种高度集权的品牌管理制度。在这种制度下品牌的设计、传播、推广等问题，都需要经过业主的参与和同意才能执行。业主负责制的最大优点是决策迅速，易于协调，同时业主将企业家精神注入品牌之中，从而奠定品牌的核心价值观。这种管理制度比较适合产品和品牌种类比较少，且规模不大的企业。

②职能管理制。职能管理制是指在企业总经理的统一领导下，品牌管理职责分派给企业的各个职能部门承担，各职能部门在各自权责范围内行使其权力、承担其义务。例如，市场研究经理能够掌握充分的市场信息，便于给品牌适时的市场监测；促销经理负责对品牌的常规性顾客促销、零售店促销等；广告经理负责品牌的广告创意与媒体传播。职能管理制的主要优点是能够充分发挥各职能部门的专业化效应，其缺点是各部门之间协调困难。

③品牌经理制。品牌经理制是指企业为其所辖的每一个产品品牌专门配备一名经理，使他对该品牌的产品概念、新产品上市、广告传播、促销推广、市场研究、终端销售以及产品利润负全部责任，并由他统一协调产品开发部门、生产部门以及销售部门的工作，负责该品牌的管理，影响产品的所有方面以及整个过程，让每个品牌经理对一个品牌的全面营销职能负责。除了一个品牌经理，还配备数个品牌经理助理，从而构成一个品牌经理团队。这种方式的优点是使每个品牌的建设都有专人负责，能够提高效率；缺点是重复设置多个品牌经理增加了企业成本，品牌经理之间可能会抢夺企业资源，导致管理混乱。

④品牌管理委员会制。品牌管理委员会一般是大型企业集团设置的战略性品牌管理组织，由企业各部门的高层管理人员兼职参与，负责审核品牌建设过程的战略性决策，不负责品牌的常规建设管理工作。该机构主要担负监督、协调企业不同部门的品牌管理活动，把控品牌战略方向的职责。

（2）制定品牌管理规章。企业通过制定品牌管理规章，指导不同部门的品牌建设活动，其中最高规格的是品牌宪章，其次是品牌手册，最后是品牌报告。

①品牌宪章。品牌宪章是企业指导各部门开展品牌建设活动的纲领性文件，主要内容包括品牌宗旨、愿景、使命，品牌识别系统，品牌建设原则，品牌管理的组织和流程要求，以及品牌危机管理制度等。品牌宪章相对抽象，是指导企业品牌建设的灵魂，具体的品牌营销活动要服从于品牌宪章。

②品牌手册。品牌手册是企业指导企业员工开展品牌建设活动的书面化指南，内容更偏向于具体操作的规范和指导，确保企业基层管理人员和普通员工能够准确理解企业品牌操作要求，并在实际工作中落实。很多企业会将品牌宪章和品牌手册合二为一。

③品牌报告。品牌报告是企业内部定期的自下而上的品牌绩效报告，是动态监控品牌管理工作的重要制度。企业通过品牌报告制度要求品牌管理部门定期（每月、每季或每年）将重要的品牌建设活动情况以书面报告的形式上报企业管理层，以便企业管理人员据此作出相应决策。

9.2 品牌危机管理

9.2.1 品牌危机概述

1. 品牌危机的概念

品牌危机是指因为企业内外部因素造成的突发性损害品牌形象的事件，并导致企业陷入困难和危险的状态。品牌事件发生时，由于企业与顾客的认知不一致，常常出现企业行为与顾客期望发生冲突，导致顾客产生不利于品牌建设的联想，进而使企业品牌处于危险境地，而且品牌危机的处理效果会影响品牌建设的走向。

2. 品牌危机的特点

1）突发性

突发性是品牌危机的首要特征。事件的发生一般都难以预料，媒体的传播更是难以预料。虽然从理论上说任何品牌都存在发生危机的可能性，但具体何时爆发、爆发的形式、爆发的规模、爆发的强度等仍难以预料，一切都处在动态的变化中。

2）危害性

品牌危机具有极大的危害性，甚至会给企业带来颠覆性、毁灭性的打击。例如，2022 年 9 月，某知名博主发布了一则短视频，向大家展示了一款酱油的合成方法。随后，关于勾兑酱油与酿造酱油的进出口对比成了舆论焦点，而这一矛头直指千亿市值的海天味业，此次事件不仅让海天味业陷入舆论危机，更使公司销量严重下滑。

3）关注性

一旦出现危机，品牌就很容易成为众矢之的，这不仅是因为这些品牌与顾客的生活息息相关，而且因为媒体的转载、顾客的口传也会加速品牌负面新闻的传播，使品牌危机成为一时的热门话题。随着社会化媒体的繁荣，网络已经成为最重要的危机策源地。从自媒体揭发到微博、微信转发，这些行为常常使危机事件呈现爆炸式的传播。

9.2.2 品牌危机的成因

可能引发企业品牌危机的成因可以分为两类：企业外部因素和内部因素。

1. 外部因素

企业外部环境涉及面广，很多因素会直接或间接诱发企业品牌危机，下面介绍一些可能引发企业品牌危机的常见外部因素。

1）自然灾害

自然灾害包括水灾、旱灾、雪灾、地震、海啸、龙卷风等，这些灾害是不以人的意志为转移的，具有不可抗拒的影响，常常对企业品牌造成一些意想不到的破坏，比如质量变化、供货断档和服务延误等，从而引发品牌危机。例如，2011 年 3 月，被称作 120 年一遇的日本 9 级大地震，让当地社会的生活、生产及交通陷入混乱，当地三大汽车企业：丰田、本田、日产陆续宣布全面停工，部分工厂已无法正常生产。

2）宏观经济环境

宏观经济环境是指一个国家的经济制度、经济结构、产业布局、资源状况、经济发展水平以及未来的经济走势等。由于宏观经济波动而产生的经济危机是社会系统性危机，企业往往无力抵抗。例如，2007 年 8 月，美国的“次贷危机”席卷美国、欧盟国家和日本等世界主要金融市场，最终引发经济危机，导致美国通用汽车公司、福特汽车公司、克莱斯勒汽车公司等经济实体受到很大的冲击。

3）政治法律环境

政治法律环境是指一个国家或地区的政治制度、体制、方针政策、法律法规等方面。这些因素常常制约、影响企业的经营行为，尤其是影响企业长期的投资行为。政治环境对企业具有直接性、难以预测性和不可逆转性等影响。

4）同行恶性竞争

市场经济就是竞争经济，竞争能使顾客获得物美价廉的商品，也促使企业持续发展。竞争的手段多种多样，虽然有的企业通过“修炼内功”增强竞争力，但也有些企业通过卑劣手法展开恶性竞争，从而打击同行企业、夺取市场份额。如果某些行为卑劣的企业故意向社会散布不准确消息，蓄意争夺人才、窃取商业机密，甚至做出挑衅市场的违法行为，那么会给同行业的其他品牌带来危害。

5）顾客因素

顾客是企业外部环境系统中的重要因素。随着经济的迅速发展，顾客对产品和服务的维权意识也在提高。顾客的群体意识、社会责任感不断增强，这一方面对发现产品有问题后维护顾客合法权益有帮助，另一方面，也确实可能会引发品牌危机。

2. 内部因素

企业内部可能直接引发品牌危机的因素主要有以下几类。

1）品牌设计失误

企业在品牌建设之初设计品牌时存在失误，例如，品牌定位不准确，提炼的品牌核心价值、个性特征对顾客不具有吸引力和说服力，品牌文化、品牌联想塑造失误导致品牌形象不被顾客接受，甚至品牌识别元素：名称、标志、品牌口号、标准色等设计不合理，无法让顾客产生正面的品牌记忆。所有这些环节的失误都可能引发品牌危机。

2）品牌管理决策失误

企业在品牌建设过程中制定的各种管理决策出现失误时也会引发品牌危机，如品牌战略目标制定失误、品牌延伸策略失误、品牌组合策略失误、品牌传播推广策略失误、品牌营销策略制定失误，以及品牌保护不到位等各种情况。

3）品牌产品缺陷

企业在品牌产品的生产经营过程中出现产品的性能、类型、包装等方面的设计与市场需求脱节，甚至产品质量出现瑕疵等都会引发品牌危机。

9.2.3 品牌危机管理策略

企业解决品牌危机的最好办法是防患于未然。因此，企业首先要在平时的品牌管理活动中做好防范措施，其次才是当品牌危机出现时采取正确的方法及时处理，并开展善后处理活动。

1. 品牌危机防范策略

不管哪种品牌危机，一旦爆发就必然会给企业造成不同程度的危害，轻则破坏正常的经营秩序，重则破坏持续发展的基础，甚至导致品牌大厦轰然倒塌。因此，有效预防品牌危机的发生才是品牌危机管理的根本。企业可以采取以下措施做好品牌危机的防范工作。

1）培养员工的危机意识

意识决定行动，品牌危机意识是有效进行品牌危机管理的前提条件。只有企业全体员工真正意识到市场竞争的残酷性，感觉到危机时刻在身边，才能防微杜渐，防患于未然。因此，企业管理人员应该注重培养员工的危机意识，并制定和实施严格的品牌管理制度；在生产中严把质量关，确保投入市场的都是高品质的产品和服务；加强产品核心技术的保护管理；做好商标注册维护工作，及时处理侵害企业权益的假冒伪劣产品。

2）建设品牌危机预警系统

为了及时发现经营过程潜伏的危机，企业需要疏通信息交流的渠道，建立有效的危机预警系统，该系统主要包括以下几个部分。

（1）建立完善的信息监控系统，及时准确地收集和分析与企业有关的国家政策、市场、竞争者等多方面的信息，甄别危机因子。

（2）建立品牌自我诊断制度，定期从不同层面、不同角度对品牌进行检查监控，尽早发现薄弱环节，及时采取措施，减少乃至消除危机诱因。

（3）组建品牌危机管理小组，对各种危机情况进行预测分析，制定危机应对策略，为企业品牌危机修筑坚固防线。

3）优化品牌管理体制

品牌危机的发生不是一个孤立事件，而是企业内部管理恶化的结果。因此，改善企业管理有利于预防品牌危机。品牌管理是品牌保值、增值的基础性工作。品牌管理体制就是品牌管理的组织形式，它是企业在分析、计划、组织和协调与品牌管理相关的各项活动时的制度安排。科学的品牌管理体制能合理协调品牌管理活动中企业内部各部门的权力与责任及其相互关系，有利于品牌策略和战略的优化调整，培育品牌危机抗体，从而有效预防品牌危机。目前，企业品牌管理的组织形式主要有业主负责制、职能管理制、品牌经理制和品牌管理委员会制四种。我国有条件的企业应向着建立品牌经理制的方向发展，而大部分的中小企业应采用职能管理制，并在实践中不断完善这种制度。

4）加强品牌战略规划

品牌建设是一个任重而道远的过程，切忌急功近利。但凡成功的国际品牌，绝对不是依靠广告炒作一夜催熟的，而是对品牌经营有长久的、执着的追求，广告和形象识别系统只是其外在表现形式。加强品牌的全方位管理意味着要在品牌创立之初就对品牌进行战略规划，将品牌个性定位、品牌核心价值确定、品牌形象塑造、品牌注册与保护、品牌延伸与扩张、品牌创新、品牌传播等一系列环节的决策规范化，并提高到企业战略的高度，使之成为企业常规化的工作。

5）科学实施品牌延伸策略

品牌延伸作为企业品牌经营战略最主要的一种方式，在现代企业发展中发挥着越来越重要的作用。现在的国际知名品牌，大多数源于品牌延伸。品牌延伸一定要遵循品牌的成长规律，不能任意而为，否则不仅无助于新产品的推出，还会对品牌形象造成严重的损害。如果品牌延伸的策略得当，不仅可以有效回避品牌风险，还可以使品牌的价值得到进一步的提升。特别是用子品牌策略进行品牌延伸时，由于子品牌针对的是一类或一种产品，具有很强的针对性和高度统一性，因此能有效地避免株连风险。例如，拥有多个品牌的企业，其风险抵御能力相对较强，即使其中一个品牌发生危机，通常也不会影响公司其他品牌。

6）树立良好的品牌形象

良好的品牌形象和顾客忠诚度是企业防范品牌危机的重要条件。如果品牌形象和信誉很差，顾客对品牌无忠诚度可言，那么品牌危机发生的概率就会大大增加。因此，要更好地防范品牌危机、保证品牌健康稳定地成长，企业就必须综合运用技术、产品、服务、创新等方式来提升品牌竞争力，避免过度的价格竞争。要采用顾客至上的经营理念，使顾客获得最大程度的满足感，从而树立良好的品牌形象，培养顾客忠诚度，提升品牌价值。这是企业打造品牌最基础的工作和核心内容，也是企业防范品牌危机的良方。

2. 品牌危机处理策略

品牌危机处理应着眼于正在发生的危机事件，力求减少或扭转危机对品牌的冲击和给企业带来的危害。企业同时采取以下策略可以有效处理品牌危机。

1）快速启动危机处理

在危机爆发后，最重要的是快速辨别危机的性质，有计划、有组织地应对危机。因此，企业需要迅速成立处理危机的应变总部，因为担负起协调和指挥工作是十分必要的。一般来讲，这类机构应该包括以下几个小组：调查组、联络组、处理组、报道组等。每个小组的职责要划分清楚，各司其职，高效运转。

（1）调查组。一旦危机事件发生，调查组就要立即对事件进行详细的调查，并尽快做出初步报告。调查内容包括突发事件的基本情况、事态现状及具体情况、事态造成的影响、是否已被控制、控制的措施是什么、企业在此事件中应负什么责任等。

（2）联络组。危机发生时，联络组要马上投入与各方面的联络工作，比如接待外部人员的调查，还有企业要及时约见哪些人，需要哪些方面的力量协助等都需要联络组统筹安排。如果是灾难性事故，还要及时向事故伤亡人员的家属通报事故最新进展。

（3）处理组。如果危机造成人员伤亡，处理组要马上投入抢救、现场保护、死亡人员的善后和伤员的治疗，以及问题商品的回收和处理、环境污染的治理等工作。

（4）报道组。报道组要马上组织对外传播工作，及时向社会公众发布企业处理危机的措施和进展，关注社会舆论走向，并正确引导社会舆论。

当品牌遭遇危机时，应变总部是处理危机的核心机构，而公关人员扮演着决定成败的角色。应变总部应该迅速判断是否需要聘请外部公关专家和其他有关专家来协助指导工作。危机处理不是无经验者的训练场，在困难和压力面前，只有专业的、经验丰富的专家才能帮助公司控制灾难。负责危机公关的工作人员应该是企业决策层成员，并且至少拥有接近企业最高领导人的途径。只有这样，公关人员才有可能及时、果断地处理危机，不会因贻误时机而造成更大的损失。为了使企业面对危机时能够快速反应，一定要在平时制定危机处理预案，将上述工作小组的职责事先通知到相应部门和人员。

2）勇于承担应该承担的责任

当品牌危机发生后，特别是出现重大责任事故导致顾客和社会公众利益受损时，企业要勇于承担其应该承担的责任，而不是到处推诿。企业应主动向媒体提供有关信息，向社会公众表达企业的诚意，必要时还应在媒体上刊登公告，公开向顾客和社会公众表达企业的歉意，并承担相应责任。只有拿出实际行动表明企业解决危机的诚意，才可能维护品牌的形象和长期利益。因此，勇于承担责任是品牌危机管理的一条不二法则。

3）与社会公众真诚沟通

发生品牌危机后，一定要在第一时间通过有效的渠道保持和顾客以及社会大众的有效沟通，及时说明事情真相和危机处理进展。如果事件比较复杂，一时无法弄清楚，那么企业可以先提供一些背景资料以及正在采取的措施，及时占领舆论制高点，防止雪崩效应的发生。如果企业把一些对企业可能产生不利影响的信息掩盖，并当成是对品牌的保护措施，那么注定会搬起石头砸自己的脚。事实表明，这种畸形的保护正是给品牌带来毁灭性打击的根本诱因，任何媒体或专家的爆料都会给品牌带来致命的打击，并可能毁掉品牌。

4）借助权威赢取信任

邀请公信力高、值得公众信赖的权威机构参与检测、评估，是取得顾客和社会公众信任的法宝。当发生品牌危机时，企业将存在一定的信任危机，所发布的信息往往不能起到很好的说服作用。权威机构在事件处理过程中采取客观、公正的态度，其公信力有助于企业取得顾客的信赖。如果权威机构的检测结果能够验证企业的说法，再加上媒体的公开报道，往往能够取得很好的处理效果。

5）适时化危机为机遇

危机往往意味着危险和机遇并存。当品牌遭遇危机时，企业还要认识到危机中蕴藏着机遇。首先，危机暴露了企业的弊端，使企业能够对症下药，为进一步发展清除障碍；其次，企业在危机事件中往往会成为公众关注的焦点，如果危机处理得当，则可以比平时更有效地提高品牌知名度和美誉度。这将是提升品牌公众形象的一次机遇。危机的危险性是固有的，而危机的机遇性必须基于企业成功的危机处理。

3. 品牌危机善后处理

企业处理危机事件后要及时做好善后处理工作，具体包括以下两个方面。

1）对内总结经验查漏补缺

（1）加强培训，完善企业管理。危机事件的正确处理能使企业绝处逢生、化险为夷，但危机暴露出来的问题不容忽视。企业应以此为契机加强员工的品牌危机意识培训，使员工自觉将自己的行为、形象与品牌的命运、形象联系在一起，让“我是品牌形象的代言人”的观念深入人心并化作指导行为的指南。与此同时，企业要对生产经营的各个环节加强管理，查漏补缺，提高管理质量。

（2）总结教训，完善危机管理制度。危机是任何企业都不愿遭遇的，无论是处理危机还是重新获得公众好感、恢复品牌形象，都需要投入大量时间和精力，花费巨大。特别是对于那些临阵磨枪、仓促上阵的企业，必须吸取深刻的教训，危机过后应立即总结经验教训，并着手制定企业的危机处理预案，完善企业的危机管理制度。必要时还可以邀请公关公司和相应专家进行现场指导和帮助，只有这样才不至于再犯同样的错误。

2）对外兑现承诺修复信任

（1）及时兑现承诺。企业在平息危机事件后要信守诺言，及时向顾客兑现当时的承诺。兑现行为可以让顾客看到企业努力改变的决心和勇于承担责任的诚意，有助于增强顾客对企业的信任，快速恢复品牌形象。若企业在危机后不能兑现承诺或者不能足额兑现承诺，顾客会因企业的言行不一而感到失望，甚至引发新的品牌危机。

（2）积极开展公关活动。危机过后，企业要积极举办有影响力的公关活动，提高企业美誉度，营造良好的公关氛围，保持企业与公众之间的信息交流与沟通，赢取公众信任和了解，争取社会各方对企业的支持。这些活动可以帮助企业快速度过危险期，让顾客淡忘危机事件。

4. 处理品牌危机的错误做法

以下是一些企业在处理品牌危机时的错误做法，要引以为戒。

1）缺乏重视反应消极迟钝

这个问题多出现在品牌危机发生初期，当危机突然爆发或者出现爆发的趋势时，企业对危机缺乏敏感度以及足够的重视，反应消极迟钝，敷衍了事。这样不但错过了化解危机的黄金窗口期，而且容易激起媒体和顾客的关注，导致危机扩大甚至演变成舆论风暴。

2）面对质疑急于否认

当舆论中出现负面或者质疑信息时，企业急于撇清自己的责任，在没有调查之前就矢口否认，这样不管最后问题是否属实，都会给舆论留下话柄，容易成为新的危机引爆点。一旦问题最后被证明属实，企业会更加被动。

3）态度傲慢缺乏诚意

危机出现以后，企业在与媒体或者顾客沟通、解决问题的过程中态度傲慢、刻板、程式化，容易激怒媒体或者顾客，使大众认为企业缺乏解决问题的诚意。

4）隐瞒信息消极沟通

企业在危机管理工作中，面对问题或者处理问题时，试图隐瞒信息、瞒天过海，与媒体缺乏有效沟通，反而会招致媒体对事件的猜测和炒作，使企业失去处理危机的先机。

5）不当回应制造新危机

出现危机情况，如果企业对问题做出回应的内容、方式或者方向等不合理，不但不能缓解危机，而且容易造成更严重的情况。例如，某品牌菜刀“拍蒜断刀”事件中，其负责人表示顾客用了几十年的切菜方式是错误的，这样的回应导致新的舆论热点出现，不利于品牌原有危机的处理。

6）转移话题推卸责任

企业在危机处理的过程中，不直面问题，或转移话题，或互相推卸责任，试图转移舆论焦点，但是不成功的舆论转移不仅减轻不了自身危机程度，而且会雪上加霜。例如，一些企业遇到品牌危机事件时，将责任归结为供应商的原料有问题，或者将责任推卸为临时工所为，将员工辞退了事。这些做法往往很难得到顾客的谅解。

7）拖延回避解决问题

出现危机事件以后，即使企业前期能够承认问题并道歉，但是如果在问题解决环节采用回避、拖延、推诿等策略，招致媒体追踪批评，也会导致前期的公关工作毁于一旦，损害前期苦心维持的形象。

企业在品牌危机处理工作中，应尽量避免以上问题。企业只有面对危机不回避、不害怕、不拖延，及时、真诚、透明、专业地回应与解决问题，才能在危机处理中立于不败之地，做到力挽狂澜。

9.3 品牌创新

面对经营环境和顾客需求的不断变化，创新将是企业品牌长期发展的重要手段。综观一些百年品牌，它们能保持长盛不衰的原因之一就是不断进行品牌和产品创新。

9.3.1 品牌创新的概念

品牌创新是指企业使用新的文化、技术、需求等给品牌赋予新的活力和生命。品牌创新可分为管理创新、质量创新、技术创新、商业模式创新和企业文化创新等。与品牌升级相同，品牌创新是品牌发展的必然手段，是克服品牌老化、使品牌生命不断得以延长的有效途径。

9.3.2 品牌创新的方式

根据创新的来源可以将品牌创新方式分为自主创新和引进创新两种。

1. 自主创新

自主创新指企业通过科研投入自主开展创新研发，并获得知识产权的创新方式。企业自主创新具有自主性、创造性、独创性、突破性、知识密集性、科学性的特征。根据创新程度可以将自主创新分为原始创新和集成创新。

课堂讨论：揭秘百年品牌云南白药起死回生的原因

1）原始创新

原始创新是指前所未有的重大科学发现、技术发明、原理性主导技术等创新成果。原始创新意味着在研究开发方面，特别是基础研究和高技术研究领域取得独有的发现或发明。原始创新是最根本的创新，是最能体现智慧的创新，是对人类文明进步做出的重要贡献。

2）集成创新

集成创新是指通过对各种现有技术的有效集成，形成有市场竞争力的产品。这种创新方式通过对已有技术进行不同形式的组合和再利用，从而创造出新的产品或服务方式，并满足顾客的需求。这种创新方式是企业使用最多的方式。

2. 引进创新

引进创新是指企业通过从其他组织引进先进的技术、生产设备、管理方法等，并在此基础再创新的方式。引进创新需要对引进的先进技术进行学习、分析、借鉴后再创新，并尽可能形成具有自主知识产权的新技术。引进创新可以降低企业的创新风险。引进创新根据企业引进的方式可以分为以下几种。

（1）技术合作。企业与国内外的科研机构或企业合作，共同开展技术研发、生产制造等方面的合作，共享技术成果。

（2）技术购买。企业通过购买先进的技术设备或授权技术，获得对方的技术成果，从而实现技术创新，并提升企业产品的生产制造能力。

（3）技术转移。企业通过引进外来技术人员或向高校科技专家求助，获得技术知识和技术成果，从而提高企业的技术水平。

（4）企业并购。企业通过并购其他企业，获得对方的技术和专业人才，从而提升企业的产业链整合能力和科技水平。

视域拓展

创新是企业发展的动力

随着社会的不断进步，人们的生活水平不断提高，各行各业都在发生着日新月异的变化，但变化的最终目的不外乎是使自己的企业在竞争中处于优势地位，所生产的产品或提供的服务满足社会的发展需要。纵观当代企业，只有不断创新，才能在竞争中处于主动的地位。许多企业之所以失败，就是因为他们做不到这一点，所以，创新是企业的生命，也有人将创新比喻成带有氧气的新鲜血液。

创新，是个体根据一定目的和任务，运用一切已知的条件，产生出新颖、有价值的成果的认知和行为活动。在企业的建立、发展、壮大的过程中将有大量的技术、管理问题亟待解决。企业只有通过制度创新，才能带动密集、高效的技术和知识创新，才能够创造自身的技术优势，快速提升核心竞争力。那种凭借不断地甚至无限地尝试，依靠偶然机会获得创新性成果的做法已经远远无法满足当前激烈的竞争需要。

企业创新是一个有机整体，任何方面都不可缺少。当今时代，品牌是企业和产品品质、信誉、文化的标志和结晶，是管理制度、科学技术、经营理念、企业文化等综合优势和价值的集中反映。创新企业的管理制度，提高企业的科技自主创新能力，创造更多世界著名的品牌，对于全面建设小康社会、全面建设和谐社会，提高我国经济和企业的国际竞争力，都具有十分重要的意义。只有抓住世界科技革命和产业革命新的历史机遇，努力改造企业制度中与发展不相适应的地方，创造和掌握更多的自主知识产权，创造出引领世界潮流的高新技术和著名品牌，提高国家和企业的核心竞争力，形成更多自主创新品牌经济集聚之地，才能使我国在日趋激烈的国际竞争和全球合作中逐步占据主动地位。

目前，自主创新能力薄弱的问题已经日益成为制约我国企业发展的瓶颈。历史发展已经证明，核心技术不可能从别人那里买来，核心竞争力也不可能从外部得到，只有勇于自主创新、善于创新并持续创新，才能在全球化竞争中占据主动。因此，在实际工作中，企业应根据各自的具体情况找出自己的突破口或重点，全面打开创新局面。

9.3.3 品牌创新的策略

企业需要根据市场情况对现有品牌开展创新活动，既可以从产品创新入手，也可以重新市场开拓方面进行，还可以通过改变品牌形象使企业现有品牌焕发新生。下面介绍一些常用的品牌创新方法。

1. 持续的产品创新

任何品牌创新，若没有产品创新的支持，都会使品牌走向空心化。产品创新是以市场需求为导向，以不断满足顾客新需求为目的的理性行为，而且顾客是产品创新的实际参与者。新的需求需要新产品给予满足，而新技术决定了产品的新功能。如果品牌的技术创新跟不上市场要求，产品也就失去了市场，品牌就不可能继续获得顾客的认同。

品牌策划中的新产品与因为科学技术的重大突破而推出的新产品在概念上有所不同，此处的新产品是指在某个市场上首次出现的或者是企业首次向市场提供的，能够满足某种消费需求的产品。产品的任何一部分发生创新、变革和改良，都可视为新产品。因此，根据创新程度的不同可以将新产品分为以下四类。

1）革命式创新产品

革命式创新产品是以重大发明为基础，应用科技新成果，运用新原理、新技术、新工艺和新材料制造的市场上前所未有的产品。革命式创新产品一般是由于科技重大进步或为满足市场上出现的新需求而发明的产品，具有明显的新特征和新性能，甚至能改变顾客的消费方式。但革命式创新产品的开发难度大，开发时间长，需大量投入成本，且成功率低。革命式创新产品一旦开发成功，顾客还需要一个适应、接受和普及推广的过程。

2）迭代式创新产品

迭代式创新产品，也称换代式新产品，是指部分改变原有产品的结构和性能而形成的产品。迭代式创新产品比原有产品的性能有明显改善和提高，如从 MP3 音乐播放器到 MP4 视频播放器。对于此类产品，顾客也需要有接受和普及的过程，但时间比较短。

3）改良式创新产品

改良式创新产品，也称渐进式创新产品，是指对现有产品的质量、特点、外观款式或包装加以全面或局部改进的产品，如牙膏由薄荷味变为草莓味，增加美白功效等。这类产品与原有产品差别不大，易于被用户接受。市场上销售的大部分新产品均属于这种类型。

4）概念式创新产品

概念式创新产品是指对企业的现有产品进行全新的品牌形象设计，并使用新名称重新推向市场的产品。这类新产品与原有产品相比在技术上没有本质的区别，但是由于品牌形象的重新设计，被顾客以新产品的视角重新接纳。例如，某企业的产品的主要成分是褪黑素（一种有助于改善睡眠的物质），市面上也有专门的褪黑素保健品销售，但是该企业将褪黑素进行重新包装后，以孝敬老年人的保健品品牌推向市场而获得巨大成功。

2. 开拓新市场

企业可以通过以下方式开拓新市场。

1）满足新顾客群体

品牌在每个特定阶段都有其特定的目标顾客群体。随着品牌的发展与演进，如果原来目标顾客群体的需求量已经接近饱和，或者目标顾客群体的数量发生不可抑制的萎缩，此时品牌开辟一个新目标顾客群体，也是品牌得以更新的重要策略。有时，品牌重新调整和瞄准的目标顾客群体可能会给品牌带来颠覆性的改变。

2）开辟新区域市场

品牌更新的另一重要战略是开辟新的区域市场。对于很多知名品牌而言，开辟新的区域市场无疑是其寻求品牌更新和寻找成长机会的首选方案。例如，面对竞争激烈的国内汽车市场，奇瑞汽车勇于走出国门，在国外闯出了一片新天地。从 2001 年底第一辆奇瑞汽车正式走出国门，到 20 多年后的今天成为第一个年出口量突破 20 万辆乘用车的中国汽车品牌，在全球 80 多个国家和地区，奇瑞依靠的就是自主创新和可靠的产品质量。这种创新不仅让奇瑞汽车赢得全球热爱，也让中国制造的名片在海外熠熠生辉。

3）开发产品新用途

通过开发产品新的用途，品牌往往可以获得新的生命源泉，由此维持和提升品牌的活力。例如，美宜佳超市开办之初也和普通商店一样，不外乎售卖一些日常食品和用品。但美宜佳公司让各门店的经理仔细观察顾客需求，并据此开发出各种新服务项目。今天，美宜佳超市的经营业务囊括了代收电信费、地铁卡充值、电商取件、快递收件、衣物干洗接送、文件打印复印等各项便民服务，大大提升了美宜佳超市在顾客心中的价值，丰富了自身定位，品牌也不断更新。像美宜佳超市这样，为原来的顾客群不断增加新服务项目，从而在顾客终身价值中占有更大份额的营销战略，我们称之为顾客连锁战略。

3. 品牌形象创新

企业经营处于复杂动态的环境中，品牌形象必须对外部环境的变化做出积极的回应。对品牌形象进行变革和创新，可以塑造新的品牌联想和品牌个性，以适应外部环境尤其是顾客需求的变化。品牌形象创新也可以从以下几个方面进行：品牌标志创新、品牌名称创新、品牌口号创新、品牌文化创新，以及品牌传播策略创新等。

品牌形象创新过程中，不同品牌要素的创新频率存在差异。一般而言，品牌名称的变更影响面最大，因而一般会保持相对稳定，变更频率较低。但是品牌口号、产品包装等品牌要素需要 3 年左右更新一次。

4. 品牌服务创新

品牌服务创新就是创新企业的服务模式，包括服务态度、服务流程、服务技能及服务效果等方面的创新。品牌服务创新侧重以下几个方面。

（1）保证服务响应迅速。企业要对顾客反应灵敏、行动快捷，尤其是问题投诉的解决。

（2）保证技术的专业性。技术的准确性是指企业在提供支持服务时，所采用的措施、策略和方法必须适当、可靠、适用，并能够彻底解决问题。

（3）保证服务的全面性。企业提供服务时，要根据承诺提供全过程、全方位的服务。

（4）保证服务人员的亲和力。在服务过程中尽量使无形服务有形化，员工的态度和热情是无形服务的物化表现，这对于顾客的价值感知和满意度具有重要意义。

5. 品牌管理创新

品牌管理创新是指企业在品牌管理思维、品牌管理制度、品牌管理机构、品牌营销策略等方面开展创新。通过这些方面的创新给企业品牌建设过程增添活力，使品牌能够适应环境的不断变化，以及企业发展战略的改变。

品牌创新是一个多因素组成的复杂过程，产品创新、技术创新、形象创新、管理创新是该复杂过程的有机组成部分，只有这几个方面协调发展，才能使品牌在创新的道路上走得更稳、更远，才能保持品牌持续发展。品牌创新是企业的常规性营销工作，必须列入企业的日常营销议事日程。如果品牌长期固化不变，面对竞争品牌的营销攻势，极易被顾客遗忘。很多知名品牌在不知不觉之中就变成了“坟墓”品牌。所谓“坟墓”品牌指的是那些曾经为人们熟悉，但因为没有及时创新而被遗忘的品牌。企业不能等到自己的品牌已经变成“坟墓”品牌之后再去激活，此时往往费时费力还收效甚微。

案例

百雀羚品牌的转型之路①

成立于1931年的百雀羚，是当之无愧的国民老字号品牌。随着时代的变化，品牌一方面受到国内外品牌的夹击，另一方面品牌形象老化严重，导致风靡一时的百雀羚品牌几近消失。直到2004年，百雀羚品牌开启品牌重塑之路才起死回生。下面介绍百雀羚品牌的创新转型过程。

基于市场调研数据，百雀羚启用了全新“草本护肤”的品牌定位，并提出“中国传奇，东方之美”的全新品牌理念。围绕新的市场定位，百雀羚加大产品研发力度，产品系列愈加丰富，不仅摆脱了老国货的陈旧形象，还迎合了年轻群体的消费需求。同时百雀羚采用多品牌战略，执行多品牌独立运营，各个品牌各司其职，共同编织了百雀羚产品系列大网。

在营销方面，不得不提百雀羚品牌的内容营销。企业创作的多个创意内容在顾客的朋友圈和微博经久不息的刷屏，如《四美不开心》视频广告，还有《1931》宣传软文，这条3000多万阅读量、口碑爆棚的百雀羚广告成为2017年广告界最经典案例。同时百雀羚品牌先后请了多位一线艺人作为品牌代言人，又花重金赞助了顶级真人选秀和娱乐综艺，大幅增加了品牌曝光率。百雀羚品牌还积极尝试当下年轻人热衷的社交网络营销方式，如微博、直播等，哔哩哔哩也有百雀羚品牌的官方账号。

之前，一提到国货护肤品品牌人们下意识地就会联想到廉价、低档次等标签。随着百雀羚品牌的成功重塑，国内顾客开始改观，且用国货精品、国货之光等标签来标记这个历久弥新

① 资料来源：央视网，2023-10-10，有删改。

的老字号。品牌重塑之后，百雀羚品牌的市场成绩异常喜人。全年销售额从 2012 年的 18 亿元增长到了 2022 年的 4416 亿元，增幅高达 244 倍。

市场竞争就是一场大浪淘沙的优胜劣汰过程，那些优秀的品牌懂得审时度势，积极转型，在一次次的探索和尝试中重塑品牌，不断为品牌的发展注入崭新的生命力。

讨论：

百雀羚品牌是如何从濒临淘汰边缘起死回生的，对你有什么启发？

温故知新

1. 品牌保护是指对品牌所有人、合法使用人的权益采取保护措施，以防范来自各方面的侵害行为，以及品牌资产流失的情况。

2. 品牌法律保护是指企业运用国家现有法律、法规对品牌资产进行保护，保障品牌所有人的合法权益。

3. 品牌自我保护是指企业主动采取措施加强内部管理，积极防范外部侵权行为，从而对品牌资产实施保护的活动。

4. 品牌自我保护的途径：积极采用防伪技术，加强商业机密保护，完善品牌管理体系。

5. 品牌危机是指因为企业内外部因素造成的突发性损害品牌形象的事件，并导致企业陷入困难和危险的状态。

6. 品牌危机的特点：突发性、危害性、关注性。

7. 可能引发企业品牌危机的成因可以分为两类：企业外部因素和内部因素。

8. 品牌危机管理策略分为：品牌危机防范策略、品牌危机处理策略、品牌危机善后处理。

9. 品牌危机的处理策略：高层介入、勇于担当、真诚沟通、速度第一、系统运作、权威证实、适时转化。

10. 品牌创新是指企业使用新的文化、技术、需求等给品牌赋予新的活力和生命。

11. 根据创新的来源可以将品牌创新方式分为：自主创新和引进创新。

12. 品牌创新策略：持续的产品创新、开拓新市场、品牌形象创新、品牌服务创新。

复习思考题

1. 品牌保护包括哪些方面的保护措施？
2. 品牌法律保护有哪些方式？
3. 品牌宪章包含哪些方面的内容？
4. 企业的品牌管理机构有哪些类型？

5. 品牌危机的成因包括哪些方面？
6. 品牌危机的预防策略有哪些？
7. 品牌危机处理策略有哪些？
8. 品牌创新策略有哪些？

实训练兵场

承袭上一章的策划方案，选择身边熟悉的某个企业或组织，对其品牌维护情况进行分析，找出其品牌维护策略方面的不足之处，为该企业制定品牌维护方案，最终提交品牌维护方案并开展汇报。

1. 实训目的

（1）通过分析熟悉企业的品牌维护策略，增进对品牌维护概念的理解。
（2）通过搜集材料、整理材料、分析材料，提高发现问题、分析问题、解决问题的能力。
（3）通过撰写品牌维护方案，掌握品牌维护的策划方法。

2. 实训内容与要求

（1）自愿组成学习小组，每组 4 ～ 5 人，各组自主收集资料。
（2）学习小组组长组织本组同学讨论，并分配工作。
（3）各小组撰写一份企业品牌维护方案。
（4）各小组制作 PPT，并在班级内讲解展示。

3. 成果与检测

（1）每个小组提交品牌维护方案一份。
（2）PPT 汇报展示。
（3）其他小组同学提出问题，汇报人解答。

4. 现场点评与总结

请根据自己的学习情况填涂下表。

评价标准	自我评价	同伴评价	教师评价
语言表达清晰流畅	☆☆☆☆☆	☆☆☆☆☆	☆☆☆☆☆
专业知识掌握良好	☆☆☆☆☆	☆☆☆☆☆	☆☆☆☆☆
方案具有良好的创新性	☆☆☆☆☆	☆☆☆☆☆	☆☆☆☆☆
方案具有良好的可行性	☆☆☆☆☆	☆☆☆☆☆	☆☆☆☆☆
我的收获			

参考文献

[1] 田雨 . 市场营销理论与实务 [M]. 北京：航空工业出版社，2022.

[2] 余松佳，博斯 . 经典优势：品牌战略管理与核心价值打造 [M]. 陈媛，李静滢，译 . 北京：中国友谊出版社，2021.

[3] 郭伟 . 品牌管理：战略、方法、工具与执行 [M]. 北京：清华大学出版社，2016.

[4] 凯勒，王海忠，陈增祥 . 战略品牌管理 [M]. 北京：机械工业出版社，2021.

[5] 王伟芳 . 品牌管理 [M]. 大连：大连理工大学出版社，2014.

[6] 李逾男，杨学艳 . 品牌管理 [M]. 北京：北京理工大学出版社，2017.

[7] 程宇宁 . 品牌策划与推广 [M].2 版 . 北京：中国人民大学出版社，2020.

[8] 王晗，傅蓉蓉 . 基于媒介融合的品牌数字化策略研究综述 [J]. 包装工程，2022，43（6）：193-198+228.

[9] 孙婧一，李晋红 ."老字号"遇上"新国潮"：平台经济下品牌资产的提升路径 [J]. 商业经济研究，2022（22）：137-140.

[10] 张君慧，邵景波 . 品牌延伸对母品牌顾客资产驱动要素的影响——基于构型理论的实证研究 [J]. 预测，2021，40（5）：25-32.

[11] 李丹妮 . 企业家个人品牌资产构成维度和量表开发 [J]. 山东社会科学，2021（8）：149-154.

[12] 于晓秋，王欢 . 消费者视角下提升品牌资产价值策略研究——基于品牌大米消费者感知成本的实证分析 [J]. 价格理论与实践，2020（3）：127-130.

[13] 衷玉红，李世森，汪永胜 . 企业品牌定位与社会表征关系研究 [J]. 企业经济，2019，38（10）：116-120.

[14] 冯晓青 . 企业品牌建设及其战略运用研究 [J]. 湖南大学学报（社会科学版），2015，29（4）：142-149.

[15] 刘茂红 . 品牌个性对口碑传播的作用机制：品牌依恋的形成与表达 [J]. 企业经济，2020（3）：67-75.

[16] 袁胜军，胡甲滨，韩一朋 . 品牌认知与品牌信任：基于品牌感知因素的中介作用 [J]. 商业经济研究，2020（2）：70-73.

[17] 顾雷雷 . 中国品牌化理论与实践的历史发展路径研究 [J]. 经济学家，2016（10）：53-60.

[18] 李冰玉 . 中国品牌文化的媒介可见性塑造及国际传播创新 [J]. 传媒，2022（20）：60-62.

[19] 陈立彬，赵雅蓉，江林 . 从品牌文化到品牌购买行为：一个认知过程的视角——基于扎根理论的分析 [J]. 商业经济研究，2020（7）：79-81.

[20] 蒋诗萍 . 品牌文化现象的深层运作机制及其文化内蕴 [J]. 社会科学，2019（4）：186-191.

[21] 文平 . 仪式感和口碑式营销对乡村旅游意愿的影响研究 [J]. 商业经济研究，2022（15）：70-73.

[22] 邵华冬，李雯 .Logo 上的创意——品牌识别系统的重组 [J]. 新闻与写作，2019（4）：113.

[23] 王雪冬，陈晓宇，孟佳佳 . 数字化时代的品牌意义：内涵、研究议题与未来展望 [J]. 外国经济与管理，2020，42（9）：47-62.

[24] 肖婷文，卫海英，陈斯允，等 . 品牌名称视听形式表征对消费者心理的影响及作用机制 [J]. 心理科学进展，2023，31（9）：1756-1774.

[25] 姜岩 . 新产品品牌名称对消费者购买决策的影响——品牌联想的中介效应 [J]. 企业经济，2021，40（2）：72-81.

[26] 佚名 . 品牌认知、感知质量、品牌联想、品牌忠诚度与整体品牌资产的结构假设模型的路径系数 [J]. 首都体育学院学报，2020，32（2）：91.

[27] 赵菊，孙翠英，周永务，等 . 制造商品牌产品感知质量提升策略选择模型 [J]. 系统工程学报，2018，33（2）：242-257.

[28] 韩冰，王良燕 . 品牌负面事件的溢出效应及影响因素述评 [J]. 心理科学，2017，40（1）：193-199.

[29] 蒋廉雄，朱辉煌，何云，等 . 品牌架构战略研究回顾与展望 [J]. 外国经济与管理，2020，42（10）：49-61.

[30] 朱晓琴，罗曼婷 . 老字号产品品牌延伸对消费者忠诚度影响研究 [J]. 价格理论与实践，2022（12）：132-136.

[31] 李桂龙，魏恒姝 . 契合度对品牌延伸评价的影响机制研究——一个信息处理决策模型 [J]. 商业经济研究，2022（9）：56-59.

[32] 王晓维，丁娜 . 穿透力与说服力：移动互联网时代企业品牌传播特质探析 [J]. 传媒，2022（16）：83-85.

[33] 闫科伟，姚鸽，赵红，等 . 直播体验对品牌传播的影响机制研究——网络口碑和消费者参与的中介效应 [J]. 管理现代化，2022，42（2）：72-80.

[34] 苏燕，张璐 .5G 融媒体时代品牌传播策略分析 [J]. 包装工程，2022，43（8）：363-369.